跟我学做一流汽修技师丛书

纯电动/混合动力汽车原理与维修实用技术问答

主　编　张晓臣
副主编　李国彬　徐　俊　孙　侠　李明诚
参　编　于海庆　李　军　徐文文
　　　　张永忠　孙献波　张存宏
　　　　张　建　王变芳　张　峰
主　审　刘朝丰

机械工业出版社

全书采用一问一答的形式，精选100个关注度高的维修实用技术问题，涉及的品牌和车型有比亚迪"秦""唐""元"，特斯拉，北汽新能源，吉利EV300、EV500，荣威E550，长安EM80，奥迪A6L混动，奔驰S400混动、EQC纯电动，宝马750Li混动，路虎揽胜混动等，主要内容包括纯电动汽车及混合动力汽车动力电池、电驱系统、电控系统的基本结构、工作原理、故障检测和维修技巧，书中插入了大量彩色图片，有利于帮助读者学习和理解。

本书内容精炼，实用性强，适合一线汽车维修人员以及汽车职业院校师生阅读。

图书在版编目（CIP）数据

纯电动/混合动力汽车原理与维修实用技术问答 / 张晓臣主编.
— 北京：机械工业出版社，2023.3
（跟我学做一流汽修技师丛书）
ISBN 978-7-111-72705-7

Ⅰ.①纯… Ⅱ.①张… Ⅲ.①电动汽车–理论②电动汽车–车辆修理
③混合动力汽车–理论④混合动力汽车–车辆修理 Ⅳ.①U469.7

中国国家版本馆CIP数据核字（2023）第036020号

机械工业出版社（北京市百万庄大街22号 邮政编码100037）
策划编辑：齐福江 责任编辑：齐福江 丁 锋
责任校对：贾海霞 王明欣 封面设计：鞠 杨
责任印制：刘 媛
北京中科印刷有限公司印刷
2023年6月第1版第1次印刷
184mm×260mm・14.5印张・330千字
标准书号：ISBN 978-7-111-72705-7
定价：88.00元

电话服务	网络服务
客服电话：010-88361066	机 工 官 网：www.cmpbook.com
010-88379833	机 工 官 博：weibo.com/cmp1952
010-68326294	金 书 网：www.golden-book.com
封底无防伪标均为盗版	机工教育服务网：www.cmpedu.com

# 前　言

电动汽车具有无尾气污染，噪声较低，性价比高的特点。某跨国公司在一份报告中对电动汽车的长期市场进行了预测：预计到2040年，电动汽车销量将占全球汽车总销量的72%。2022年全球电动汽车（包括混合动力汽车）销量约780万辆，占全球汽车总销量的9%，可见未来电动汽车的增长具有巨大的市场空间。

我国国务院发布的《新能源汽车产业发展规划（2021—2035年）》指出，到2035年，纯电动汽车将成为新销售汽车的主流，公共领域用车要实现全面电动化，燃料电池汽车实现商业化应用，高度自动驾驶汽车实现规模化应用，有效促进节能减排水平和社会运行效率的提升。

当今汽车产品形态、交通出行模式、能源消费结构和社会运行方式正在发生深刻变革，为新能源汽车产业提供了前所未有的发展机遇。经过多年持续的努力，我国新能源汽车产业技术水平显著提升、产业体系日趋完善、企业竞争能力大幅增强，新能源汽车产销量、保有量连续多年居世界首位。

电动汽车作为一种新能源车型，许多汽修人员对其工作原理的理解还不够深入，相应的维修检测技术亦有待提升。随着新能源汽车产销量的持续增长，汽车后市场对于新能源汽车维修保养技能型人才的需求越来越大，为此我们编写了这本《纯电动/混合动力汽车原理与维修实用技术问答》，为广大的汽车后市场技术人员提供帮助和支持。感谢刘福华、康杰、陈华昌等专家对本书编写的大力支持。

由于时间仓促，编者水平有限，书中难免存在不足之处，敬请广大读者朋友予以批评指正。

编　者

目 录

前 言

第一章 电动汽车基础 / 001

一、纯电动汽车的动力是如何传输到车轮的？ / 001

二、电动汽车具有哪几种典型工作模式？ / 003

三、比亚迪新能源汽车组合仪表图形符号的含义是什么？ / 004

四、威马新能源汽车安全驾驶基本操作方法是怎样的？ / 006

五、奔驰新 C350 高电压系统的结构是怎样的？ / 007

六、奔驰 S400 混合动力汽车的动力系统包括哪些部件？ / 010

七、奔驰 EQC 纯电动汽车如何执行高压断电？ / 013

八、丰田汽车混合动力系统（THS）有什么特点？ / 014

九、制动能量回收系统的结构、原理及故障是什么？ / 016

十、电动汽车的热管理系统是如何布置的？ / 018

十一、48V 混合动力汽车的结构原理是怎样的？ / 020

十二、电动汽车的空调系统有什么特点？ / 022

十三、电动空调压缩机的控制方式有什么特点？ / 024

十四、电动汽车采用怎样的制动助力系统？ / 026

十五、电动汽车高压电缆及插接器的结构是怎样的？ / 028

十六、氢燃料汽车采取了哪些安全防范措施？ / 030

十七、电动汽车发生事故后如何维修处理？ / 032

十八、怎样应对混合动力汽车油耗高和充电失常的投诉？ / 034

第二章 动力电池 / 036

一、动力电池系统的总体结构是怎样的？ / 036

二、大众途锐动力电池模块包括哪些组件？ / 038

三、单体锂电池的基本结构及工作原理是什么？ / 040

四、燃料电池的工作原理是怎样的？ / 042

五、丰田 MIRAI 氢燃料电池系统包括哪些装置？ / 044

六、电池管理系统（BMS）具有哪些功能？ / 047

七、电池管理系统的结构及原理是什么？ / 050

八、电池热管理系统的结构原理是怎样的？ / 052

九、氢燃料电池的热管理系统由哪些部件组成？ / 054

十、怎样检修电池信息采集器的故障？ / 057

十一、如何检测动力电池内部几个传感器的性能？ / 060

十二、怎样检测吉利 EV500DL 电动汽车动力电池的绝缘性能？ / 062

十三、如何更换吉利新能源汽车的动力电池总成？ / 064

十四、怎样对特斯拉纯电动汽车进行常规高压断电？ / 066

十五、如何检修奥迪 48V 蓄电池系统的故障？ / 068

十六、锂离子电池安全性失效的主要原因是什么？ / 070

十七、动力电池的故障分为哪些类型？ / 072

十八、怎样检修动力电池的常见故障？ / 074

第三章 电驱系统 / 078

一、电动汽车的电驱动系统包括哪些部件？ / 078

二、混合动力汽车有哪几种驱动模式？ / 080

三、多合一电驱动系统具有什么特点？ / 084

四、混合动力专用变速器 DHT 有哪些构型？ / 086

五、驱动电机系统的结构原理是怎样的？ / 088

六、荣威 E550 混合动力汽车驱动电机系统的结构原理是什么？ / 092

七、永磁同步电机的结构有什么特点？ / 095

八、异步电机的结构特点是什么？ / 096

九、开关磁阻电机的结构原理是怎样的？ / 098

十、轮毂电机的结构原理有哪些特点？/100

十一、驱动电机系统是如何散热的？/102

十二、电机控制器的功能及结构是怎样的？/105

十三、如何检修电机控制器的常见故障？/109

十四、电机旋转变压器的原理及结构是什么？/111

十五、如何检修电机旋转变压器的故障？/114

十六、如何检修宝马 750Li 混合动力汽车无法起动的故障？/116

十七、如何检修荣威 E550 混合动力汽车行驶速度受限的故障？/119

十八、比亚迪"秦"的 EV 模式失效怎样检修？/121

第四章　电控系统 / 124

一、电动汽车采用怎样的整车控制策略？/124

二、整车控制器（VCU）的结构及功能是什么？/126

三、吉利 EV300 的 CAN 总线结构是怎样的？/128

四、新能源汽车 CAN 总线系统有哪些常见故障？/129

五、配电箱的基本结构和主要功能是什么？/132

六、如何更换奔驰 EQC 纯电动汽车的配电箱？/134

七、电动汽车逆变器的结构及原理是怎样的？/135

八、路虎揽胜混合动力汽车的电力变频转换器有什么特点？/137

九、奥迪电动汽车 DC/DC 变换器包括哪些部件？/139

十、高电压系统三个主接触器的功能原理是什么？/143

十一、更换主接触器的规范步骤是怎样的？/145

十二、高压互锁的功能、原理及结构是什么？/148

十三、如何检修高压互锁系统的故障？/150

十四、如何检修广汽传祺混合动力汽车高压互锁系统开路的故障？/151

十五、如何检修奥迪功率电子单元的故障？/154

十六、怎样检修奥迪混合动力汽车行驶中自动停车的故障？/155

十七、电动汽车的充电系统有什么特点？/157

十八、交流充电与直流充电有哪些区别？/160

十九、如何更换奔驰 EQC 纯电动汽车的车载充电器？/163

二十、如何检修比亚迪"唐"混合动力汽车空调加热器的故障？/164

第五章 检修技巧 / 167

一、维修电动汽车应当采取哪些防触电措施？ / 167
二、维修开关的功能和结构是怎样的？ / 169
三、电动汽车维修前后需要做哪两项工作？ / 171
四、怎样断开混合动力汽车的高电压线路？ / 172
五、怎样执行特斯拉纯电动汽车高压应急断电程序？ / 174
六、如何检修奥迪 A6L 混动车"三电"系统的故障？ / 175
七、怎样排查东风御风电动汽车的绝缘报警故障？ / 178
八、如何判断北汽电动汽车的高压系统是否漏电？ / 180
九、怎样测量电动汽车高压部件的绝缘电阻？ / 181
十、排查比亚迪"秦"高压系统漏电有什么技巧？ / 183
十一、奔驰 S400 混合动力汽车不能起动如何检修？ / 185
十二、雷克萨斯混合动力汽车无法起动怎样检修？ / 187
十三、如何检测吉利 EV500 的低速预警系统？ / 190
十四、怎样标定吉利 EV500 电子驻车制动系统初始力？ / 192
十五、如何更换吉利 EV500 的电动水泵？ / 194
十六、比亚迪"唐"从 EV 模式自行切换到 HEV 模式怎样检修？ / 197
十七、比亚迪"元"电动汽车不能直流快充如何检修？ / 199
十八、如何检修吉利帝豪 EV300 无法交流慢充的故障？ / 202
十九、怎样检修长安 EM80 不能充电的故障？ / 204
二十、如何检修报"检查混合动力系统"的故障？ / 207
二十一、特斯拉纯电动汽车发生低压断电怎样急救？ / 210
二十二、特斯拉电动汽车各熔丝保护哪些电器？ / 211
二十三、新能源汽车维护保养作业的主要内容是什么？ / 215
二十四、如何检测电动汽车的"等电位联结"？ / 218
二十五、怎样应对因电磁干扰引起的故障？ / 220
二十六、排查电动汽车故障有什么技巧？ / 222

第一章 电动汽车基础

一、纯电动汽车的动力是如何传输到车轮的?

电动汽车的动力由储存电能的储能机构(例如动力电池)将电能输送给转换器和功率控制模块(PEM),电控系统通过传感器感知驾驶人的操作需求和路况,再驱动电机运转。驱动电机产生的动力经过齿轮箱进行 2 次减速,最后经差速器和半轴传输到车轮(图 1-1)。

动力电池是电动汽车(EV)的基本能源,驱动电机是 EV 的唯一驱动装置,其重要性相当于传统汽车的发动机(图 1-2)。同时,在减速和制动状态下,驱动电机又能扮演"发电机"的角色,将制动能量回收给电池组(充电)。

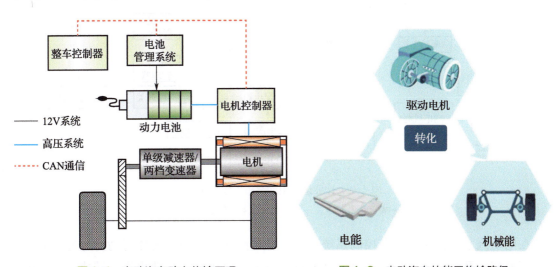

图 1-1 电动汽车动力传输原理　　图 1-2 电动汽车的能量传输路径

驱动电机的布置与燃油发动机的位置基本相同,而且电机的减速器和控制器集成在一起,形成前置前驱(FF)、前置后驱(FR)、后置后驱(RR)等不同的驱动形式。如果电动汽车采用轮毂电机或者轮边电机,还能方便地实现四轮转向以及独立驱动控制。

纯电动汽车的动力传递路径如图 1-3 所示。

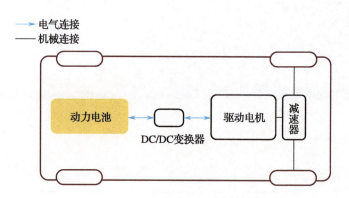

图1-3　纯电动汽车的动力传递简图

以比亚迪纯电动汽车为例（图1-4），当电源接通后，动力电池输出直流电，电流通过应急开关、配电箱/继电器之后，一路电流经过电机控制器，由电机控制器转换为交流电，使前驱动电机运转，输出转矩，通过变速器/差速器和传动轴带动左、右前轮转动，使汽车行驶；另一路电流经过DC/DC变换器，将动力电池的330V高压直流电转换为低压42V，提供给电动转向系统EPS等使用。

与此同时，动力电池的即时电压、电流、温度、电量等信息传递给电池管理系统（BMS），BMS负责防止动力电池过放电、过充电或者温度过高。主控ECU接收档位控制器、加速踏板位置传感器、角度传感器等信息，经过计算，发出指令给电机控制器，以控制流向前驱动电机的电流的大小和方向，从而控制电动汽车的行驶速度和方向。

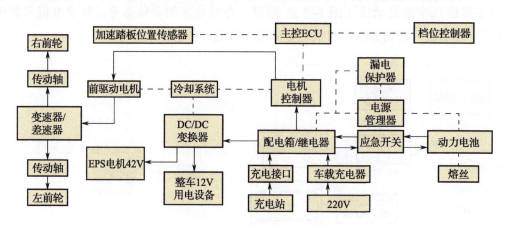

图1-4　比亚迪纯电动汽车工作原理图
——表示能量传递，---表示信号控制或者介质流动

在电动汽车工作时，整车控制系统通过各种传感器、电流检测器对动力电池、驱动电机进行监控，及时反馈信息和报警，并通过电流表、电压表、电功率表、转速表和温度表等予以显示。如果出现漏电情况，漏电保护器起作用。一旦发生紧急短路情况，保护装置的熔丝即刻熔断。

当电动汽车减速和制动时，车轮带动驱动电机转动，在电机控制系统的调控下，感应电动机成为交流发电机产生电流，再将交流电变为直流电，对动力电池充电，这一过程就是制动能量回收过程。

在传动系统结构上，纯电动汽车具有两个明显的特征：一是没有离合器，但是保留了传统汽车的加速踏板、制动踏板以及各种操纵杆；二是使用简单变速器，因为驱动电机的有效转速范围比较宽，所以电动汽车可以采用单速或两速变速器，并与差速器合二为一。

二、电动汽车具有哪几种典型工作模式？

一般来说，电动汽车具有以下 6 种工作模式——起步模式、正常驱动模式、制动模式、失效保护模式、空档模式以及充电模式（各车型有所区别）。整车控制器（VCU）的控制过程就是基于这几种工作模式，对几个关键数据进行分析、计算，然后执行相应的模式运行。

（1）起步模式　进入起步模式后，如果车辆处于水平路面，会以较低的速度开始行驶；如果车辆处于斜坡上，至少会维持原地不动的状态。在该模式下，驾驶人不必踩加速踏板，驱动电机会自动输出一个基础转矩，防止溜车。

（2）正常驱动模式　指车辆处于常规运行状态，包括加速、减速、倒车。在这个过程中，VCU 持续监测各个电气系统的电流、电压和温度，以及车辆自身的车速、滑移率等行车数据，识别驾驶人的意图，按照加速踏板的开度及其变化率，计算电机的驱动转矩和电池的输出功率。

（3）制动模式　当制动踏板被踩下，便启用制动模式。VCU 分析制动踏板的开度及其变化率以及车辆速度，结合车型参数，推算制动转矩，指挥制动控制器，做出最合理的制动转矩分配方案，以及确定是否启动 ABS 主导制动过程，从而安全有效地实现驾驶人的制动意图。

（4）失效保护模式　在电动汽车运行过程中，控制系统将出现的故障定义为几个等级（表 1-1）。

表 1-1　电动汽车故障的等级划分

故障等级	故障类型	故障特性描述
1 级	致命故障	①危及人身安全 ②影响行车安全 ③对周围环境造成严重危害 ④造成车辆在故障发生地点不能行驶 ⑤主要零部件功能失效 ⑥引起整车相关零部件严重损坏
2 级	严重故障	①造成车辆不能正常行驶，但可以从发生故障地点移动到路边，等待救援 ②性能发生较明显的衰退
3 级	一般故障	①非主要零部件故障，可以从发生故障地点非正常开到停车场 ②非主要零部件故障，能用易损备件和随车工具在短时间内排除
4 级	轻微故障	①不需要更换零部件，车辆仍能正常运行 ②故障可以用随车工具在短时间内排除

等级最低的故障，一般只是提示驾驶人，例如电池温度达到 50℃。

等级最高的故障，会强制车辆在比较短的时间内停车，例如检测出系统发生绝缘故障。

而介于两者之间的故障，不会强制停车，但会对车辆的运行予以限制，例如电池电量 SOC 低于 30% 时，实行限速行驶。此时动力电池不输出额定功率，只以一个较小的功率工作。

（5）空档模式　驱动电机与车辆的传动系统之间没有机械连接，电机处于置空状态，不会向外输出任何转矩。

（6）充电模式　当确认充电器与汽车的充电插座连接后，辅助电源上电，相互发送握手报文信息，并完成绝缘检测。握手完成后，进行参数确认。充电器发送最大输出能力报文，BMS 确认是否可以最大能力充电，若不可，则发送动力电池最大接受能力的信息。

进入正式充电阶段，充电器和 BMS 互相实时发送状态信息，BMS 周期性发送需求参数。

充电结束，其判别条件依据 BMS 的不同设置而有所区别，一般是在充电最后恒压阶段，电流衰减到设定值或者设定的倍率，即认为动力电池已经充满，充电过程可以结束。

在充电过程中，如果发生故障，例如过热、过电流等，充电器都会发出报警，根据故障等级的不同，有的直接终止充电，有的等待人工处理。

三、比亚迪新能源汽车组合仪表图形符号的含义是什么？

以比亚迪新能源汽车 E5 的组合仪表为例（图 1-5）加以说明。

图 1-5　比亚迪新能源汽车 E5 的组合仪表
1—功率表　2—信息显示屏　3—车速表

1. 功率表

功率表显示当前模式下整车的实时功率。功率表默认用"kW"来指示整车功率，可以通过菜单中的单位设置选择"英制马力（HP）"。在车辆下坡或慢速行驶时，功率指示值可能为负值，表示当前车辆正在给动力电池充电。

2. 信息显示屏

信息显示屏包含电量表、里程信息、档位指示、室外温度、背光调节档位提示、调节菜单、行车信息、提示信息、故障信息。

3. 车速表

当电源档位处于"OK"档时,此表指示当前车速值,车速表默认用"km/ h"指示车速,可以通过菜单中的单位设置选择"MPH 英里 / 小时"。

比亚迪 E5 仪表指示灯 / 警告灯信息说明见表 1-2。

表 1-2　比亚迪 E5 仪表指示灯 / 警告灯信息说明

图形符号	内容说明	图形符号	内容说明
	驻车制动故障警告灯		ESP OFF 警告灯
	驾驶人座椅安全带指示灯		防盗指示灯
	充电系统警告灯		主告警指示灯
	前雾灯指示灯		ECO 指示灯
	后雾灯指示灯		动力电池电量低警告灯
	智能钥匙系统警告灯		动力电池故障警告灯
	ABS 故障警告灯		胎压故障警告灯
	电机冷却液温度过高警告灯		电子驻车状态指示灯
	ESP 故障警告灯		OK 指示灯
	车门状态指示灯		动力系统故障警告灯

(续)

四、威马新能源汽车安全驾驶基本操作方法是怎样的？

1. 智能钥匙

威马新能源汽车统一配备了智能钥匙，如图1-6所示。

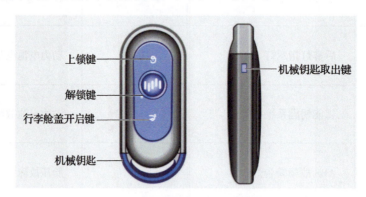

图1-6 威马新能源汽车的智能钥匙

2. 驾驶人人脸识别系统

威马EX5汽车配备了人脸识别系统，在人脸信息录入完成的前提下，当驾驶人进入车内时，系统将自动触发人脸识别。系统在人脸识别成功后，将进入车主自定义模式。车辆座椅位置、氛围以及驾驶人喜爱的歌单都会自动调出，并且车辆信息随时在手机上同步。如果识别系统识别失败，当前的登录账户将进入隐私模式，在隐私模式下，账户下相关的隐私信息将被屏蔽保护。人脸识别摄像头位于转向管柱上罩总成的上部，如图1-7所示。

 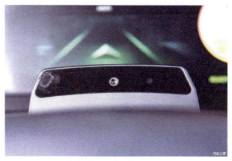

图 1-7　威马 EX5 的人脸识别摄像头

3. 起动车辆

该车配备有电子无钥匙起动开关，如图 1-8 所示。在不踩制动踏板的情况下，按压起动开关，整车处于 ON 档，仪表灯点亮，但是高压系统不能上电；在踩下制动踏板的情况下，按压起动开关，整车处于 ON 档，高压动力系统准备就绪。

如果汽车处于强烈信号干扰区域，或智能钥匙电池电量不足，或无钥匙起动功能出现故障，当驾驶人试着起动车辆并按下起动开关时，组合仪表可能提示"未检测到智能钥匙"，此时汽车将无法起动。

图 1-8　电子无钥匙起动开关

4. 驾驶车辆

1）踩下制动踏板并保持不动，档位由 N 位换至 D 位，仪表上的档位显示为 D。

2）解除电子驻车制动，松开制动踏板，车辆开始蠕行，轻踩加速踏板，车辆开始行驶。

3）如果要倒车，踩下制动踏板直至车辆停稳并保持不动，将档位换至 R 位，松开制动踏板，轻踩加速踏板，车辆开始倒车。

注意：当汽车处于 READY 状态且档位置于 D 位时，务必踩下制动踏板或使用电子驻车制动，否则车辆会蠕行；离开汽车时，务必使用驻车制动，并关闭汽车电源；若临时停车，需要将变速杆置于 P 位，如图 1-9 所示。

图 1-9　P 位显示

五、奔驰新 C350 高电压系统的结构是怎样的？

该车是一种混合动力汽车。

1. 高压系统组件的安装位置（图 1-10 和图 1-11）

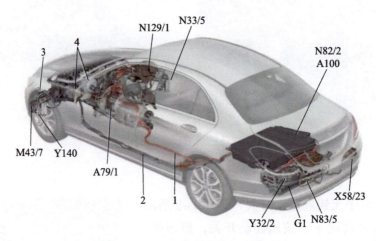

图 1-10 高压系统组件的安装位置 1

1—高压电缆 2—冷却液管路 3—热交换器 4—制动能量回收系统 A100—动力电池模块
N129/1—电力电子装置控制单元 N33/5—高电压正温度系数辅助加热器 N82/2—电池管理控制单元
X58/23—充电装置供电插座 N83/5—充电器 G1—车载电网蓄电池 Y32/2—低温回路转换阀 2
A79/1—电机 Y140—动力电池冷却转换阀 M43/7—低温回路循环泵 2

图 1-11 高压系统组件的安装位置 2

2. 充电器

该车充电器（图 1-12）的功率为 3.3kW，充电器的功能如下：①将输入的 AC 电压转换为 DC 电压输出，以便为动力电池充电；②控制与车辆充电插座的通信（状态 LED 灯和联锁电机）；③识别充电插头，防止带着充电电缆插头起步；④控制与公共充电站的通信（费用结算或智能充电）；⑤通过引导控制，监控充电的全过程。

3. 动力电池

动力电池的直流电压范围为 176~317V，电容量约 6.2kW·h，重量约 90kg（图 1-13）。

图 1-12　奔驰新 C350 的充电器　　　　图 1-13　动力电池

动力电池是一个蓄能器，主要功能是为高压系统组件提供所需要的电能。

4. 集成式电力电子装置

集成式电力电子装置（图 1-14）由一个 DC/DC 变换器和一个电机整流器组成。

DC/DC 变换器的功能如下：①为车辆提供 12V 低压电，供车载低压电气系统使用；②代替普通的 12V 发电机。

电机整流器的功能如下：①持续提供 210A 电流，并在短时间内提供最大 240A 的电流；②将动力电池的直流电转化为电机所需的三相交流电；③根据发动机控制单元和位置传感器等信号，调节电机的转速；④驱动低温回路循环泵。

5. 电机

该车的电机（图 1-15）安装在 NAG2 变速器内，电机集成了转子位置传感器和温度传感器。此电机属于三相电机，永磁同步型，最大功率为 60kW，持续功率为 50kW，最大转矩为 340N·m。

图 1-14　集成式电力电子装置　　　　图 1-15　电机分解图

电机功能如下：①将电能转换为动能；②承担汽车的起步、运行、巡航；③在极端加速需求情况下，为内燃机提供额外的电动转矩助力；④用于发电（发电机模式），能降低内燃机一定的转矩；⑤通过制动转矩，实现能量回收。

6. 电动空调压缩机

该车的电动空调压缩机属于涡旋式压缩机，与电机和相应的电力电子装置集成在一起

（图 1-16），最大功率时的耗电量达 60 A。该压缩机是否促动取决于多种因素，例如蓄电池电量的状态、驾驶人的空调冷却要求等。

高电压电动空调压缩机的功能如下：①配合集成式控制单元，根据空调控制单元的要求，为空调系统提供相应的制冷剂压力；②建立与动力电池冷却装置需要相匹配的制冷剂压力；③建立预调节装置的制冷剂压力。

7. 电加热器（PTC）

电加热器（图 1-17）属于正温度系数部件，用于加热冷却液，以便室内更快达到标准温度。

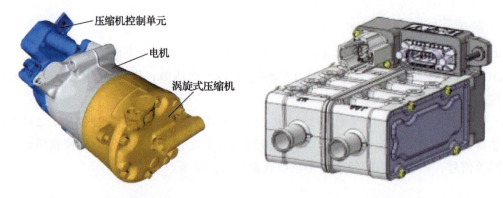

图 1-16 电动空调压缩机　　　　图 1-17 电加热器（PTC）

当进入的冷却液温度为 -20℃ 时，PTC 的额定功率为 7kW，耗电 30A（短时间）。

六、奔驰 S400 混合动力汽车的动力系统包括哪些部件？

奔驰 S400 混合动力汽车动力系统的组成部件如图 1-18 所示，基本参数见表 1-3。

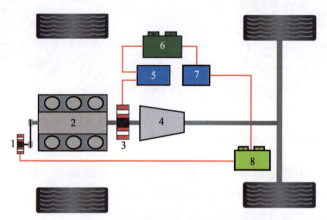

图 1-18　奔驰 S400 混合动力汽车动力系统组成部件
1—12V 发电机　2—燃油发动机　3—驱动电机　4—变速器　5—DC/AC 控制模块
6—动力电池　7—DC/DC 变换器模块　8—12V 动力电池

表 1-3　奔驰 S400 Blue 混合动力汽车基本参数表

项目	参数
燃油发动机	3.5L V6 Atkinson 汽油机 最大功率 205kW，最大转矩 225N·m
动力电池	120V 锂电池
变速器	7G-TRONIC 七档自动变速器
驱动电机	三相交流外转子磁力电机 峰值功率 15kW，最大转矩 160N·m

1. 动力电池

动力电池位于发动机舱的右后部，重约 28kg（图 1-19）。该车采用锂离子电池，功率密度及能量密度高，充电快，放电电流大，循环次数多（超过 5 000 次），使用寿命长，而且不存在记忆效应。动力电池通过制冷剂回路冷却。

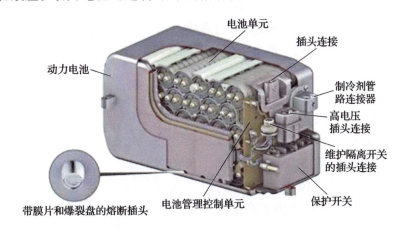

图 1-19　奔驰 S400 动力电池的结构

该车的电池管理系统（N82/2）集成在动力电池模块内。N82/2 不停地监测并调整动力电池的电压、电流、温度、保护开关以及高电压互锁状况。

电池管理控制单元以及 DC/DC 变换器、DC/AC 控制模块都通过传动系统 CAN I 与车载控制器局域网 CAN 互相连接，并与其他控制单元交换数据。

2. DC/DC 变换器模块

DC/DC 变换器模块（N83/1，图 1-20）位于右前轮罩的后部。

DC/DC 变换器模块是一个双向直流变压器，可以产生较高的直流电压和 12V 电压。当该模块将高压直流电转换为 12V 直流电时，即实现了高电压车载电气系统与 12 V 车载电气系统之间的转换；反之亦然。

3. DC/AC 控制模块

DC/AC 控制模块（N129/1）又称为"电力电子控制单元"（图 1-21）。

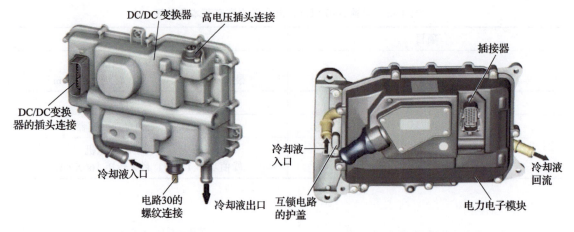

图1-20 DC/DC变换器模块　　图1-21 电力电子控制单元

DC/AC控制模块位于排气歧管下方的右侧，通过隔热板保护，使其免受强热辐射。

DC/AC控制模块是高电压部件，其中包含高电压熔丝盒F70和相关的高压导线。如果其中某一个部件发生故障，必须更换部件总成。

DC/AC控制模块通过三相交流电压促动电机A79。

4. 集成式起动机/发电机

集成式起动机/发电机A79（图1-22）的功能是：提供助力、制动能量回收以及发动机起动。它可以输出15kW功率，重量20kg。最高可以产生240V交流电压，但是在0~100r/min的转速范围内不产生感应电流。

集成式起动机/发电机采用永磁同步电机，外置转子，安装在发动机和自动变速器的变矩器之间。

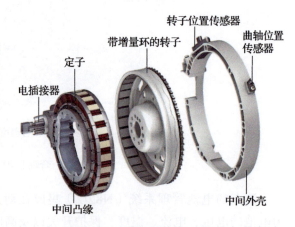

图1-22 集成式起动机/发电机

5. 电源分配单元（PDU）

电源分配单元（PDU）（图1-23）是动力电池、电源电子装置以及空调电动压缩机之间的连接和分配器。此部件没有单独供货，如果该部件发生故障，需要将整根高压电缆一并更换。

6. 高压熔断器

在奔驰S400Blue混合动力汽车上，新增了一个接线端子"30c"。高压熔断器（图1-24）的输入端为"30"，输出端为"30c"。当车辆发生碰撞时，高压熔断器负责切断端子"30c"，在端子"30c"断开后，高压电路被切断。

电动汽车基础

图1-23 电源分配单元（PDU）

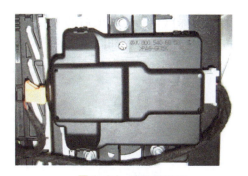

图1-24 高压熔断器

高压熔断器安装在右前乘客脚坑区域，可以单独更换。

高压熔断器由安全气囊控制单元促动，促动后高压熔断器熔断，端子30c断开，电池保护器开启，高电压快速放电的时间小于1s。

七、奔驰EQC纯电动汽车如何执行高压断电？

奔驰EQC是奔驰旗下EQ纯电动系列车型，也是奔驰首款纯电动SUV车型。该车型于2018年全球首发，并在2019年引入国内市场。奔驰EQC定位为纯电动中型SUV，其车身尺寸为4 761mm×1 884mm×1 624mm，轴距为2 873mm。车身侧面整体造型流畅优雅，其风阻系数为0.28。动力系统部分，奔驰EQC搭载前后双电机，系统综合最大功率300kW，峰值转矩765N·m。官方公布的0~100km/h加速时间为5.1s。此外，新车配有80kW·h的锂电池组，NEDC工况下续驶里程超过450km，快充条件下45min可充到电量的80%。在车辆的安全性方面，采用了三级保护电池组。奔驰EQC采用独立副车架，借鉴了赛车的笼式车身机构，利用厚度超过3mm的钢管板材，紧紧包裹着前电机和电控系统，增加了车辆高压部件的防碰撞安全性。奔驰EQC车辆前机舱部件分布情况如图1-25所示。

在进行电动汽车维修作业前，需要断开高压电路，奔驰EQC车型在前机舱右侧设置有高压断电装置，如图1-26所示。

图1-25 奔驰EQC电动汽车前机舱部件分布图

图1-26 高压断电装置

当进行高压断电操作时，首先要关闭点火开关，然后断开汽车的高压断电装置，如图1-27所示。

为了确保汽车高压断电后的安全作业，需要用安全锁具锁止高压断电装置，并由专人保管安全锁具的钥匙，如图1-28所示。

图1-27 断开高压断电装置

图1-28 锁止高压断电装置

八、丰田汽车混合动力系统（THS）有什么特点？

丰田汽车混合动力系统命名为"THS"，这套系统将VVT-i发动机与2个电机组合在一起，全车由混合动力变速器、MG1和MG2电机、动力电池、变频器、HV-ECU以及阿特金森循环发动机等组成（图1-29，表1-4）。THS主要由电机提供动力，燃油发动机只在加速或中高速时导入辅助动力。

图1-29 丰田汽车混合动力系统（THS-Ⅱ）外形图

表1-4 丰田汽车混合动力系统参数表

电驱动型号	THS-Ⅰ	THS-Ⅱ	
适配车型	普锐斯		SUV
发动机排量 /L	1.5		3.3
系统电压 /V	274	500	650
电机最大功率 /kW	30	33	50	123
电机最大转矩 /N·m	305	350	400	333
电机最高转速 /（r/min）	6 000	6 700	12 400

THS各总成及功能如下。

（1）功率分配装置 发动机起动后，根据实际工况，以适当的比例分配发动机和电机的驱动力，以驱动车轮。

丰田公司从2009年开始采用第三代混合动力（THS-Ⅲ）系统，如图1-30所示。

图1-30中的功率分配装置（PSD）是一个行星齿轮组，它能实现功率、转矩和转速的分配，根据驾驶工况的不同，可以实现纯电驱动或者混合驱动。

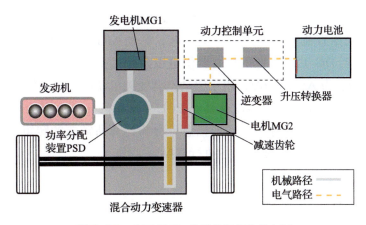

图 1-30　丰田 THS-Ⅲ 系统各组件分布图

当用电机 MG2 纯电动行驶时，发动机通过电机 MG1 给动力电池充电，实现串联混合动力驱动模式；发动机也可以与电机 MG2（或者 MG1）同时驱动汽车，形成并联混合动力驱动模式。因此，THS-Ⅲ可以称为串并联混合动力系统。

该系统采用电动变速器（Electrical Variable Transmission，EVT），该变速器控制单元的功能不是控制变速器的升降档，而是根据 HV-ECU 和电源控制 ECU 的指令，激活换档执行器总成，将档位锁定在 P 位或者解除锁定。换档执行器总成由驻车锁止电机（磁阻式）、摆线式减速器以及电机旋转角度传感器等组成。

（2）MG1 和 MG2 电机　这两个电机的作用是提供车辆所需要的驱动力以及实现能量转化。当动力电池的电能不足（≤ 30%）时起动发动机，使电机旋转发电进行充电，并在减速或制动过程中把制动能量转变成电能，输送到动力电池并储存起来。

电机 MG1 主要用于发电，并且对动力电池充电。此外，起动发动机时，MG1 起起动机的作用。MG1 电机的定子线圈采用集中绕组型，使电机端部的绕组较短，相应的结构更加紧凑；电机 MG2 的功用是利用动力电池以及 MG1 提供的电能，以电动模式驱动汽车运行。在减速过程中，MG2 作为发电机，将制动再生能量对动力电池充电。MG2 电机的定子线圈采用分布绕组型，使定子绕组产生理想的正弦波磁通势，使电机运转更加平稳。

（3）动力电池　它根据车辆的实际工况，对外输出电能，或者在能量回收时储存电能。早期的普锐斯动力电池采用镍金属氢化物，一共有 28 块，168 个单格，额定电压为 201.6V。第四代普锐斯的动力电池采用了镍氢+锂离子电池组合（图 1-31）。

图 1-31　丰田第四代普锐斯动力电池总成

（4）变频器 它由增压转换器、DC/DC 变换器和空调变频器组成。它的主要功能是将动力电池的高压直流电转换为高压交流电，驱动 MG1 和 MG2 电机运转；能将 DC 201.6V 的电压降至 DC 12V，为车身电器供电以及辅助蓄电池充电；又能将动力电池的 DC 201.6V 电压转换为 AC 201.6V，用于驱动空调变频电动压缩机运转。

（5）HV-ECU 它接收传感器以及其他 ECU（发动机 ECU、动力电池 ECU、制动防滑控制 ECU 以及 EPS-ECU 等）发送的信息，分析运算所需要的转矩和功率，并将计算结果发送给车上其他 ECU，以便控制各执行器投入工作。

九、制动能量回收系统的结构、原理及故障是什么？

当电动汽车减速和制动时，汽车巨大的惯性动能被转换为电能，而不是变为制动器上的热能散失在空气中，这要归功于制动能量回收系统。

1. 主要结构（以奔驰 S400 混合动力汽车为例）

（1）制动踏板部件 制动踏板部件（图 1-32）的主要任务是：记录驾驶人的制动意图，模拟踩踏板的状态，确保能够实现传统液压车轮制动器的基本功能。

在行车制动过程中，考虑到制动能量回收的影响，在制动力减少的同时，制动踏板的踏板力必须与踏板行程相对应，为此该车设计了制动行程模拟器。

在正常工况下，制动踏板的阻力由踏板力模拟器产生。由于设计方面的考虑，制动能量回收时的制动踏板感觉可能与传统汽车的制动踏板有所不同。

踏板角度传感器 B37/1（霍尔式）负责感知制动踏板的位置，并将此信息以 2 个信号电压的形式传送给制动能量回收系统控制单元 N30/6。

制动灯开关 S9/3 将制动踏板的促动信号传送给 N30/6。

（2）踏板力模拟器阀部件 踏板力模拟器阀 Y113（图 1-33）用于激活踏板力模拟，或在发生故障的情况下将其停用。

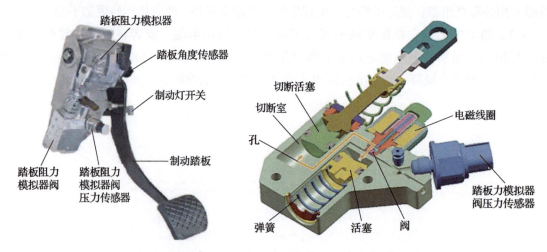

图 1-32 制动能量回收系统的制动踏板部件　　图 1-33 踏板力模拟器阀（Y113）

在正常工作状态下,电磁线圈通电,因此孔关闭,踏板力模拟器阀(Y113)如同一个缸体,踏板力模拟器可由此自行支撑。当驾驶人操纵制动器时,可以感觉到模拟的踏板反作用力。

如果制动能量回收系统发生功能故障,踏板力模拟器阀(Y113)将停用踏板力模拟器,电磁线圈不通电,此时孔打开,踏板力模拟器不会对制动踏板的回转运动施加任何作用力,所以不存在模拟的踏板阻力。

2. 工作原理

行驶中的电动汽车一旦松开加速踏板,便启用能量回收系统。在电机转子的转速小于磁场的旋转速度时,感应电动机作为驱动电机输出动力;当电机转子的转速大于磁场的旋转速度时,感应电动机就变成了发电机,对动力电池进行充电,汽车的动能转化成为电能(图1-34)。

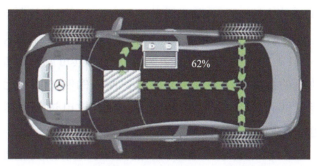

图1-34 制动能量回收(发电机模式)时的能量流动方向

在电动汽车制动能量回收过程中,不但有电能的传送,而且有车载网络数据的交换,如图1-35所示。

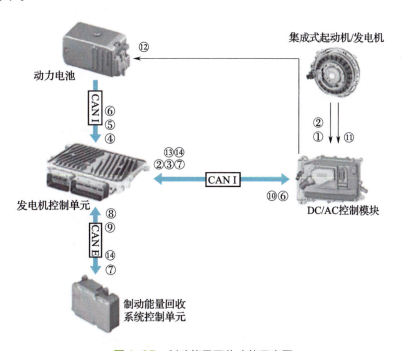

图1-35 制动能量回收功能示意图

1—电动机温度信号 2—电动机转速信号 3—电动机状态 4—动力电池电压信号
5—动力电池温度信号 6—允许的充电电压、电流信号 7—产生的制动转矩信号
8—回收制动转矩请求 9—车轮速度信号 10—电动机的规定转矩请求 11—发电机工作的充电电流
12—充电电流 13—充电电压和充电电流信号 14—产生的制动能量回收转矩信号

3. 常见故障

当制动能量回收系统出现功能失常时，首先要分析车辆当前是否满足了制动能量回收的条件。例如，北汽 EV200 电动汽车关于制动能量回收有如下规定：

① 当动力电池的温度低于 5℃时，不回收制动能量。

② 当单体电池的电压为 4.05~4.12V 时，回收制动能量功率为 6.1kW；单体电池的电压超过 4.12V 时，不回收制动能量；单体电池的电压低于 4.05V 时，制动能量全部回收。

③ 动力电池的 SOC 值越高，即直流母线的电压越大，回收的直流电流值越小。当 SOC 值大于 95%、车速低于 30km/h 时，不实行制动能量回收。

电动汽车的制动能量回收系统可能出现以下故障。

1）偶尔丧失制动能量回收功能，其可能原因如下：动力电池处于满电状态，或者电池组的温度低于允许快充温度，回收的制动能量无法充入电池组，此时系统会取消制动能量回收功能。动力电池的温度随着放电进程而增加，所以这种故障只出现在低温或者电动汽车刚起动时。

2）高速行驶中进行制动能量回收时，动力电池故障警告灯偶尔点亮。此时应当检查动力电池的状态。如果车辆在正常充电、起动、行驶时，动力电池故障警告灯显示正常，而当高速行驶并制动时，动力电池故障警告灯亮起，可能是某些单体电池接近损坏。

如果动力电池的性能已经恶化，单体电池的端电压严重下降，制动瞬间的回收大电流会使端电压迅速上升，此时也会出现动力电池故障警告灯报警的现象。

十、电动汽车的热管理系统是如何布置的？

1. 热管理系统的分类

电动汽车的热管理系统大致分为 4 种方式：风冷、水冷、油冷以及综合冷却（3 种方式一并应用）。

（1）风冷系统　分为主动风冷系统、被动风冷系统，后者是指没有安装鼓风机和冷却风扇，仅仅依靠热的对流和传导进行冷却。

例如起亚混动车由无刷直流电机驱动的冷却风扇，冷却风管的进口通向车辆内部，出口通向车辆外部，将热空气从内导向外。在夏季，车厢内的冷空气为动力电池降温；在冬季，车厢内的暖气为动力电池保温。

丰田普锐斯的镍氢电池也采用风冷方式，每块电池的金属表面都有粗粒状的凸起，以保证各块电池不紧密贴合，让电池之间留有一定的通风通道。同时安装了一套专用的风机散热装置，鼓风机安装在进气通道的前方，电池箱的底部是冷空气的通道，上部是向车外排放热风的管道（图1-36）。鼓风机是否运转以及转速的高低由专门的 ECU 控制，其控制依据是电池箱进气温度传感器的信号。进气温度传感器安装在鼓风机到电池箱的底部管道上，用于检测进入电池箱的空气温度。

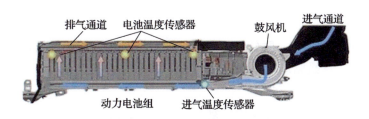

图1-36 丰田普锐斯镍氢电池组的通风管道结构

风冷系统是最经济、最简便的冷却方式，然而空气的比热容非常有限。

（2）水冷系统　水冷技术是目前主流的散热方式（图1-37）。

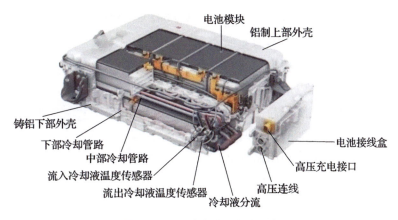

图1-37 水冷式动力电池系统

例如，在特斯拉Model S汽车的电池板内，除了电池单体以外，最多的是冷却液管路。虽然冷却液没有被液泵驱动，但整个电池板所有管路是相通的，由于热胀冷缩的作用，冷却液能够在一定范围内流动（图1-38）。

图1-38 特斯拉Model S电池组的冷却管路

冷却液无法直接冷却热源，电机绕组处的热量需经过槽内绝缘层、电机定子才能传递至外壳被水带走，传递路径长，散热效率低，而且各部件间的配合公差影响了热传递路径的热阻大小。

（3）油冷系统　主要用于冷却驱动电机系统。油冷的优势在于绝缘性能良好，油的沸点和凝点比水高，使冷却介质在低温下不易结冰，高温下不易沸腾。

按照冷却油与定子轭部的接触形式不同，油冷分为直接油冷和间接油冷。直接油冷又包括浸油式和喷油式两类。

2. 热管理系统布局

电动汽车的热管理系统一般分为三个循环回路，一是客舱的空调回路，二是动力电池的加热/冷却回路，三是驱动电机和电机控制器的冷却回路。

电动汽车高电压系统的内部布置了复杂的热管理管道，电动水泵和散热器一般是供上述三个回路共用的。

热管理系统一般安装了一个三通（或四通）转换阀，用于几条冷却回路的串/并联切换，以便根据不同的工况使用最优的冷却路径。当电池处于低温状态需要加热时，电机的冷却回路与电池的冷却回路串联，电驱动装置的热量可以用来加热电池组和驾驶舱；当电池的温度很高需要冷却时，电机的冷却回路与电池的冷却回路并联，电池冷却回路与电机冷却回路独立运行。电池和空调系统共用一个热交换器，几条回路相互联动（图1-39）。

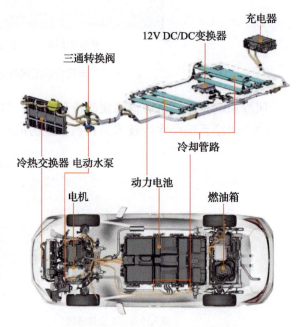

图1-39　本田i-MMD混合动力汽车的热管理系统布置

十一、48V混合动力汽车的结构原理是怎样的？

48V电驱动系统并不是将原车的12V电压直接提高到48V，而是保留了12V电气系统，增加了一套48V轻度混合动力系统。

48V轻度混合动力系统可以看成是12V起停系统的升级版，增加了48V蓄电池、48V/12V双向变换器、48V BSG电机、电动增压器（选配）以及电池管理系统。

下面以奥迪A8L汽车的48V轻度混合动力系统（图1-40）为例加以说明。

图1-40　奥迪A8L 48V轻度混合动力系统

(1)48V蓄电池(图1-41) 该车采用锂离子电池(内部代号为A6),安装在行李舱的备胎槽内,电容量为9.6A·h。该款蓄电池不允许使用充电器直接充电,而要通过起动发电电机充电,或者通过12V充电器连接在快速充电接口充电。

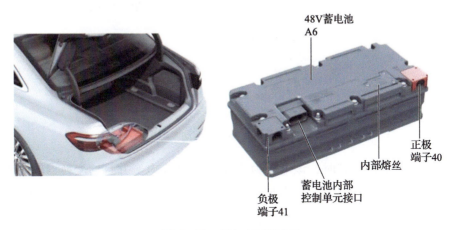

图1-41 奥迪48V蓄电池

(2)48V/12V双向变换器(又称为变压器) 它安装在行李舱的右后侧、12V蓄电池的上方,内部代码为A7。该组件的功能是,一方面将发电机发出的48V电压转换为12V电压给12V蓄电池充电,另一方面在用充电器充电时,可以将12V电压转换成48V电压来给锂离子蓄电池充电。该变换器采用风冷方式(图1-42)。

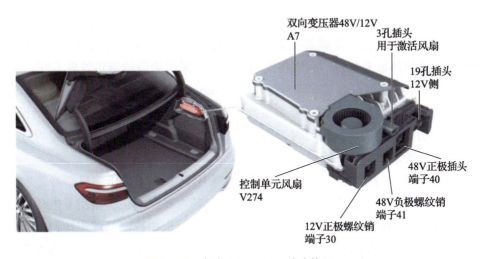

图1-42 奥迪48V/12V双向变换器

12V蓄电池和48V蓄电池之间是通过12V/48V变换器连接起来的。当发动机运转时,给12V蓄电池和48V蓄电池充电;当接通点火开关时,12V蓄电池开始放电,当其电量低于35%时,48V蓄电池开始放电,给12V蓄电池充电。因此,为了防止48V蓄电池过放电,必须保持12V蓄电池的电量充足。

(3)兼有起动和发电功能的BSG电机 它又称为起动发电电机,安装在发动机上,内部代号为C29,使用48V电压,采用水冷方式,通过传动带传动(图1-43)。

图 1-43　奥迪 48V 系统的起动发电机 C29

当 C29 作为发电机运转时，该电机为 48V 蓄电池充电，并且给变换器输送 48V 直流电；在满足相应条件时，C29 作为起动机使用。在辅助发动机工作时，该电机可以提供最大 60N·m 转矩和 6kW 功率。

因此，48V 奥迪 A8L 混合动力汽车相当于配备了两个起动机。起动发电机 C29 在以下 3 种情况下才会使用：①发动机机油温度超过 45℃；②智能起停系统工作时；③在惯性滑行过程中起动发动机。

十二、电动汽车的空调系统有什么特点？

在传统燃油汽车上，空调压缩机依靠发动机曲轴通过传动带传动，其转速只能被动地随着发动机的转速而变化，空调系统无法自主地对压缩机转速进行调节。在取暖方面，依靠发动机冷却液的热量来制热，所以在发动机起动、暖机阶段的制热效果不好。

丰田奕泽 EV 电动汽车通过车辆自带的 My-room（我的房间）功能，在汽车交流充电或直流充电时仍然可以使用空调、音响系统等车内设备，还可以进行空调联动设定——使用由充电计划功能设定的出发时间时，用多信息显示屏将空调联动操作设置为打开，可以让空调工作，为既定的出发时间做好准备。

比亚迪 E6"先行者"电动汽车的空调系统采用机电一体化压缩机制冷、PTC（热敏电阻）加热器采暖。与燃油汽车的空调系统相比，其主要区别在于采用了电动压缩机以及 PTC 制热。这种电动压缩机依靠高压电驱动，其转速可以由控制系统主动调节，调节范围为 0~4 000r/min，这样既可以确保良好的制冷效果，又节省了电能。在制热方面，通过约 3 000W 的 PTC 加热器制热，而且制热量可以调节。

下面以比亚迪 E6 为例，详细说明电动汽车空调系统的控制特点。比亚迪 E6 空调系统的控制原理如图 1-44 所示。

（1）基本结构　比亚迪 E6"先行者"电动汽车的空调系统包括以下部件：HVAC 总成、空调风管、空调液管总成、电动压缩机、冷凝器、空调控制面板以及相关传感器、空调驱动器等（图 1-45）。比亚迪 E6 用加热器（PTC）取代了传统的暖风机体，它不处在 HVAC 总成内。

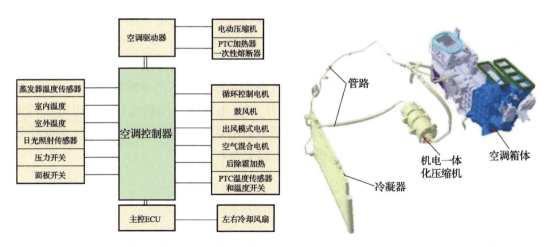

图 1-44 比亚迪 E6 空调系统控制原理图　　图 1-45 比亚迪 E6 电动汽车空调系统的组成部件

（2）空调驱动器　比亚迪 E6 电动汽车的空调驱动器与 DC/DC 变换器处在同一壳体内（图 1-46），位于发动机舱的左前侧。空调驱动器接收空调控制单元的指令，来控制空调电动压缩机以及 PTC 加热器。DC/DC 变换器负责将动力电池的 316.8V 高压电转换成 12V 低压电。

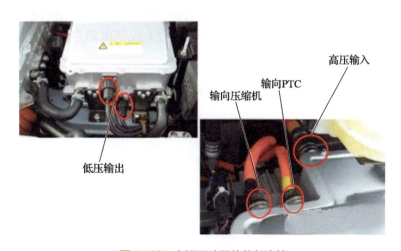

图 1-46 空调驱动器的外部连接

（3）电动压缩机（图 1-47）　其主要参数如下：涡旋式；工作电压 320V；制冷剂型号及加注量分别为 R134a，550g；压缩机油型号及加注量分别为 RL68H，120mL。

图 1-47 比亚迪 E6 涡旋式空调电动压缩机

（4）PTC 加热器　电动汽车的暖风是通过暖风装置将动力电池的电能转化为热能。比亚迪 E6 采用 PTC 加热装置，PTC 属于正温度系数热敏电阻。从 PTC 的外观看，它与燃油汽车空调系统的散热片相似，但内部配置了陶瓷材质的热敏电阻，通过高温胶黏结在波纹散热铝条上。该热敏电阻的电阻值随温度变化而急剧变化，当介质的温度升高时，PTC 的电阻值随之增大，发热量便逐渐减少。随着 PTC 电阻值的不断增加，其电阻变得无限大，直至接近于绝缘体，当达到一定的高温后会自动切断电源，使温度回落，如此往复循环，从而使车厢内的空气温度稳定在设定值（24℃左右）。

十三、电动空调压缩机的控制方式有什么特点？

混合动力汽车空调系统的结构原理、制冷剂压力调节与燃油汽车的空调系统基本相同，不同之处主要体现在空调压缩机的控制方面。混合动力汽车的空调压缩机由电力驱动，动力电池的直流电经过逆变器转化为交流电，为空调压缩机的电动机提供电能，该电动机带动压缩机旋转，促使制冷剂循环。

（1）驱动主体为电力　燃油汽车的空调压缩机由发动机通过带传动，制冷性能由 ECU 调节可变容量压缩机斜盘的角度来实现。而混合动力汽车的空调压缩机由电机驱动（被称为"eAC"），制冷性能由混合动力控制模块（HCU）控制电动空调压缩机的转速来实现（图 1-48）。

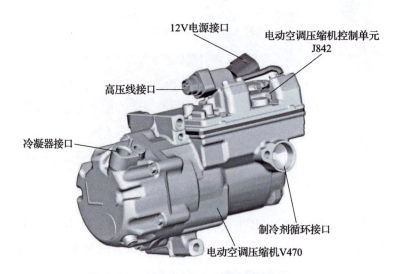

图 1-48　奥迪 Q5 的电动空调压缩机 V470

（2）电压等级高　传统空调压缩机只使用 12V 电源，而混合动力汽车空调系统既要使用 12V 电压进行控制和调节，又要使用高压电驱动电机运转。因此，电动空调压缩机的电路既有低压回路，又有高压回路。电动空调压缩机的高压电"上电"受低压电控制，如果电动空调压缩机的高压电不能"上电"，将无法正常运转，这往往是低压控制系统的故障所引起。因此，诊断电动空调压缩机的电路故障应当从低电压控制部分入手。

（3）布置灵活，输出稳定　因为电动空调压缩机不采用带传动，所以安装位置不受带连接的限制，电动空调压缩机可以布置在汽车的任意位置。

传统燃油汽车在发动机怠速运转时，空调压缩机只能提供较低的制冷输出，而电动空调压缩机可以提供恒定的制冷输出，不受发动机转速的影响。

（4）控制过程直接　电动空调压缩机的主要控制部件是微处理器、逆变器、高电压电容器以及电流检测电路。微处理器从空调控制器接受压缩机的目标转速指令，为电机提供所需要的电力，同时反馈电机的即时转速信息，将电流提供给空调控制器，进行闭合控制。逆变器将高压直流电转换为交流电，接受微处理器的指令，将所需要的电力提供给压缩机电机。

以大众途锐混合动力汽车为例，其电动空调压缩机由一个异步直流电动机驱动。电动空调压缩机内集成了一个直流/交流变压器。该车型的电动空调压缩机V470由自动空调控制单元J255激活，并且通过LIN数据总线发送至电动空调压缩机控制单元J842（图1-49）。

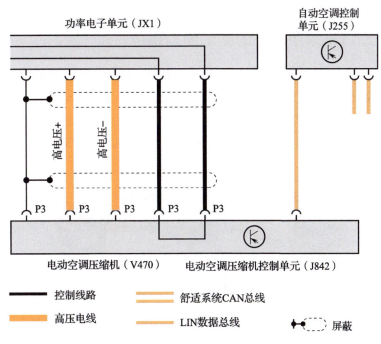

图1-49　大众途锐混合动力汽车电动空调压缩机控制电路图

（5）采用特殊的连接方式　途锐混合动力汽车电动空调压缩机与高压系统的连接是机械的，并且有颜色编码，因此导线和插头不能互换。如果拆下电动空调压缩机上的高电压线路插头，则导线内的安全线路断开，高电压系统关闭。如果电动空调压缩机出现故障，不但车厢内不能进行温度调节，而且组合仪表显示黄色的混合动力警告灯，以及"去最近的经销商进行检查"的提示。

电动空调压缩机V470通过功率电子单元（JX1）并联到动力电池上，受JX1内30A的熔丝保护（图1-50）。汽车静止不动时，空调系统可以用电驱动模式运行，制冷剂输送的速率通过压缩机的转速进行调节。另外，汽车静止不动时压缩机的转速降低，从而减小了压缩机运行的噪声和能耗。

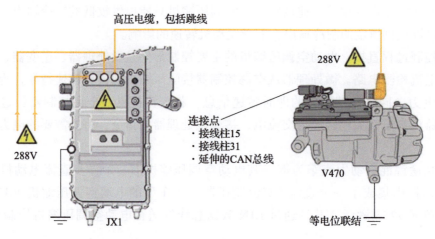

图1-50　大众途锐混合动力汽车电动空调压缩机与高压系统的连接

十四、电动汽车采用怎样的制动助力系统？

电动汽车以及混合动力汽车采用纯电模式行驶时，因为没有了发动机进气歧管的真空源，无法为行车制动系统提供助力，所以设置了技术含量更高的电动真空助力系统，称为EVP系统。该系统由以下主要部件组成：电动真空泵、真空储气罐、真空助力器、真空压力传感器、真空泵控制器（有的集成在整车控制器VCU内）、大气压力传感器以及12V电源（图1-51）。

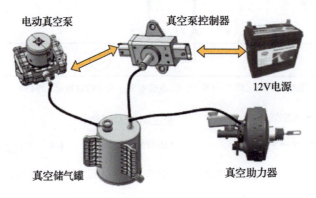

图1-51　电动真空助力系统的部件

1. 工作过程

当驾驶人起动汽车时，电源接通，EVP控制器开始进行系统自检，如果真空储气罐内的真空度小于设定值，真空压力传感器输出相应的电压信号至真空泵控制器，该控制器控制电动真空泵开始运转；当系统真空度达到设定值后，真空压力传感器输出相应的电压信号至控制器，控制器控制电动真空泵停止运转；当真空储气罐内的真空度因连续制动而较快消减，真空度小于设定值时，电动真空泵再次运转，如此循环往复。

2. 主要部件

（1）电动真空泵　其功能是确保制动助力器中有足够的真空度，在实施运转/停止功能期间保持真空供应。目前使用比较多的是旋片式真空泵。

奔驰 S400 混合动力汽车电动真空泵（图 1-52）由 RBS（制动能量回收系统）控制单元通过以下两个继电器促动：真空泵继电器（+）（K109）负责控制电动真空泵的正极，真空泵继电器（-）（K109/1）负责控制电动真空泵的负极。这两个促动继电器安装在前保险杠左侧以内。

（2）真空储气罐（图 1-53）　其作用是储存真空，它通过真空压力传感器感知系统内的真空度，并且把真空信号传送给真空泵控制器，避免长时间制动时真空压力不足。

图 1-52　奔驰 S400 混合动力汽车电动真空泵（M56）　　图 1-53　真空储气罐

（3）真空助力器（图 1-54）　真空助力器利用前腔与后腔的压力差提供助力。奔驰 S400 混合动力汽车制动助力器中的电磁阀是执行驾驶人制动意图的元件，该电磁阀由 RBS 控制单元以电子方式促动。

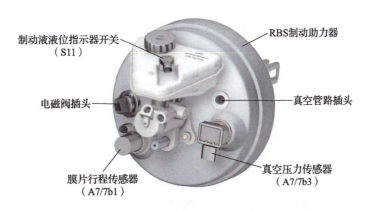

图 1-54　奔驰 S400 混合动力汽车制动真空助力器

RBS 制动助力器中还包含一个膜片行程传感器（A7/7b1），用于记录 RBS 制动助力器内膜片的具体位置。

（4）真空压力传感器　奔驰 S400 混合动力汽车的真空压力传感器（A7/7b3）集成在

真空助力器上,用于测量 RBS 制动助力器真空腔中的真空度。

有的车型将真空压力传感器集成在真空储气罐上。

(5)真空泵控制器(图 1-55) 其作用是控制电动真空泵的运转和停止。有的车型有单独的控制模块,有的车型将真空泵控制器集成在 VCU 上。

(6)大气压力传感器 它通常和真空压力传感器集成在一起,其作用是检测当地的大气压力,并传送给真空泵控制器,后者对比真空压力并计算,使控制数据更加准确。当真空压力传感器失效时,大气压力传感器负责检测真空压力数值,作为应急机制工作。

图 1-55 真空泵控制器外观

十五、电动汽车高压电缆及插接器的结构是怎样的?

高压电缆及其插接器作为电力传输的载体,用于连接各高压用电设备(动力电池、逆变器、电动机、三相发电机以及电动空调压缩机等)并传输电能,其特点是:具有橙色的外皮或标签,部分电缆内具有编织屏蔽线和互锁电路,电缆的截面积有 $3mm^2$、$25mm^2$ 以及 $50mm^2$ 等几种规格(图 1-56)。

图 1-56 MCU 至驱动电机的三相交流高压电缆

1. 对高压电缆的要求

1)屏蔽功能良好。驱动电机所用的三相交流电是一种不同频率的方波脉冲。由于高频率的脉冲具有陡峭的沿,所以会产生能量很强的谐波,并发射到周边区域。

通过采用适当的屏蔽方法,可以解决 EMI(电磁干扰)问题。屏蔽需要有 90% 以上的覆盖率,以最大限度地抑制电磁辐射。

为了提高电磁兼容性(EMC),通常采用铜丝组成编织屏蔽线。镀锡铜丝可以使高压电缆抵抗环境氧化的影响,用细的铜丝制作可以保持柔韧性。

2)具有高压互锁功能(HVIL)。如果电动汽车在行驶中高压互锁回路突然异常,将导致整车"掉电",不能正常运行,这样容易引发交通事故。

3)具有二次锁止结构。高压插接器在一次锁止后,如果一次锁止失效或者没有插接到位,二次锁止对一次锁止进行保护(图 1-57)。

图 1-57 二次锁止结构

4）有明显标识。由于高电压可能带来使用风险，国家标准规定高压电缆必须在视觉上与普通汽车电缆区分开来，指定电动汽车的高压电缆表面采用鲜艳的橙色，同时印刷警示内容和特殊标记（高电压的闪电标识），例如"小心！高压600V"等。

除了高压电缆的外部护套采用橙色以外，正极、负极电缆外部的护套增加红色、黑色标识。

2. 高压电缆的结构

电动汽车高压电缆的结构如图 1-58 所示，从内到外依次为内导体、绝缘层、屏蔽层以及外护套。

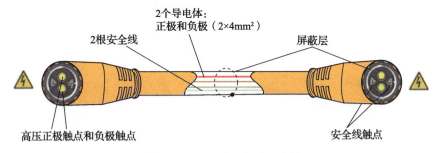

图 1-58　大众汽车的高压电缆

高压电缆的抗电磁干扰屏蔽功能就是采用同轴结构，利用内导体和外导体（屏蔽层）的共同作用，使电缆内的磁场形成同心圆分布，而电场从内导体指向并止于外导体，使电缆周围的电磁场归于零，亦即屏蔽了电磁辐射，有利于电动汽车的正常运行。

3. 高压插接器的结构

电动汽车的高压插接器由外壳、绝缘件、导电接触件、密封结构 4 部分组成，它通过插头护套和插座护套之间的对插和相互配合，实现接通电路的功能。

图 1-59 和图 1-60 是捷豹 I-PACE 纯电动汽车的高压插接器。该车 IPU（电机控制

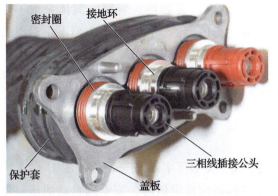

图 1-59　捷豹 I-PACE 电驱动系统的高压插接器（插头）

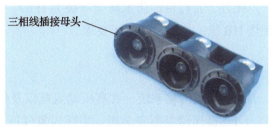

图 1-60　捷豹 I-PACE 电驱动系统的高压插接器（插座）

器）与电机之间的三相高压电缆外部包裹着橡胶保护套，插头插入电机侧后，通过自带盖板用4个螺栓压紧。三相高压电缆各自带一个密封圈，每个密封圈为三唇口密封，增强密封效果，同时每根三相高压电缆带有一个弹簧状的接地环，防止连接口处的电磁泄漏，满足整车EMC要求。

十六、氢燃料汽车采取了哪些安全防范措施？

1. 制作材料方面

目前高压储氢瓶采用铝合金或合成材料制作（图1-61），以减少"氢脆"现象（指溶于金属中的高压氢在局部浓度达到饱和后，引起金属塑性下降、裂纹甚至开裂）。国内的燃料电池汽车主要采用铝内胆加碳纤维缠绕的Ⅲ型氢气瓶。

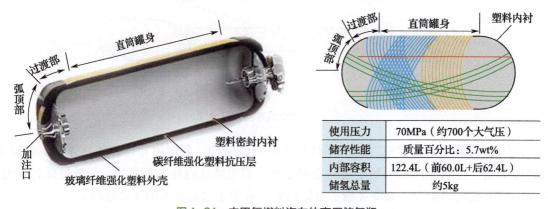

图1-61 丰田氢燃料汽车的高压储氢瓶

氢气管道以及阀件都采用适合氢介质的材料，例如抗氢脆的不锈钢（316L）、铝合金或者聚合物。

2. 防爆阻燃方面

为了防止电路电火花点燃氢气，燃料电池汽车的电气元器件、管路、阀体采取了防爆、防静电、阻燃、防水、防盐雾设计。例如，氢检测传感器选用防爆型，而不用触点式传感器；为了防止继电器触点产生电弧而点燃氢气，选用了防爆固态继电器。

此外，元器件的防水防尘等级为IP67。线束材料的阻燃级别为：垂直燃烧V0和水平燃烧HB级，均为最高等级要求。

3. 氢气传输方面

针对氢气传输系统，在高压储氢瓶以及氢气管路上安装了各种安全设施（图1-62）。

（1）高压储氢瓶安全阀　当瓶内氢气压力升高到超过设定值时，安全阀自动泄压，保证高压储氢瓶压力处在安全范围内。

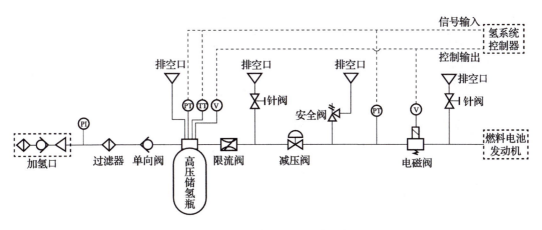

图 1-62 车载氢气传输系统示意图

（2）温度传感器　如果高压储氢瓶周围有火警发生，该传感器检测到周边温度急剧上升，氢系统控制器会立即报警。

（3）高压储氢瓶电磁阀　它由 12V 直流电驱动，起开关作用，与氢气泄漏报警系统联动。该电磁阀无电源时关闭，通电后开启，一旦泄漏的氢气浓度达到保护值自动关闭，从而切断氢气流。

（4）手动截止阀　它处于常开状态，当高压储氢瓶电磁阀失效时可以手动关闭，切断氢气源。电磁阀和手动截止阀联合作用，可以有效避免氢气泄漏。

（5）加氢口　在加氢时与加氢机的加氢枪相连，具有单向阀的功能。

（6）单向阀　当加氢口损坏时，它阻止氢气瓶内的氢气向外泄漏。

（7）电磁阀　在给高压储氢瓶充气时，它能防止氢气进入燃料电池。

（8）减压阀　它将氢气的压力调节到燃料电池需要的压力。若出现异常情况，可以与针阀、安全阀联动，将高压储氢瓶中的剩余氢气安全放空。

（9）热熔栓　它设置在高压储氢瓶内，一旦传感器检测到高压储氢瓶周边温度过高，热熔栓熔化，让氢气低流速释放，即使周边有火源，只会出现氢气缓慢燃烧，能避免高压储氢瓶爆炸。

4. 泄漏监控方面

氢气自动监控系统包括氢系统控制器、氢气泄漏传感器、温度传感器和压力传感器等，主要针对储氢瓶系统、乘客舱、燃料电池发动机等易于聚集和泄漏氢气的部位，实时监控氢气泄漏、系统压力、系统温度，确保燃料电池在加氢、用氢过程中的安全。

氢系统控制器负责监控储氢瓶及氢气管道、氢气泄漏状态及整车运行状态，只要出现异常，随时主动关闭供氢系统。当任何一个传感器检测到的氢气体积含量超过氢爆炸下限（空气中的氢气体积含量为 4%）的 10%、25% 和 50% 时，氢系统控制器会分别发出一级、二级、三级声光报警信号（表 1-5）。

表 1-5 氢气泄漏控制表

控制要求	颜色警示	声音警示	关闭电磁阀	信息提示
氢气泄漏量达到 0.4%（空气体积含量），一级泄漏报警	黄色报警（长时间）	否	否	一级泄漏
氢气泄漏量达到 1%（空气体积含量），二级泄漏报警	黄色报警（长时间）	否	否	二级泄漏
氢气泄漏量达到 2%（空气体积含量），三级泄漏报警	红色报警（长时间）	是	是	三级泄漏
传感器故障报警	黄色报警	否	否	浓度传感器故障

5. 碰撞防护方面

目前燃料电池混合动力客车的高压储氢瓶安放在车辆顶部的前端，燃料电池模块放在客车顶部的后端（图 1-63），使用强度足够的专用储氢系统固定支架，将高压储氢瓶组、高压储氢瓶阀以及高压管路组合在一起，并用钢带支撑，以保证在碰撞中高压储氢瓶的位移不会太大，避免连接管路断裂、变形而导致氢气大量泄漏。

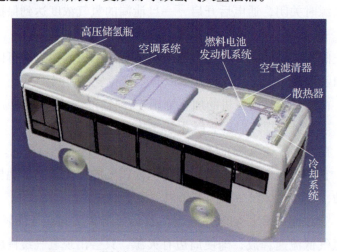

图 1-63 燃料电池混合动力客车系统布置示意图

燃料电池混合动力客车至少设置了 2 个惯性开关（冗余设计），并且处在车身的不同部位。当发生碰撞时惯性开关被激活，碰撞信号传送至氢系统控制器，氢系统控制器立即下达指令，关闭储氢瓶阀门，切断氢气供应，将氢气的泄漏量降低至最少。

十七、电动汽车发生事故后如何维修处理？

电动汽车发生事故的主要原因是碰撞、水淹、漏液和火灾，其维修处理方法分述如下。

1. 碰撞

电动汽车发生碰撞事故以后，根据事故现场情况，按照以下方法对车辆进行处理。

1)在有绝缘防护的情况下,将汽车的车门打开。

2)检查电源开关是否处在 OFF 位置,断开位于前机舱或者行李舱内的 12V 蓄电池连接。

3)断开维修开关(有的电动汽车已经取消此开关)。

4)查看动力电池托盘的边缘是否开裂,有无明显液体流出。如果存在漏电、漏液现象,应当及时拆下动力电池,断开各模组的采样线、高压连接电缆,然后进行详细检查和维修。

5)如果电动汽车不能移动,而且处于"READY(就绪)-ON"位置,应当断开辅助蓄电池负极端子的电缆。

2. 水淹

如果电动汽车浸入深水中(深度超过电池托盘),可以采取以下方法进行处理。

1)在有绝缘防护的情况下,将车辆从水中移出,并且打开车门。

2)检查整车电源开关是否处在 OFF 位置,断开 12V 蓄电池连接。

3)佩戴绝缘手套,断开维修开关(若有)。

4)清除车辆内部的水迹,检查动力电池是否漏电。

5)如果漏电,及时拆下动力电池,断开各模组的采样线、高压连接电缆。

3. 漏液

如果动力电池发生泄漏,有明显液体流出,按照以下方法进行处理。

1)将车辆"退电"至 OFF 档,断开 12V 蓄电池连接线。

2)断开维修开关(若有)。

3)及时拆下动力电池,断开各模组的采样线、高压连接电缆。

发生少量泄漏时,需要远离火源,然后使用吸液垫吸附,并将废物置于密闭容器中,或采用焚烧方式处理。操作前应佩戴防腐蚀手套。

发生大量泄漏时,应当统一收集起来,按照"危险化学品"处理,可以加入葡萄糖酸钙溶液来处理有毒气体。

当人体不慎接触到泄漏液体时,应立即用大量清水冲洗,时长 10~15min。如果有疼痛感,可以用 2.5% 的葡萄糖酸钙软膏涂敷,或用 2%~2.5% 的葡萄糖酸钙溶液浸泡受到污染的部位。若无改善或出现疼痛症状,应立即就医。

4. 火灾

如果电动汽车起火(图 1-64),应根据实际情况按照以下方法进行处理。

1)若条件允许,将车辆"退电"至 OFF 档,断开 12V 蓄电池连接,断开维修开关。

2)使用灭火器(ABC 型,切勿使用水基型灭

图 1-64 电动汽车发生火灾

火器）灭火，并立即拨打 119 电话求援。

3）如果火势较大，而且火势发展很快，应远离汽车，并立即拨打 119 电话。

4）如果在充电情况下发生火灾事故，应首先确定充电站电源的位置，并将其切断；在确保人身安全的情况下，拔出充电枪或剪断充电线，断开充电设备与电动汽车的连接，再按照规定的程序进行火灾事故救援，详见标准 T/CSAE 84—2018《电动汽车火灾事故救援规程》。

十八、怎样应对混合动力汽车油耗高和充电失常的投诉？

1. 油耗过高投诉

一辆宝马 F18 PHEV 插电式混合动力汽车，客户投诉电子控制单元（BC）显示的汽车平均油耗非常高，无法达到厂家宣传的 2L/100km 的标准，因此认定该车存在故障。对于这种油耗投诉，可以按照以下方法处理。

1）验证汽车的实际耗油量。首先将动力电池完全充满电，然后在中央信息显示器（CID）中复位 BC 内的信息，再关闭所有不必要的车载用电器，在城市区域进行大约 50km 的正常行驶，再查看车辆的平均油耗，并且与图 1-65 中的信息进行对比，如果未发现关于发动机或者混合动力系统的异常现象，说明车辆的油耗正常，不存在故障；如果路试测量结果超出了图 1-65 的范围，需要使用专用设备 ISTA/D 对车辆进行诊断，查看故障存储器中是否记录了相关故障码。

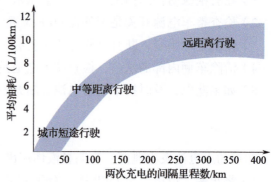

图 1-65　插电式混合动力汽车两次充电的间隔里程数与平均油耗的关系图

应当向客户解释，插电式混合动力汽车有一个特点，就是两次充电的间隔里程数越长，平均油耗会越高。

2）向客户说明达到标称油耗是有条件的。要想达到标称 2L/100km 的平均油耗，需要满足以下条件：在汽车行驶前，使用驻车空调，激活 ECO PRO 行驶模式，并且使动力电池完全充满电。

以下数据可供参考：

① 城市短途行驶，两次充电的间隔里程数为 25km，平均油耗约 2L/100km。

② 中等距离行驶，两次充电的间隔里程数为 55km，平均油耗约 4L/100km。

③ 远距离行驶，两次充电的间隔里程数为 200km，平均油耗约 9L/100km。

3）告知客户：插电式混合动力汽车的正确使用方法是，尽可能多地使用纯电动模式行驶，并在条件允许的情况下，经常使用外接充电装置对车辆充电。一旦动力电池组内的电能完全消耗，并开动了内燃机驱动汽车，平均油耗会明显升高。

2. 充电异常投诉

有的奥迪车主反映：动力电池充满电后无法行驶 50km，通过充电桩充电，但是无法充满电（充电量减少）。

维修人员应当向客户做如下解释：

1）关于电动模式的续驶里程（图 1-66）：产品说明书标称的"续驶里程"是在非常理想化的条件下测定的，根据路况、车速、载重、环境温度、电池能力衰减以及车辆电器负载等各种因素的不同，纯电动模式的续驶里程也会不一样。因此，客户抱怨动力电池充满电后电动模式仅能行驶 30 多千米，无法达到 50km，属于正常现象（该车购买两年）。

概念	插电式混合动力（PHEV）
蓄电池类型	锂离子电池
总容量（单位：kW·h）	8.8
纯电动行驶最高车速（单位：km/h）	130
最高车速（单位：km/h）	222
纯电动行驶0~60km/h加速时间（单位：s）	4.9
0~100km/h加速时间（单位：s）	7.6
纯电动续驶里程（单位：km）	最大50
总续驶里程（单位：km）	最大940
空气阻力系数 C_W	0.32
每平米迎风面积（单位：m²）	2.13
油箱容积（单位：L）	40

图 1-66　奥迪 A3 插电式混合动力汽车的相关数据

2）关于动力电池的充电量：动力电池的充电量受多方面因素的影响，包括电池能量管理、充电过程中是否使用车上电器、充电电流是否稳定、低压蓄电池的充电状态等。如果控制单元检测到充电电流不稳定，J840 会限制充电量，电量充到 6kW·h 左右时停止充电，目的是保护动力电池（图 1-67）。

额定电压/V	352
电解槽电压/V	3.7
电解槽数量	96
容量/A	25
工作温度/℃	−28~60①
能量/kW·h	8.8
可用能量/kW·h	7.0
功率/kW	最大90
重量/kg	120

①自50℃起降低充电/放电电流

图 1-67　动力电池的充电量受各种因素的影响

第二章 动力电池

一、动力电池系统的总体结构是怎样的？

1. 总体结构

从整体上说，动力电池系统由动力电池总成、电池管理系统总成、充电系统、热管理系统、高/低压电缆及其插接器等组成，见表2-1和图2-1。

表2-1 动力电池系统的总体结构

序号	结构名称	分结构名称	子结构名称	单项
1	动力电池总成	电池箱	模组	电芯
		安装固定装置	模块	—
		连接铜母线	模块	—
		插接器	—	—
2	电池管理系统总成	BMS	—	—
		主回路熔断器	—	—
		主继电器	—	—
3	充电系统	充电继电器	通信航空插头	—
		充电熔断器	管理系统控制模块	—
		霍尔电流传感器/分流器	插接器	—
4	热管理系统（选配）	冷却部件	—	—
		加热部件	600V，315A	—
		加热继电器	—	—
		加热熔断器	250A	—
5	高/低压电缆及插接器	高压电缆	—	—
		低压电缆	—	—

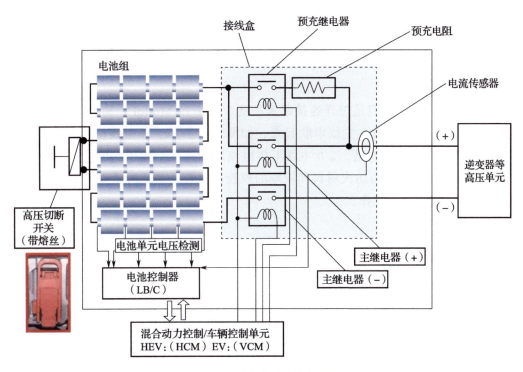

图 2-1　动力电池系统布置图

2. 动力电池成组过程

以特斯拉 Model S 电动汽车为例（图 2-2），该车采用三元锂电池，整车由 16 个电池组串联而成，每个电池组包含 444 节单体电芯（每 74 节并联，在每一节上都有熔丝保护）。因此，特斯拉 Model S 的电池组由 7104 节 18650 单体锂电池组成，如图 2-3 所示。18650 是一种电池型号，代表电池的外形规格，其中 18 表示单颗电池的直径为 18mm，65 表示电芯的高度为 65mm，0 表示圆柱形电池。

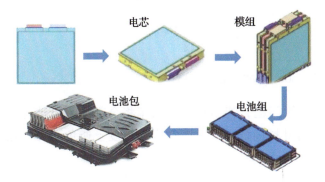

图 2-2　方形电池的成组过程

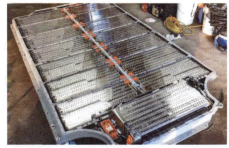

图 2-3　特斯拉 Model S 电动汽车的电池总成

动力电池内还设置了许多采样线，用于采集电池的电流、电压和温度。例如比亚迪 E6 纯电动汽车的磷酸铁锂电池组，简称铁电池。该电池组总共 96 个单体电池，每个单体

3.3V，电池组的标称电压为316.8V，容量220Ah；电压采样线束1条；温度采样线束1条；正极母线、负极母线各1条；托盘1个。

3. 内部连接

这么多单体电池，它们是怎样连接起来的呢？特斯拉Model S动力电池内部结构见图2-4，各电池组由一条2/0主线串联起来，如图2-5所示。该主线位于电池板的中央，并且有护板覆盖着，较为隐蔽。2/0主线汇集电流后，连接到输出端的接触器。2/0主线由许多根铜线组成，外表由防火材料和较厚的橡胶包裹着，最高可承受600V电压，能够在-70~150℃温度范围内工作。

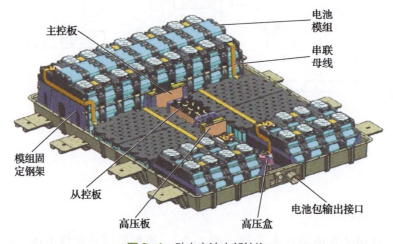

图2-4 动力电池内部结构

图2-5 特斯拉Model S动力电池2/0主线

为了较好地解决动力电池组本身的绝缘问题，特斯拉电动汽车将全部动力电池外壳用可靠的绝缘材料隔绝，不与车体的金属材料接触，这样能在很大程度上避免动力电池漏电。

二、大众途锐动力电池模块包括哪些组件？

大众进口途锐混合动力汽车的动力电池安装在行李舱地板盖的下方，它被设计成一个整体模块，其中包含了动力电池的各种组件，整个动力电池模块重85kg，只能整体更换。

在该车的维修和保养资料中,动力电池被称为"混合动力电池A38"(图2-6)。

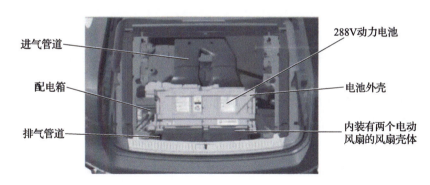

图2-6　大众途锐混合动力电池模块A38的主要组件

动力电池模块A38包括以下组件:288V动力电池,接线盒和配电箱(简称为电气箱),电池外壳,进气管道和排气管道(图2-7),2个电动风扇(12V)及其风扇壳体(图2-8)。

 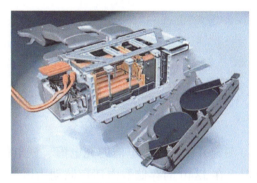

图2-7　动力电池的进气管道和排气管道　　图2-8　拆卸后的动力电池及风扇壳体

(1)动力电池　它包含2个电池列,每列电压为144V。2个蓄电池列通过安全开关连接,能够提供288V电压。在动力电池充电至75%时,电压就可以达到228V。电量约为6.5A·h,即动力电池内储存的能量为1.87kW·h。

该车动力电池采用镍金属氢化物电池(1.2V/6.5A·h,图2-9),使用凝胶电解液。

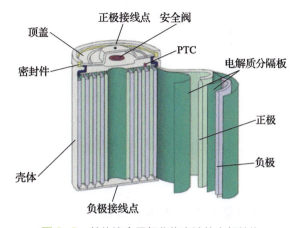

图2-9　单体镍金属氢化物电池的内部结构

（2）接线盒和配电箱（SX1，即电气箱） 配电箱安装在动力电池左侧边缘处（图2-10）。

接线盒和配电箱包括以下部分：①电池管理控制单元（J840）；②安全连接器1 TV44；③保护继电器（接触器）；④用于连接2条高压电缆（从动力电池连接至电力电子装置）的2个接口。

该配电箱的功能是将动力电池连接至车辆的288 V电气系统，其中包含部分高电压安全系统和动力电池的监控设备。

（3）电池管理控制单元（J840） J840安装在配电箱的左侧（图2-11），其功能是负责监控动力电池的电量及运行状态。

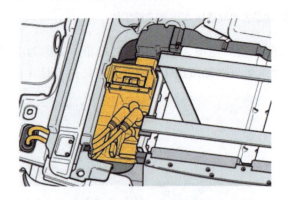

图2-10 配电箱的安装位置

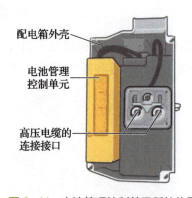

图2-11 电池管理控制单元所处位置

J840测定并记录动力电池的充电值、放电值和温度值，通过电动风扇调节动力电池的冷却状况。在J840的存储器内还存储动力电池或配电箱内发生的故障信息，以便实施车辆诊断。

所有与动力电池相关的数据都存储在该控制单元内，防止通过软件对发动机功率进行调整后无法复原，同时还能及时发现动力电池过放电或者过热等情况。

（4）动力电池外壳（图2-12） 为了保护动力电池，尤其是在车尾发生撞击时保证其安全，2个动力电池列均安装于动力电池外壳内。外壳的框架

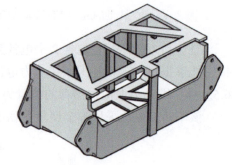

图2-12 动力电池外壳

由通过螺栓连接和焊接的铝制型材构成，这种结构可以将撞击能量传递至车身部分。

使用维修站设备，可以通过此框架将整个动力电池从行李舱地板下取出来。

三、单体锂电池的基本结构及工作原理是什么？

1. 基本结构

单体锂电池的主要构成包括电极（正极、负极）、电解质和隔膜（隔离材料），如图2-13、图2-14所示。

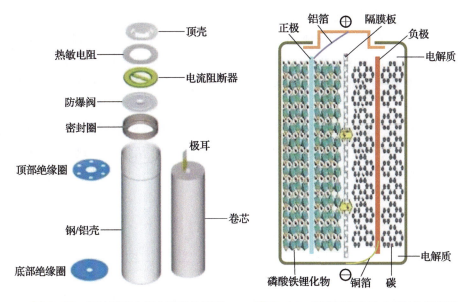

图 2-13　圆柱形单体锂电池结构简图　　图 2-14　磷酸铁锂电池内部结构示意图

（1）电极　正极材料直接影响锂电池的能量密度。从电池的重量构成看，正极材料占锂电池的 70%~80%；从电池的成本看，正极材料占锂电池的 30%~40%。

负极材料主要影响锂电池的效率以及循环性能。负极材料分为碳系负极、非碳性负极两类。负极材料由相对于正极电势更低的材料构成，并具有高比容量和较好的充放电可逆性，要求在嵌锂的过程中保持良好的尺寸和机械稳定性（即不发生严重变形）。负极材料占锂电池总成本的 10%~20%。

（2）电解质　电解质在正极与负极之间起到运送电荷的作用（类似于无线电中的载波），它具有较高的离子电导率。

电解质影响锂电池组的能量密度、宽温应用、循环寿命、功率密度以及安全性能。

（3）隔膜　动力电池对隔膜的要求很高：①具有一定的孔径和孔隙率，以及低的电阻和高的离子电导率，对锂离子有良好的透过性和导电性；②对电解质的浸润性好，并具有足够的吸液保湿能力；③具有电子绝缘性，保障正极和负极的机械隔离；④有足够的穿刺强度、拉伸强度等力学性能；⑤耐电解质腐蚀，具有良好的电化学稳定性。

为此，锂电池的隔膜通常采用复合材料。

2. 工作原理

锂电池主要依靠锂离子在正极与负极之间的往返嵌入和脱嵌，从而实现能量的存储和释放。

以磷酸铁锂电池为例，电池的正极与铝箔连接，负极与铜箔相连，然后再与外电路连接。当电路接通后，电池内部的锂离子在正负极材料的晶格中自由扩散。当电池放电时，锂离子从石墨负极板层状结构中析出，通过隔膜到达正极，锂离子的这种移动就产生了电流；反之在充电时，锂离子在电势的作用下从正极脱出，嵌入到石墨负极中。在电池整个充电、放电循环中，借助于电解质的作用，锂离子在正极和负极之间往复运动。

（1）充电过程　在外电场的驱动下，锂离子（Li^+）从正极晶格中脱出，经过电解质和隔膜，嵌入到负极晶格，使负极处于富锂离子状态，正极处于贫锂离子状态。

这是一般的锂电池充电过程，如果锂电池存在于智能设备中，它的充电模式将受到智能设备软件的控制。

（2）放电过程　放电过程正好与充电过程相反，电池放电时，负极上的电子（e^-）从外部电路跑到正极上；在电场的作用下，正锂离子Li^+从负极"跳进"电解质里（脱嵌），"爬过"隔膜上弯弯曲曲的小洞，"游泳"到达正极，与先过来的电子结合在一起（图2-15）。

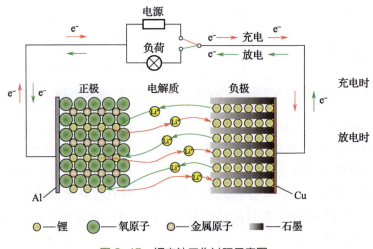

图2-15　锂电池工作过程示意图

基于上述工作过程分析得知，锂电池的容量微观上就是电池所包含的电荷量。

四、燃料电池的工作原理是怎样的？

燃料电池是一种将持续供给的燃料和氧化剂中的化学能不断地转化为电能的装置。燃料电池在原理和结构上与传统电池完全不同。燃料电池的活性物质是存储在电池之外的，只要不断地供给燃料和氧化剂，就一直能够发电，因而其容量是无限的，这种电池可以不间断地提供稳定的电力，直至燃料耗尽。

燃料电池的种类见表2-2。目前最常见的是碱性燃料电池，其燃料为纯氢，许多碳氢化合物（例如天然气、甲醇和甲烷等）也可以作燃料使用。

表2-2　燃料电池的种类

种类	碱型	磷酸型	质子交换膜型	熔融碳酸盐型	固态氧化物型
英文简称	AFC	PAFC	PEMFC	MCFC	SOFC
电解质	氢氧化钾溶液	磷酸	质子渗透膜	碳酸钾	固态氧化物

（续）

种类	碱型	磷酸型	质子交换膜型	熔融碳酸盐型	固态氧化物型
燃料	纯氢	氢，天然气	氢，甲醇，天然气	天然气，煤气，沼气	天然气，煤气，沼气
氧化剂	纯氧	空气	空气	空气	空气
效率（%）	60~90	37~42	43~58	50	50~65
使用温度/℃	60~120	160~220	60~120	600~1 000	600~1 000

虽然燃料电池的种类很多，而且不同类型的燃料电池的电极各不相同，但都是由负极、正极、电解质这3个基本单元构成。燃料电池存在三个相邻的区段，氧化反应和还原反应就发生在负极、电解质和正极这三个不同区段的接口之间。化学反应的净结果是燃料的消耗、水和二氧化碳的产生以及电流的形成（图2-16）。

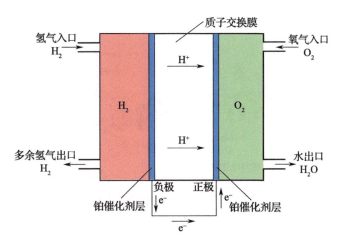

图2-16 质子交换膜型燃料电池的基本原理

燃料电池的工作原理如下：由于负电极和正电极分别处于电解质之中，而两个电极之间为具有渗透性的薄膜。氢气作为燃料由负极进入，氧气（或者空气）作为氧化剂由正极进入电池。在负极催化剂的作用下，发生氧化反应，氢原子分解成带正电荷的氢质子（阳离子）和带负电荷的自由电子。其中的氢质子进入电解质中，被氧"吸引"到薄膜另一边的正极，而电子不能通过固体高分子电解质膜，只能经外电路由负极到达正极，于是形成电流，外部用电器就获得了所需要的电能，从而成为电动机的动力源。在正极催化剂的作用下，氢质子、氧和电子发生还原反应，形成水分子（这是水电解反应的逆过程），因此水是燃料电池的唯一排放物。

燃料电池具有以下优点：能量的转换效率可达60%，是内燃机的2~3倍；零排放，无环境污染，燃料电池的燃料是氢气和氧气，氧化还原反应后生成清洁的水；氢燃料属于再生能源，来源广泛，不依赖于石油资源。即使采用甲醇、天然气或者汽油作为燃料，反应后产生的也是极少量的二氧化碳或氮氧化合物；相比纯电动汽车，燃料电池汽车续驶里程有了较大的提升；当燃料耗尽后，可以像传统燃油汽车那样快速补充燃料，无须长时间充电。

由于燃料电池进行化学反应时会产生热量，反应温度为 80℃左右，所以系统安装了冷却液泵和散热器，在燃料电池极板的两端利用冷却液循环散热。

燃料电池是一种原电池，只能产生电能而不能储存电能，所以需要储电装置，用于高负荷时的动力辅助输出和减速时的制动能量回收。现在很多燃料电池汽车使用镍金属氢化物电池、锂电池或者超级电容器作为储电装置。

五、丰田 MIRAI 氢燃料电池系统包括哪些装置？

丰田 MIRAI 氢燃料电池系统包括以下 4 个部分：高压储氢瓶和氢气监管装置、燃料电池堆、空气回路以及冷却系统（图 2-17 和图 2-18）。

图 2-17　丰田 MIRAI 氢燃料电池汽车主要部件的位置

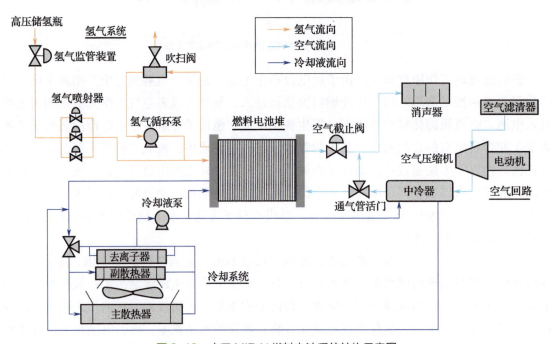

图 2-18　丰田 MIRAI 燃料电池系统结构示意图

1. 高压储氢瓶和氢气监管装置

（1）高压储氢瓶　该车在后排座椅下方布置了2个最大可承受70MPa压力的高压储氢瓶，可以储存6kg左右高压氢气，总体积为150~200L，采用高强度、轻质的碳纤维材料，借助碳纤维强化塑料（CFRP）来实现外壳的轻量化。

在高压储氢瓶的出气口，安装有特殊的反锁装置，一旦车内的气体检测仪检测到漏气，出气口会立即被反锁，防止氢气泄漏。

（2）高压储氢瓶阀门（图2-19）　高压储氢瓶阀门负责控制氢气的进和出。

（3）减压阀（图2-20）　减压阀将氢气压力从70MPa降低到1MPa，以满足燃料电池堆对气压的要求。

图2-19　高压储氢瓶阀门

图2-20　减压阀

2. 燃料电池堆

燃料电池堆包括以下部件：电池堆、燃料电池堆歧管、氢气喷射器、燃料电池堆栈、燃料电池升压转换器、氢气再循环泵（风机）及其管道、吹扫阀。

（1）燃料电池堆歧管（图2-21）　该部件采用铝合金和有拉伸特性的树脂制作，通过注塑成型，所以显得比较轻薄。

（2）氢气喷射器（图2-22）　氢气喷射器的作用是调节进入电池堆的氢气压力和流量。

图2-21　燃料电池堆歧管

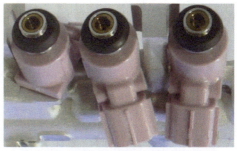
图2-22　氢气喷射器

（3）电池堆（图2-23）　在燃料电池堆栈内，除了正极和负极外，还有一个重要的零件——双极板。

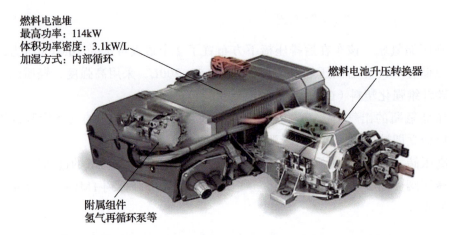

图 2-23　丰田 MIRAI 的燃料电池堆

双极板（图 2-24）又称为流场板，与膜电极层叠装配成电池堆，在燃料电池中起着支撑、收集电流、为冷却液提供通道等几个作用，其质量好坏直接决定电池的输出功率大小和使用寿命长短。

双极板是燃料电池的"骨架"，主要材料是钛金属，钛金属有 30% 的膨胀比。采用高精度、高速冲压成型工艺，将钛金属的膨胀比提高到 60%，制备出精细的双极板。

3. 空气回路

（1）空气压缩机（图 2-25）　空气压缩机为六叶螺旋罗茨型。燃料电池电化学反应的进行需要空气中的氧气参与，空气压缩机的作用是将空气源源不断地输送到电池堆的入口并且增压。

（2）空气阀门模块（图 2-26）　空气阀门模块的作用是引导空气进入电池堆，并且根据气体压力、湍流程度和密封效果进行调节。在加速工况下，阀门开度变大。根据加速踏板调节空气的流量，进而改变发电量。不发电时，该阀门关闭。

图 2-24　双极板

图 2-25　六叶螺旋罗茨型空气压缩机

图 2-26　空气阀门模块

4. 冷却系统

这一部分包括：电动水泵、主散热器、副散热器等。其中有一个部件叫离子交换器（图2-27），它是一种去离子装置，离子交换器的作用是去除冷却液中溶解的离子，保持电池堆与其他部件的"电隔离"。

5. 其他机构

（1）氢气循环泵（图2-28） 为了将电池堆负极出口处没有参与内部电化学反应的氢气再次送至电池堆，提高燃料利用率和优化水管理，该车设置了氢气循环泵，该泵的高效工作使得燃料电池汽车简化了机构，取消了加湿器。

图2-27 离子交换器　　　　图2-28 氢气循环泵

（2）氢气浓度传感器 为了防止氢气泄漏，确保燃料电池汽车的使用安全，在车身上安装了氢气浓度传感器，以实时监测车内的氢气浓度。该传感器可以实现1s内快速响应和长久工作，并且在车辆起动前监测和预报氢气浓度。

氢气浓度传感器在汽车上的位置如图2-29所示。

图2-29 氢气浓度传感器的安装位置

六、电池管理系统（BMS）具有哪些功能？

电池管理系统（BMS）又称为电池控制器、电源管理器、电源管理系统。按照新能源汽车对电池管理的要求，BMS应当具备以下功能：高/低压电管理、电池电量估算、充电管理、均衡控制、热管理以及故障诊断等，包括数据（如电压、电流、温度）采集、充电接口检测（CC和CC2）和充电唤醒（CP和A+信号）、继电器控制和状态诊断、绝缘检测、高压互锁、碰撞检测、CAN通信以及数据存储等（图2-30）。

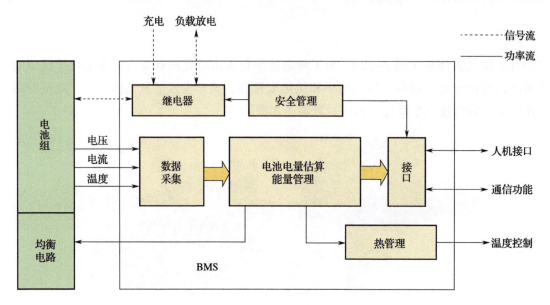

图2-30 电池管理系统的功能原理图

1. 高/低压电管理

BMS相当于一个大电闸，它与高压配电箱配合，通过继电器的吸合来控制动力电池的通断，对电流进行分流。在正常"上电"时，由VCU（整车控制器）通过硬线或CAN信号的12V电唤醒BMS，待BMS完成自检及进入待机后，VCU发送上高压电的指令，BMS控制继电器吸合，完成上高压电。"下电"时，VCU发出下高压电的指令，断开12V唤醒电。

2. 电池电量估算

1）计算SOC值，通过采集的温度和查表得到的当前电池可用充、放电功率，VCU根据该功率值决定当前整车如何用电。

2）计算SOH值，用于表征当前电池的健康状态（0%~100%），一般SOH值低于80%的电池便不可再用。

3）通过BMS的核心控制算法，得出电池的荷电状态（SOC），它表征电池当前的剩余容量，对于判断汽车的可行驶里程十分重要。

4）计算SOE值，它表示当前状态下剩余能量与最大可用能量的比值。该指标主要用于剩余续驶里程的估算。

3. 充电管理

（1）慢充　当由交流充电桩（或家用 220V 电源）通过车载充电器给电池充电时，通过 CC 或 CP 信号唤醒 BMS，但应保证充电结束后能正常休眠。

（2）快充　当由直流充电桩输出直流电给电池充电时，能够实现 1C 甚至更高倍率充电，一般 45min 可以充进 80% 的电量。此时通过充电桩的辅助电源 A+ 信号唤醒 BMS。

4. 均衡控制

根据木桶效应，充电和放电时都是性能最差的单体电池先达到截止条件，其他的单体还有一部分能力未能释放出来，造成电量浪费。均衡控制就是为了消除在电池使用过程中产生的单体电池容量的不一致，延长电池的使用寿命。

5. 故障诊断

负责判断电池的当前状态，及时识别电池充、放电过程中的过电压、欠电压、过热等异常情况，有助于避免事故发生。诊断的故障类型包括数据采集及合理性故障、电气故障（传感器和执行器）、通信故障及电池状态故障等。针对电池的不同表现，将诊断故障区分为不同的故障等级，BMS 和 VCU 将采取不同的处理措施——警告、限制功率或直接切断高压电（表 2-3 和表 2-4）。

表 2-3　BMS 对电池故障的诊断策略

故障状态	电池管理系统判定的故障等级
模块温度 > 65℃	1 级故障：一般高温警告
模块（单体）电压 > 3.85V	1 级故障：一般高压警告
模块（单体）电压 < 2.6V	1 级故障：一般低压警告
充电电流 > 300A	1 级故障：充电过度警告
放电电流 > 450A	1 级故障：放电过度警告
绝缘电阻小于设定值	1 级故障：一般漏电警告
模块温度 > 70℃	2 级故障：严重高温警告
模块（单体）电压 > 4.1V	2 级故障：严重高压警告
模块（单体）电压 < 2.0V	2 级故障：严重低压警告
绝缘电阻小于设定值	2 级故障：严重漏电警告

表 2-4　BMS 对故障的保护机制

故障类别	整车级别的故障响应和处理	电池管理系统硬件响应
1 级故障	电池管理系统发出警告后，整车其他控制模块可以根据具体故障内容，启动相应的故障处理机制	无
2 级故障：严重高温警告		关断直流动力回路
2 级故障：严重高压警告		关断直流动力回路
2 级故障：严重低压警告		关断直流动力回路
2 级故障：严重漏电警告		不允许放电

七、电池管理系统的结构及原理是什么？

1. 电池管理系统的基本架构

电池管理系统（BMS）包括硬件、底层软件和应用层软件三部分。BMS 的硬件包括电源 IC、CPU、采样 IC、高驱 IC、其他 IC 部件、隔离变压器、RTC、EEPROM 和 CAN 模块等（图 2-31）。

在 BMS 的电路板上，安装了大量的芯片、电容器、电阻器以及小型初滤器（图 2-32）。

图 2-31　电池管理系统的外形　　图 2-32　特斯拉 Model S 电池管理系统的电路板

BMS 由一个主控制器和多个从控制器组成。主控制器通过 CAN 总线或菊花链（Daisy Chain）通信等方式管理多个从控制器；从控制器直接连接电池包，采集电池的电压、电流和温度等（图 2-33）。

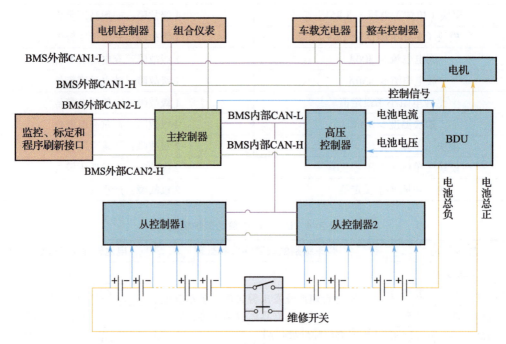

图 2-33　电池管理系统的基本架构

（1）主控制器　处理从控制器和高压控制器上报的信息，同时根据上报信息判断和控制动力电池的运行状态，实现 BMS 相关的控制策略，并做出相应故障诊断及处理。

（2）高压控制器　实时采集并上报动力电池的总电压、电流信息，通过硬件电路实现按时积分，为主板计算电池的荷电状态（SOC）、健康状态（SOH）提供准确数据，同时可实现预充电检测和绝缘检测。

（3）从控制器　实时采集并上报动力电池单体的电压和温度信息，反馈每一串电芯的 SOH 和 SOC，同时具备被动均衡功能。

（4）采样控制线束　为动力电池各种信息采集和控制器间的信息交互提供硬件支持，同时在每一根电压采样控制线束上增加冗余保险功能，从而避免线束或电池管理系统导致的电池外短路。

2. 电池管理系统的工作原理

BMS 动态监测动力电池的工作状态，实时采集每块电池的端电压和温度、充 / 放电电流以及电池组的总电压，估算出各电池的荷电状态（SOC）、健康状态（SOH）和电化学状态（SOE）。然后通过控制其他器件，防止电池产生过充电或过放电现象，同时及时给出电池状况，找出故障电池所在箱号和位号，挑选出有问题的电池，保持整组电池运行可靠和高效。此外，BMS 还设定面向用户端的显示，将估算的剩余电量换算成可行驶里程，同时具有自动报警和故障诊断功能，方便驾驶人操作和处理（图 2-34）。

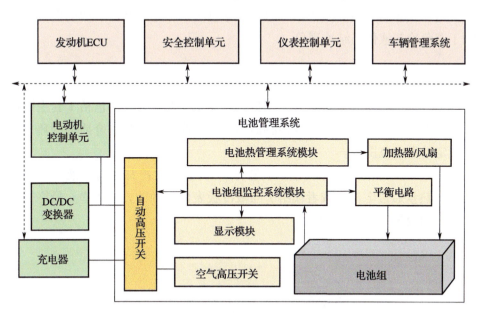

图 2-34　电池管理系统原理示意图

BMS 的数据采集电路负责采集电池状态信息，再由电子控制单元 ECU 进行数据处理和分析，根据处理结果，对系统内的相关功能模块和执行部件发出控制指令，并向外界传递信息，具体见表 2-5。

表 2-5　BMS 的主要输入信号和执行部件

目标和任务	输入的信号	执行部件
防止过充电	电池组的电压、电流、温度	充电器
避免过放电	电池组的电压、电流、温度	电动机功率转换器
控制温度	电池温度	加热器（风扇等）
平衡电池组的电压和温度	电池组的电压和温度	平衡电路
预测电池 SOC 和剩余可行驶里程	电池组的电压、电流、温度	显示模块

八、电池热管理系统的结构原理是怎样的？

电动汽车对电池热管理系统的要求：具有高温散热以及低温预热两方面功能，维持动力电池 30℃左右温度，单体电池之间的最大温差≤2℃，避免动力电池温度下降到 -30℃或者上升到 50℃。温度过高或过低都会明显影响动力电池的工作性能和使用寿命。

1. 冷却方式

动力电池的冷却分为风冷和液冷两种方式。目前大多数电动乘用车的电池采用液冷方式，利用液体流动换热系数较大的特性转移高热量，可以消散几百到上千瓦的热能。

特斯拉电动汽车的导热介质为乙二醇，为绿色液体，是水和乙二醇的混合物，混合乙二醇有利于避免冷却液低温结冰现象。

2. 主要结构

动力电池内部的热管理系统由几套（散热/预热）管路构成，包括 1 套主链接管路以及多条围绕电芯的分管路，几套温度传感器和控制电缆，以便控制介质的循环，使所有电芯都处于设定的温度范围内。

有的汽车厂家采用液冷板（板型铝质器件），并且放置冷却液管，液冷板与动力电池的底板接触，热量通过电池（或者模组）与液冷板表面接触的方式传递，最终被在内部流道中通过的冷却液带走（图 2-35）。

图 2-35　液冷板

特斯拉动力电池的每节电芯附近都布置了冷却管道，在两节电芯之间有一条铝带，在铝带内加入了乙二醇溶液。冷却液与铝导管配合，能够让每一节电芯都处于恒定的温度，保持各处电池温度的均衡，防止电池局部温度过高（图2-36和图2-37）。

 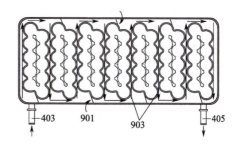

图2-36　特斯拉电动汽车电芯的蛇形冷却液管　　图2-37　特斯拉电动汽车冷却液管道布置顶视图

特斯拉电动汽车动力电池冷却液的进、出管道末端设计为交叉布置方式，一共有4个接口（图2-38），这种布置方式可以避免管道过长而导致管道始、末端的温度差异过大。另外，每条进、出管道又分为2个子管道，其目的是加大冷却液与管道的接触面积，提高热传导效率。

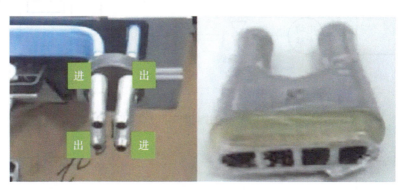

图2-38　冷却液进、出管道的布置方式

3. 热管理模式

动力电池热管理系统主要有以下2种工作模式：①散热模式，冷却液从电动水泵泵入运行的电池散热器，经过未启动的PTC加热器（保持管路畅通），为动力电池散热；②预热模式，冷却液从电动水泵泵入未启动的电池散热器（保持管路畅通），经过已经启动的PTC加热器，然后为动力电池预热（图2-39）。

本田i-MMD插电式混动车动力电池的冷却系统采用了电控三通阀的设计。当汽车处于行驶工况时，动力电池以及DC/DC变换器处在正常工作负荷区间，温度较高，系统打开电控三通阀，对两者进行冷却（图2-40）。

当汽车处于充电工况时，动力电池以及DC/DC变换器的工作负荷较低，温度不高，系统打开电控三通阀，冷却液绕过动力电池以及DC/DC变换器，而对处于高负荷状态下的充电器进行冷却（图2-41）。通过电控三通阀的合理切换，得到了两种温度控制模式。

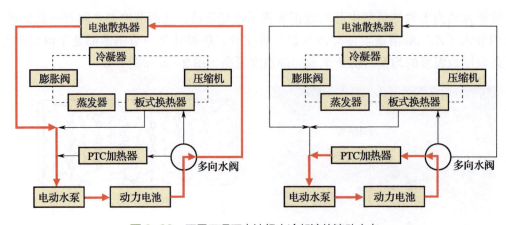

图 2-39　不同工况下电池组内冷却液的流动方向

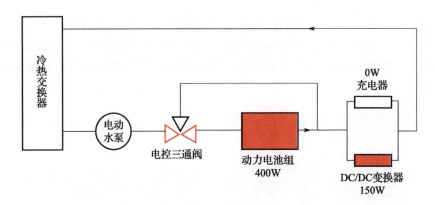

图 2-40　本田 i-MMD 插电式混动车行驶工况下的冷却液路径

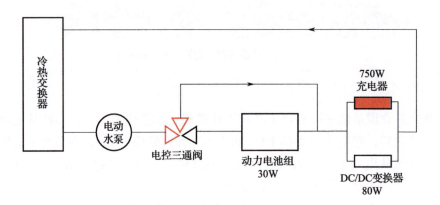

图 2-41　本田 i-MMD 插电式混动车充电工况下的冷却液路径

九、氢燃料电池的热管理系统由哪些部件组成？

氢燃料电池的热管理系统的功能是将电池堆反应生成的热量排出系统外，使电池堆运行在最适宜的温度下。一个典型的氢燃料电池热管理系统主要包括以下部件：电动水泵、节温器、散热器、去离子器、中冷器、PTC加热器以及冷却管路（图2-42和图2-43）。

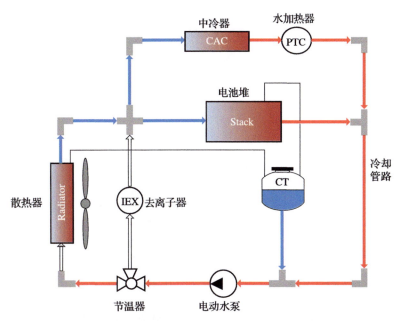

图2-42 氢燃料电池热管理系统冷却液循环图

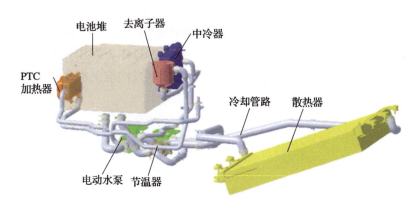

图2-43 氢燃料电池热管理系统部件连接图

（1）电动水泵（图2-44） 电动水泵是氢燃料电池热管理系统的"心脏"，它给系统内的冷却液加压，使冷却液循环流动。一旦电池堆的温度过高，电动水泵就加大冷却液的流速，加强对电池堆的降温。

为了保证电池堆产生的热量能够快速、有效地散发，电动水泵必须具有大流量、高扬程、绝缘好以及良好的EMC（电磁兼容性）特性。此外，电动水泵还需要实时反馈当前的运行状态或者故障状态。

（2）中冷器（图2-45） 中冷器的作用是冷却来自空气压缩机的压缩空气，它通过冷却液和空气的热交换来降低压缩空气的温度，使进入电池堆的空气温度处在合理的范围内。其主要结构是芯体、主板、水室和气室。中冷器的特点是热交换量大，清洁度要求高，以及离子释放率低。

（3）去离子器（图2-46） 在氢燃料电池运行过程中，中冷器和散热器都可能释放离子，导致冷却液的离子含量增高，使其电导率增大，系统的绝缘性能下降，去离子器就是用来改善这种状况。通过吸收热管理系统零部件释放的阴、阳离子，去离子器能降低冷却液的电导率，使系统处于较高的绝缘水平。

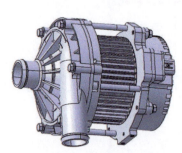
图2-44　氢燃料电池电动水泵

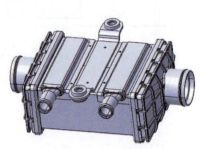
图2-45　中冷器

图2-46　去离子器

去离子器由壳体、滤网、树脂以及进、出口管组成。对它的要求是离子交换量大、吸收离子速率快，同时成本低。

（4）PTC加热器（图2-47） 在环境温度很低的情况下，燃料电池面临低温的挑战。PTC加热器用于电池堆低温冷启动时对冷却液辅助加热，使冷却液尽快达到需要的温度，缩短燃料电池系统冷启动的时间。PTC加热器由加热芯体（即加热模块）、控制电路板、驱动电路板以及壳体等组成。燃料电池汽车对它的要求是响应灵敏、功率稳定。

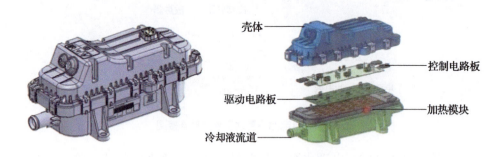
图2-47　PTC加热器

（5）节温器（图2-48） 节温器用来控制冷却液的大循环和小循环。电动节温器由电机执行机构、阀体、进水口、出水口及壳体组成。燃料电池系统对节温器的要求是响应速度快，内部泄漏量小，并且能反馈位置信息。

（6）散热器（图2-49） 要求散热量大、清洁度高、离子释放率低，同时要求散热风扇的风量大、噪声低以及无级变速。

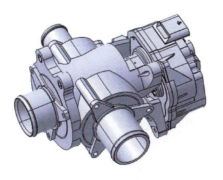
图2-48 节温器

图2-49 散热器

（7）冷却管路（图2-50） 冷却管路好像氢燃料电池的"血管"，它连接着热管理系统各零部件，使冷却液形成完整的循环链。对冷却管路的要求是：绝缘性能高，清洁度好。

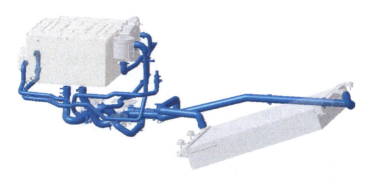
图2-50 冷却管路（蓝色部分）

十、怎样检修电池信息采集器的故障？

电池信息采集器（简称 BIC）是电池管理系统的重要组成部分，它安装在电池包的内部。

1. 电池信息采集器的功能

为了减小单体电池电压不均衡的影响，电动汽车设置了多个电池信息采集器，主要采集工作电流、分节电压以及多点温度，并把采样信息通过 CAN 总线传输给 BMS，用于电池均衡异常检测。通过完善的数据采集，让 BMS 对敏感区 SOC（荷电状态）的监测精度达到 1%，对全区间的监测精度达到 3%。

以比亚迪 F3DM 混合动力汽车为例，其动力电池由 100 节电池单元串联而成，共有 10 个电池模组，每个电池模组由 10 个单体电池并联。设置了跟踪电池电压和温度的取样点 100 个，电压采样线 100 条（红色），温度采样线 100 条，正极母线 1 条，负极母线 1 条，还有压条和 1 个托盘（图2-51）。一旦检测到某节电池的端电压偏差过大，仪表盘的显示屏会出现电池报警。

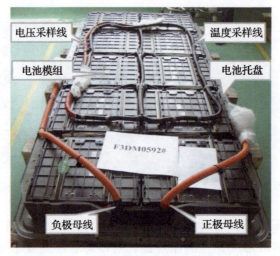

图 2-51 比亚迪 F3DM 动力电池的采样线

2. 电池信息采集器的故障码

如果电池组的信息采样异常，电池管理系统会按不同的等级予以故障报警，并储存相应的故障码（表 2-6）。

表 2-6 比亚迪关于电池信息采集器的故障码（部分）

编号	DTC	描 述	应检查部位
1	P1A0000	严重漏电故障	检查动力电池、高压配电箱、电机控制器与 DC 总成、空调压缩机和 PTC
2	P1A0100	一般漏电故障	检查动力电池、高压配电箱、电机控制器与 DC 总成、空调压缩机和 PTC
3	P1A0200	BIC1 工作异常故障	采集器 1
4	P1A0300	BIC2 工作异常故障	采集器 2
13	P1A0C00	BIC1 电压采样断线故障	电池模组 1：软件会自己屏蔽掉，无须处理，若无法屏蔽，则需更换电池模组
14	P1A0D00	BIC2 电压采样断线故障	电池模组 2：软件会自己屏蔽掉，无须处理，若无法屏蔽，则需更换电池模组
23	P1A1600	BIC1 温度采样电路故障	采集器 1
24	P1A1700	BIC2 温度采样电路故障	采集器 2
33	P1A2000	BIC1 温度采样断线故障	电池模组 1：软件会自己屏蔽掉，无须处理，若无法屏蔽，则需更换电池模组
34	P1A2100	BIC2 温度采样断线故障	电池模组 2：软件会自己屏蔽掉，无须处理，若无法屏蔽，则需更换电池模组
43	P1A2A00	BIC1 均衡电路故障	采集器 1
44	P1A2B00	BIC2 均衡电路故障	采集器 2

（续）

编号	DTC	描述	应检查部位
54	P1A3500	动力电池单节电压严重过高	动力电池
55	P1A3600	动力电池单节电压一般过高	动力电池
56	P1A3700	动力电池单节电压严重过低	动力电池
57	P1A3800	动力电池单节电压一般过低	动力电池

3. 电池信息采集器故障案例一

一辆比亚迪"秦"插电式混合动力汽车，在行驶中组合仪表突然显示"请检查动力系统"，此时无法切换到EV（纯电动）模式，并且不能回收制动能量。关闭电源重启，但是无效。将充电枪插入充电插口，无法进行充电。

产生这种故障的原因可能是以下部件受损：①动力电池；②电池信息采集器；③电池管理系统；④高压配电箱；⑤电机控制器。

比亚迪"秦"双擎双模混合动力汽车采用磷酸铁锂电池，动力电池一共有10个电池包（即10组），电池包里的单体电池数量是不相同的，多的有18个，少的有10个，一共160个单体电池，每个单体电池的标称电压为3.2V，总直流电压为500V，电池组容量13kW·h。

连接比亚迪专用设备ED-400对整车进行系统性能测试，屏幕显示模组5的电池电压均为0V。

打开行李舱，拔出位于电池箱右上角前面的橙色维修开关销，再打开电池箱的前盖板，将后排坐垫拆下，接着拆下后靠背（拆开时需要分断左右两个安全气囊监测插头以及中控板插头），最后拆卸电池护板。可以看到12V起动蓄电池、高压配电箱、电池管理系统、10组电池单元和220V电源变换器等部件，如图2-52所示。

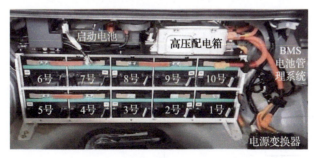

图2-52 比亚迪"秦"混合动力汽车电池箱（后侧）

起初怀疑电池包损坏，与正常车辆上的电池包对换安装，但是故障依旧。接着拆下故障车的电池管理器，换上正常车辆的电池管理器，故障还是不能解决。

将正常车上的5号电池信息采集器（BIC）换上，"请检查动力系统"的警告提示消失。更换5号电池组采集器，该车可以切换到EV模式，故障被排除。

比亚迪"秦"混动车每个电池信息采集器有自己的地址码，当它出现故障时，显示的就是该地址的数据信息。

4. 电池信息采集器故障案例二

一辆比亚迪"唐",动力电池荷电状态 SOC 为 78%,无 EV 模式,组合仪表显示"请检查动力系统"(图 2-53)。检测 BMS,存在故障码"P1A3D00:负极接触器回检故障"(图 2-54)。

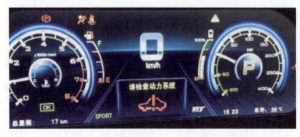

图 2-53 组合仪表显示"请检查动力系统"

图 2-54 故障码内容

由于组合仪表提示动力系统故障,而且存在故障码 P1A3D00,所以首先对 BMS 负极接触器的电源、电路进行检查。

检查 BMS 负极接触器的动力电池采样端子 k161 的母端(母端可以理解为插座端子,公端为插头端子),显示电源供给正常。进一步检查发现,k161 的公端出现退针现象(图 2-55)。

更换动力电池的采样端子,故障被排除。

图 2-55 采样端子退针

十一、如何检测动力电池内部几个传感器的性能?

1. 漏电传感器

动力电池的漏电传感器负责监测与动力电池输出端相连接的负母线与车身底盘之间的绝缘电阻,用来判断动力电池的漏电程度。其检测原理如图 2-56 所示。

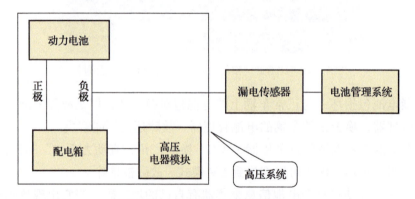

图 2-56 电动汽车漏电检测原理图

漏电传感器是一种霍尔电流传感器（图2-57），其工作原理如图2-58所示。

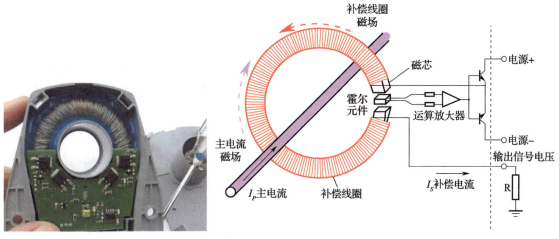

图2-57　磁平衡补偿式霍尔电流传感器内部结构图

图2-58　磁平衡补偿式霍尔电流传感器工作原理图

当动力电池漏电时，漏电传感器发出一个信号给电池管理系统，电池管理系统接收到漏电信号后，禁止充电、放电并且报警。

判断动力电池是否漏电及漏电程度的标准见表2-7。

表2-7　漏电传感器检测到的绝缘电阻（R）及漏电程度的判定

判定的漏电程度	比亚迪 E6	比亚迪"唐"
一般漏电	120~140 kΩ	100~500 Ω/V
严重漏电	≤ 20 kΩ	≤ 100 Ω/V

2. 温度传感器

动力电池设置了多个电池温度传感器（图2-59），而且分散安装，便于监测各单体电池的温度。

丰田普锐斯混合动力汽车安装了3个电池温度传感器（图2-60），还有1个电池组进气

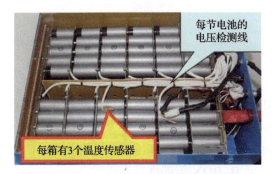

图2-59　电池温度传感器的安装位置

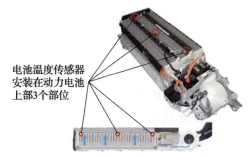

图2-60　丰田普锐斯混合动力汽车电池温度传感器的安装位置

温度传感器,其导线分别采用蓝色、黑色、白色或红色,每个温度传感器配双线。小巧的电池温度传感器是卡装式结构,紧贴在电池表面,不容易脱落,能够灵敏地感知电池温度的变化。

在实际使用中,动力电池的温度传感器容易发生以下故障。

(1)传感器脱落,造成电池保护失效 例如深圳市一辆公交大客车装备五洲龙混合动力系统,其动力电池分装在九个箱体内,每个箱体安装了三个温度传感器。温度传感器安装不够牢固,加上车辆运行中的振动,传感器脱落,造成控制模块检测误判并且报警的现象。以后使用树脂胶黏结传感器及引线,消除了这种故障隐患。

(2)传感器老化变质 一辆普锐斯混合动力汽车行驶里程约30万km,显示屏右上角的故障灯点亮,提示动力电池系统出现故障。按照程序对电池组进行检查,未发现动力电池的接线故障和其他异常。用万用表测量镍氢电池组的电压为200V,能够起步和行驶。重点检测几个温度传感器。在正常情况下,20℃时电池温度传感器的电阻为9.5kΩ左右,温度40℃时传感器电阻降为6.5kΩ。实测结果:其中3个温度传感器的电阻值为7.3kΩ(正常),但是白色导线的温度传感器的电阻值为42kΩ,说明该传感器已经老化失效。更换白色导线的温度传感器后,故障被排除。

3. 电流传感器

电流传感器负责探测流入动力电池的电流强度(图2-61)。

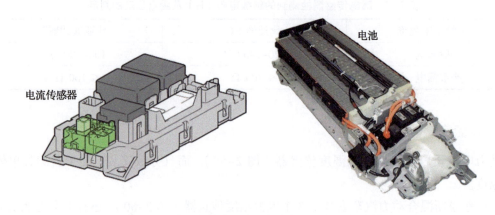

图 2-61 丰田凯美瑞混合动力汽车电池的电流传感器

十二、怎样检测吉利 EV500DL 电动汽车动力电池的绝缘性能?

吉利 EV500DL 电动汽车的动力电池采用三元锂电池,动力电池总成安装在车体的下方,如图 2-62 所示。动力电池以钴酸锂、锰酸锂或镍酸锂等化合物为正极,以可嵌入锂离子的碳材料为负极,使用有机电解质。该动力电池的组成部件包括各模组总成、CSC 采集系统、电池管理系统 BMS、电池高压分配单元 B-BOX 等部件。

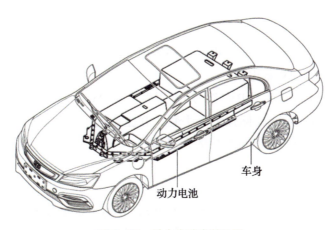

图 2-62 动力电池安装位置

电池管理系统 BMS 能够对动力电池组总电压、总电流、每个测点温度和电池单体的电压参数进行实时监控,并进行故障诊断、荷电状态 SOC 计算、短路保护、漏电监测、报警显示、充/放电模式选择等。BMS 将动力电池相关参数上报整车控制器 VCU,由 VCU 控制动力电池的充电和放电功率。当动力电池温度低于 -20℃时,动力电池无法充电。此时需通过交流充电的方法使空调工作并对动力电池进行加热,当动力电池温度达到 -20 ~ 55℃时,系统切换到正常交流充电模式。

吉利 EV500 电动汽车的动力电池的外部连接电路如图 2-63 所示。

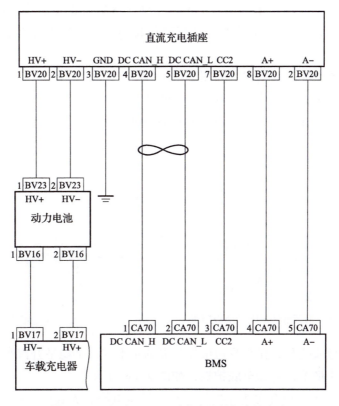

图 2-63 吉利 EV500 动力电池外部连接电路

1. 绝缘检测的安全准备工作

打开前机舱盖，断开蓄电池负极电缆，并等待5min。然后对车辆做好标识，标明"正在维修高压、禁止连接12V蓄电池"。

断开车载充电器电缆插接器BV17，用万用表检测BV17端子1与端子2之间的电压。标准电压≤5V。在测量时需要佩戴绝缘手套，并注意端子1与端子2的距离较近，严禁万用表针头短接和触碰任何非测量目标的金属部件。

2. 检测动力电池供电绝缘电阻

将绝缘电阻表（兆欧表）的档位调至1 000V，分别测量车载充电器电缆插接器BV17的端子1和端子2与车身接地之间的电阻，标准电阻应≥20MΩ。

3. 检测动力电池充电线路绝缘电阻

拆卸直流充电插座线束插接器BV20，将绝缘电阻表的档位调至1 000V，分别测量直流充电插座线束插接器BV20的端子1和端子2与车身接地之间的电阻，标准电阻应≥20MΩ。

十三、如何更换吉利新能源汽车的动力电池总成？

吉利帝豪EV450电动汽车的动力电池由单体153A·h的电芯串联而成，电池的容量为52kW·h，重量为380kg，能量密度为142W·h/kg，处于行业的领先水平。该车动力电池的更换流程如下：

1）拆卸低压蓄电池负极接线，如图2-64所示。
2）安装蓄电池负极桩头盖，放置"电源断开"人字警示牌，并等待5min。
3）打开驾驶室内部的中央扶手箱，拆卸动力电池维修开关，如图2-65所示。

图2-64　拆卸低压蓄电池负极接线

图2-65　动力电池维修开关

4）将举升臂橡胶托盘放在车身边梁加强筋的正下方，平稳举升汽车至合适高度。
5）拆卸车底小横梁，拆卸车底护板，如图2-66所示。
6）检查动力电池外观有无明显损伤，高、低压电缆有无破损、裸露现象，如图2-67所示。

图 2-66　拆卸车底小横梁与护板　　　图 2-67　检查动力电池外观及连接电缆

7）断开低压电缆插接器。

8）戴上绝缘手套，断开动力电池高压电缆插接器，如图 2-68 所示。用万用表测量动力电池的输出电压，标准电压 ≤ 5V。

9）拆卸动力电池的冷却水管，用密封盖堵住冷却水管接口。拆卸动力电池搭铁线，如图 2-69 所示。

图 2-68　断开高压电缆插接器　　　图 2-69　拆卸动力电池冷却水管及搭铁线

10）将动力电池举升车推入车底合适位置，然后锁定举升车脚轮，缓慢升起动力电池工作平台至合适高度，如图 2-70 所示。

11）拆卸动力电池后部的 3 个螺栓、前部的 2 个螺栓以及动力电池左右两侧各 7 个螺栓，如图 2-71 所示。

图 2-70　动力电池举升车　　　图 2-71　动力电池四周的固定螺栓

12）缓慢降下动力电池举升车，将动力电池总成推出维修工位。

13）安装动力电池时，安装的顺序与拆卸时相反。将动力电池举升车推至车辆底部，调整位置后锁止脚轮。

14）将动力电池缓慢举升至车底，并对准固定螺栓孔位置，安装动力电池后部的3个螺栓、前部的2个螺栓、左右两侧各7个螺栓，紧固力矩为78N·m。

15）降下动力电池举升车并推出工位，安装动力电池搭铁线，其螺栓紧固力矩为10N·m。

16）安装动力电池高压电缆插接器、低压电缆插接器。

17）安装动力电池冷却水管，安装动力电池护板、小横梁。

18）添加冷却液至规定位置，安装动力电池维修开关。

19）安装低压蓄电池负极插接线，打开点火开关，检查上电情况，如图2-72所示。

20）连接诊断仪，读取车辆有无故障码。连接充电枪，检查汽车的充电状况是否正常，如图2-73所示。

21）再次举升车辆，检查动力电池冷却水管的接口有无泄漏。

图2-72　检查上电情况

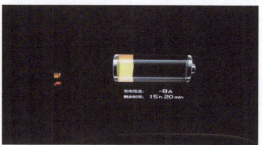

图2-73　检查汽车充电状况

十四、怎样对特斯拉纯电动汽车进行常规高压断电？

众所周知，新能源汽车带有高压电，因此检修时一定要注意安全，避免发生触电事件，造成人身伤害或设备损坏。在对新能源汽车进行维修作业前，必须进行高压断电操作，确认车辆的高压电路处于断开状态，才可以进行相关的检修工作。新能源汽车不同车型的高压断电流程有所差别，一般是先断开低压回路，再断开高压回路，下面以特斯拉Model 3为例说明新能源汽车高压断电操作流程。

1）通过中控屏关闭汽车电源。具体方法是点击中控屏左下角的车辆图标，然后选择"安全&保障"菜单，之后在中控屏上会出现"关闭电源"的弹窗，点击"关闭电源"，即可完成车辆的低压断电工作，如图2-74所示。

2）断开前机舱内的低压蓄电池负极电缆，并对低压蓄电池负极接线柱进行绝缘防护，避免低压蓄电池负极电缆误接通，如图2-75所示。

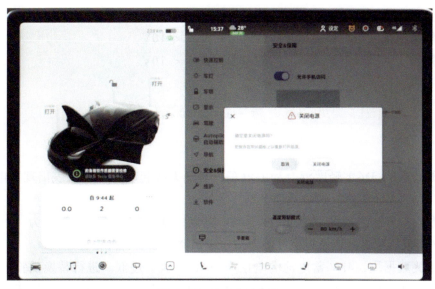

图 2-74　低压断电操作

3）拆卸后排座椅，然后断开位于后排座椅下方的高压控制器的低压电缆，并对高压控制器的低压电缆插头进行绝缘防护，避免误接通，如图 2-76 所示。

图 2-75　断开低压蓄电池的负极电缆　　图 2-76　断开高压控制器的低压电缆

4）拆卸高压验电孔护盖，然后用万用表进行高压验电，如图 2-77 所示。

图 2-77　高压验电孔

① 测量高压正极、负极端子之间的电压，要求 < 10V。
② 测量高压正极与车身接地之间的电压，要求 < 10V。
③ 测量高压负极与车身接地之间的电压，要求 < 10V。

十五、如何检修奥迪 48V 蓄电池系统的故障？

1. 案例 1

一辆奥迪 A8（D6）轻度混合动力汽车，车辆无法起动，组合仪表出现蓄电池报警，同时显示"电力系统故障，请联系服务站"字样。

连接专用诊断仪，在诊断地址 21（48V 电池控制器）中读到故障码为"P0ADC00：混合动力/高电压蓄电池正极触点控制，对正极短路，被动/偶发"。

读取相关数据块，48V 蓄电池的电量为 20%~60%，过低。进行替换试验，将损坏的 48V 蓄电池安装到其他同型号的车辆上，故障再现，说明 48V 蓄电池确实损坏。

于是执行 GFS 建议，更换 48V 蓄电池，故障被排除。

另外，如果读到以下故障码："P0ADB00：混合动力/高电压蓄电池正极触点控制，对地短路，被动/偶发"；"P0AA200：混合动力/高电压蓄电池正极触点，卡在开启位置，主动/静态"；"P0AC000：混合动力/高电压蓄电池，电流测量传感器 1 不可信信号，静态"，都要考虑 48V 蓄电池是否损坏。

2. 案例 2

一辆奥迪 A8 48V 混合动力汽车，组合仪表出现蓄电池报警，并且显示"电力系统故障，请联系服务站"字样。

连接故障诊断仪，在诊断地址 21（48V 电池控制器）中读到故障码："P0B2500：混合动力/高电压蓄电池的蓄电池，电压过低，主动/静态"。

于是执行 12V 蓄电池测试，显示蓄电池已经损坏。更换新的 12V 蓄电池，然后读取数据块，发现高压蓄电池单元 7 的电压为 2.061V，而其他蓄电池单元的电压接近 3.64V（图 2-78）。

再检测蓄电池的电量，蓄电池单元 7 的电量为 0，其他蓄电池单元的电量为 43% 左右（图 2-79）。

读取测量数据块，发现 48V 蓄电池的充电电流为 0，说明没有被充电，因此出现故障码报"电压过低"。更换 48V 蓄电池，故障不再出现。

3. 注意事项

1）对于奥迪汽车 48V 蓄电池的充电，主要有以下两种方式。
① 通过发动机。在发动机运转的情况下，利用起动发电机对 48V 蓄电池充电。

单元5 --无显示-- Formula		Voltage_Cell_05
Test_Program_Cell_voltage	3.636 V	
Cell_voltage_Textual	数字数值，非文本	
单元6 --无显示-- Formula		Voltage_Cell_06
Test_Program_Cell_voltage	3.637 V	
Cell_voltage_Textual	数字数值，非文本	
单元7 --无显示-- Formula		Voltage_Cell_07
Test_Program_Cell_voltage	2.061 V	
Cell_voltage_Textual	数字数值，非文本	
单元8 --无显示-- Formula		Voltage_Cell_08
Test_Program_Cell_voltage	3.639 V	
Cell_voltage_Textual	数字数值，非文本	
单元9 --无显示-- Formula		Voltage_Cell_09
Test_Program_Cell_voltage	3.636 V	

图 2-78　蓄电池单元的电压数据

电池单元05的电量 --无显示-- Formula		State_of_charge_cell_05
Test_Program_Cell_state_of_charge	43 %	
Cell_state_of_charge_Textual	数字数值，非文本	
电池单元06的电量 --无显示-- Formula		State_of_charge_cell_06
Test_Program_Cell_state_of_charge	43 %	
Cell_state_of_charge_Textual	数字数值，非文本	
电池单元07的电量 --无显示-- Formula		State_of_charge_cell_07
Test_Program_Cell_state_of_charge	0 %	
Cell_state_of_charge_Textual	数字数值，非文本	
电池单元08的电量 --无显示-- Formula		State_of_charge_cell_08
Test_Program_Cell_state_of_charge	43 %	
Cell_state_of_charge_Textual	数字数值，非文本	
电池单元09的电量 --无显示-- Formula		State_of_charge_cell_09
Test_Program_Cell_state_of_charge	42 %	

图 2-79　蓄电池单元的电量数据

② 使用 12V 充电器。若用 12V 充电器充电，必须连接到快速充电接口（位于发动机舱），不允许直接将充电器连接在 48V 蓄电池的正、负极上，否则会造成 48V 蓄电池损坏。建议使用专用工具 VAS 5903 进行充电。

通过外接充电器给 48V 蓄电池充电时，其充电电量最大只能达到 70%，但是其充电上限是 80%。当电量降低为 20% 时，是它的放电上限。

2）维修奥迪 48V 车载电网时，也应该通过专用诊断仪执行断电程序。如果没有诊断仪，可以执行图 2-80 的断电步骤，实行手动断电，并且填写工作单。

十六、锂离子电池安全性失效的主要原因是什么？

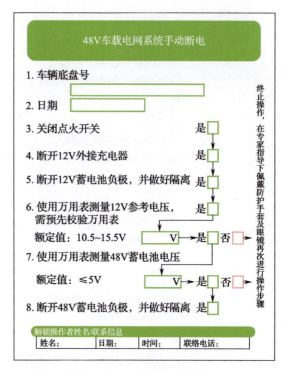

图 2-80 奥迪混动车 48V 车载电网系统手动断电步骤

有数据显示，新能源汽车发生起火事故，大多数是由于动力电池出现问题。

锂离子电池的安全性失效，是指由某些特定原因引起的电池使用性能异常，它可能发生在电池生产、运输、使用的任何一个环节中，不仅影响动力电池的使用功能，甚至引发起火、爆炸等事故（图 2-81）。

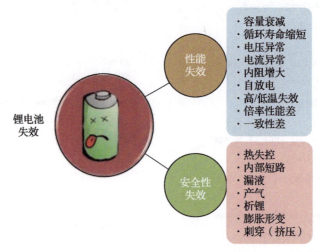

图 2-81 锂电池常见的失效形式

锂离子电池安全性失效的原因分为内因和外因两方面。内因包括物理失效、化学变化等；外因包括高温、腐蚀、撞击、人为损坏等。

1. 内部短路

锂离子电池内部短路必然引起电池自放电,长时间的自放电导致电池局部温度上升,这种局部温度上升产生的影响非常显著,如果温度上升超出某一阈值,电解质往往通过放热反应开始分解,从而引起热失控,具有潜在的安全隐患。

电池内部短路的实质是两种电极材料以电子方式在内部互连,并且导致局部高电流密度。

锂离子电池发生内部短路的原因有正负集流体接触、隔膜失效、枝晶透过隔膜、电解质存在杂质等。

2. 内阻增大

锂离子电池的内阻与电池内部电子传输和离子传输过程有关系。电池内阻增大后,伴随而生的还有能量密度下降、电压功率下降、电池产热等问题。

电池内阻增大的原因是电池关键材料异常以及电池使用环境不良,其中关键材料异常是内阻增大的主要影响因素。

3. 热失控

电池组是由多个单体电池通过串联/并联方式组成的,大量单体电池紧密地布置在一起,在充电、放电过程中,各单体电池产生的热量互相影响,如果散热不均匀,将造成电池组局部温度快速上升,使电池的一致性恶化。

锂电池"热失控"是指电池内部局部或整体的温度急速上升,热量不能及时散去,大量积聚在电池内部,并诱发进一步的副反应(图2-82)。参与"热失控"反应的主要是锂电池中的氧化钴,这种化学物加热达到一定温度,就开始自发热,然后发展成起火和爆

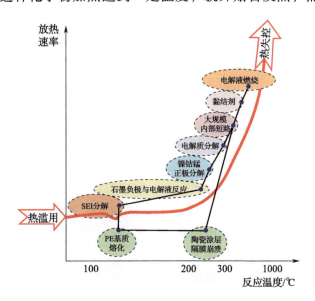

图2-82 锂电池热失控过程示意图

炸。在某些情况下，有机电解液释放压力会导致电池壳体破裂。如果暴露在高温环境下，或者遇到火花，就可能发生燃烧。

为了防止锂电池发生热失控现象，除了合理设置 PTC、安全阀、导热膜等措施外，更重要的是完善电池的设计制造技术，规避非正常运行条件，例如滥用、短路、倍率过高、高温、挤压以及刺穿等。

4. 产气

锂离子电池产气分为以下两种情况：一是在电池化成工艺过程中，消耗电解液形成稳定的 SEI（固体电解质界面膜）所发生的产气现象，为正常产气；二是过度消耗电解液并释放气体或正极材料"释氧"等现象，属于异常产气。

产气通常出现在软包电池中，会造成电池内部压力过大，进而出现膨胀形变、撑破封装铝膜、内部电芯接触等问题。

5. 析锂

锂电池在正常充电过程中，锂离子从正极脱嵌，并嵌入负极。但是如果发生异常情况，从正极脱嵌的锂离子无法嵌入负极，锂离子析出在负极的表面，形成一层灰色的金属锂，这就是"析锂"。

析锂会使电池内部的活性锂离子减少，出现容量衰退，而且会形成枝晶刺穿隔膜，导致局部电流和产热过大，最终造成锂电池安全性损坏。

析锂的原因有很多种，包括负极余量不够、正负极涂面不均匀、低温环境充电、大倍率充电等。

十七、动力电池的故障分为哪些类型？

以比亚迪 E6 纯电动汽车为例。

1. 温度类故障

温度类故障现象是汽车不能调至 OK 档，仪表盘提示动力电池温度过高。

出现温度警告以后，需要排查电池管理系统、电池管理系统与电池组的连接以及采样线。若上述措施无效，故障仍然存在，则判断为动力电池失常。

2. 漏电类故障

无论电池组自身还是电池的外围电路等高压回路存在绝缘不良，电池管理系统会上报故障，使高压电路断开。因此，漏电类故障的一般表现是仪表 OK 灯不亮，仪表提示"请检查动力电池"（图 2-83）。

图 2-83　组合仪表提示"请检查动力电池"

漏电类故障的检修方法：首先断开电池组与车身所有的连接（正负极引出线、采样线接口），闭合维修开关，然后用绝缘电阻表分别测量动力电池正极、负极与车身的电阻值，若电阻值 < 500Ω/V，则说明存在漏电现象。

3. 通信类故障

故障现象是车辆无法"上电"，挂档后汽车不行驶。用诊断仪检测电机控制器，无故障码；检测高压电池管理单元，故障码报采集器通信超时（图2-84）。

可以测量以下数据，如果不符合下列正常测量值，判定为动力电池失常。

① 电池组采样线线端 X–V12+ 与 X–V12– 间的电压，正常测量值为12V左右。

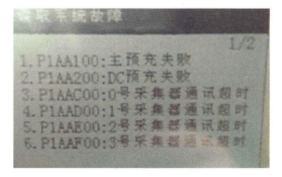

图2-84　读取到的故障信息

② CAN–H 与 CAN–L 间的电阻，正常测量值为120Ω左右。

③ CAN–H 与接地间的电阻，正常测量值 >1MΩ。

④ CAN–L 与接地间的电阻，正常测量值 >1MΩ。

⑤ 电池组正极与 X–V12 间的电压，正常测量值 < 20V。

⑥ 电池组负极与 X–V12 间的电压，正常测量值 < 20V。

4. 均衡类故障

故障现象是汽车充满电后只能行驶80km左右，诊断仪读取的故障码为"P1AB800：BIC均衡硬件严重失效""P1ABA00：电池严重不均衡"（图2-85）。

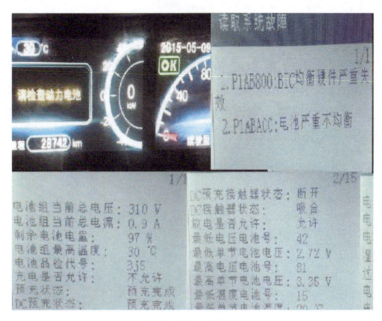

图2-85　故障码

均衡类故障维修方法如下：对动力电池进行一次全充电和全放电，然后调换 BMS，测试单节电池电压为 80%、50%、0% 时的数据，观察最低电压的电池号是否一致。如果严重不均衡，更换动力电池。

5. SOC 类故障

故障现象是汽车在高速公路上行驶时 SOC 值发生跳变，从 68% 迅速跳至 0。用诊断仪读取单节电池的电压，最低为 2.10V，最高 3.33V（图 2-86）。

动力电池管理器			
2/15			
DC 预充接触器状态：	断开	最高电压电池号：	43
DC 接触器状态：	断开	最高单节电池电压：	3.33V
放电是否允许：	不允许	最低温度电池号：	1
最低电压电池号：	37	最低单节电池温度：	33℃
最低单节电池电压：	2.10V	最高温度电池号：	22
		最高单节电池温度：	35℃

图 2-86　诊断仪读取单节电池电压最低为 2.10V

故障排查方法如下：

① 读取电池管理器的数据，显示第 37 节电池的电压过低。

② 调换 BMS，再次测量，电压最低的单节电池仍为第 37 节，据此排除 BMS 故障。

③ 举升汽车检查，发现电池组托盘有被碰撞的痕迹，该撞击部位与第 37 节电池的位置吻合，因此判断该故障为撞击所致。

十八、怎样检修动力电池的常见故障？

1. 单体电池故障

（1）单体电池（图 2-87）的 SOC 值偏低或偏高　如果单体电池的 SOC 偏低，某单体电池的电压最先达到放电截止电压，将使电池组的实际容量降低，应当对该单体电池充电；如果单体电池的 SOC 偏高，则该电池在电池组充电末期最先达到充电截止电压，影响充电容量，需要对该单体电池放电。

图 2-87　特斯拉电动汽车的单体电池

（2）单体电池容量不足或内阻偏大　如果锂离子电池的内阻过大，会严重影响电池的电化学性能，例如在充放电过程中极化严重、活性物质利用率降低、循环性能变差等，应立即更换。

（3）单体电池内部短路或外部短路、单体电池极性接反　在强烈振动下，电池的极耳、极板上的活性物质、接线柱、外部连线和焊接点可能折断或脱落，造成单体电池内部短路或外部短路。这种情况容易导致单体电池过充电或过放电。

2. 电池管理系统故障

电池管理系统的故障包括：CAN 通信故障、数据（总电压、单体电池电压、电流、温度）采集故障、继电器故障、加热器故障以及冷却系统故障等。

如果 BMS 发生上述故障，将失去对电池的监控，不能估算电池的 SOC，容易造成电池过充电、过放电、过载、过热以及不均衡等一系列问题。应当检查 CAN 和 BMS 各测量模块。

3. 线路或插接器故障

线路和插接器（图 2-88）在经历长时间振动后，容易产生虚接和接触不良等现象，包括单体电池之间虚接或断路、动力电池插接器虚接或断路、快速熔断器断开、接触器故障、信号线插接器失常、电源线短路等。另外，单体电池之间可能发生相对跳动，造成两单体电池间的连接片折断。电池箱与汽车的电气连接也是故障的高发点。

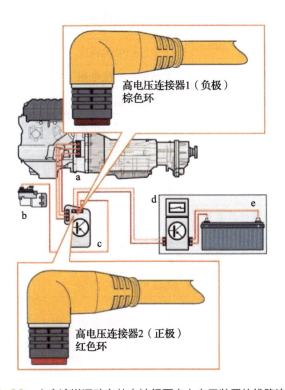

图 2-88　大众途锐混动车从电池组至电力电子装置的线路连接

动力电池的常见故障及处理方法归纳为表2-8（以北汽新能源汽车为例）。

表2-8 动力电池常见故障及处理方法

项目	故障现象	故障后果	处理方法
单体电池	单体电池SOC偏低	电池组容量降低，电动汽车续驶里程短	对单体电池单独充电
	单体电池SOC偏高		对单体电池单独放电
	单体电池容量不足	电池组充电不足、使用寿命减少，电动汽车续驶里程短	更换单体电池
	单体电池内阻偏大	电池组充电不足、使用寿命减少，电动汽车动力不足，续驶里程短	
	单体电池过充电	电池内部短路、电池热失控，严重时会起火、爆炸	检查电池管理系统
	单体电池过放电		
	单体电池内部短路	电池热失控，严重时会起火、爆炸	更换单体电池
	单体电池外部短路		排除短路故障、更换单体电池
	单体电池极性装反		更换单体电池
电池管理系统	CAN通信故障	无法监控电动汽车	检查CAN网络
	总电压测量故障	无法监控总电压	检查总电压测量模块
	单体电池电压测量故障	无法监控单体电压	检查单体电池电压测量模块
	温度测量故障	无法监控电池温度	检查温度测量模块
	电流测量故障	无法监控电池电流	检查电流测量模块
	冷却系统故障	电池温度偏高	检查冷却风扇控制线路
线路或连接件	单体电池间虚接	电动汽车动力不足，续驶里程短	紧固电池连接
	单体电池间断路	电动汽车无法起动	检查电池连接
	快速熔断器断开		检查快速熔断器
	动力电池插接器断开		检查动力电池插接器
	动力电池插接器虚接	插接器易烧蚀，电动汽车动力不足	
	信号线插接器故障	无法监控电动汽车	检查信号线插接器
	正极接触器故障	电动汽车无法起动	检查接触器
	负极接触器故障		
	电源线短路	电池热失控，严重时会起火、爆炸	检查电源线

4. 动力电池的故障等级及故障形式（表 2-9、表 2-10）

表 2-9　动力电池的故障等级

故障等级	故障内容	采取措施
3级（一般故障）	单体电池电压偏低、偏高，总电压偏低、偏高，温度偏低、偏高，绝缘电阻偏低，SOC 偏低	限制充电功率，限制放电功率
2级（严重故障）	单体电池电压过低、过高，总电压过低、过高，温度过低、过高，绝缘电阻过低，SOC 过低	请求断开高压
1级（危险故障）	高压互锁报警，电压检测硬件故障，温度检测硬件故障，BMS 内部通信故障	紧急断开高压

表 2-10　动力电池的故障形式

动力电池故障	可能原因	采取措施
电池爆炸或者破裂	过充电	监控电池的电压和电流
	过放电	监控电池的电压和电流
	电池内部过热	监控电芯温度及热管理
	电缆故障	检测电缆异常及保护措施
	电池短路	监控电池电流及保险器
	接触器控制异常	监控接触器状态及控制
	水通电分解，产生氢气和氧气，氢在空气中的浓度达到 4% 时会爆炸	电池气体检测及动力电池包排气
高压触电	高压电缆连接错误	检测高压电缆异常及预充电
	高压绝缘失效	高压绝缘检测及控制

第三章 电驱系统

一、电动汽车的电驱动系统包括哪些部件？

电动汽车的电驱动系统又称为"电驱动桥"，它是电动汽车三大核心系统之一，是汽车行驶的主要驱动装置（图3-1），其性能直接影响汽车的动力性、经济性以及用户的驾乘感受。

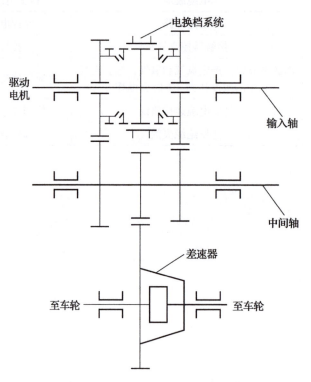

图 3-1　电动汽车电驱动系统示意图

电驱动系统由驱动电机、电机控制器（MCU）功率变换器，以及减速器构成，通过高压电缆、低压电缆、冷却管路与整车的半轴、制动系统相连接。

随着电力电子技术、大规模集成电路和计算机技术的发展,机电一体化的交流电驱动系统表现出明显的优越性,例如效率高、能量密度大、驱动能力强、制动能量回收效率高、工作可靠以及几乎无须维护等,使得交流电驱动系统越来越多地应用于电动汽车。

1. 驱动电机

采用小型、轻量、高效的驱动电机,对于电池容量较小、续驶里程较短的电动汽车来说尤为重要。早期的驱动电机采用他励直流电机(DCM),目前电动汽车主要采用永磁同步电机(PMSM)、异步电机(图 3-2)或者开关磁阻电机(SRM),它们的性能各有优势(表 3-1)。

图 3-2 两种交流驱动电机的优缺点比较

表 3-1 四种驱动电机性能对比表

类　型	转速范围(r/min)	功率密度	重量	体积	可靠性	坚固性	成本
直流电机	4 000~6 000	低	重	大	差	差	低
异步电机	12 000~20 000	中	中	中	好	好	低
永磁同步电机	4 000~10 000	高	轻	小	较好	一般	高
开关磁阻电机	> 15 000	较高	轻	小	好	好	一般

2. 电机控制器(图 3-3)

电机控制器是驱动电机的调速控制装置,为电动汽车变速和方向变换而设置,其基本功能是控制驱动电机的电压或电流,对电动机的驱动转矩和旋转方向进行调控。目前电动汽车的驱动电机广泛采用晶闸管斩波调速,通过均匀改变电动机的端电压,控制电动机的电流,从而实现驱动电机的无级调速。

图 3-3 比亚迪"秦"Pro EV 电机控制器主控制板上的芯片

3. 功率变换器

电动汽车的功率变换器是一种逆变器,它将动力电池输出的直流电经电压/频率变换后,供给电机和其他交流负载使用。常见的功率变换器是三相全桥的拓扑结构,其中电压型逆变器最多,PWM 控制方式占主流。

特斯拉汽车的功率控制模块（图 3-4）使用 72 个绝缘栅双极型晶体管（IGBT），将直流电转换为交流电。除了控制充电和放电速率，功率控制模块还控制电压等级、电机的转速、电机转矩和再生制动系统。

4. 减速器

电动汽车的驱动电机具有宽广的运行范围，在低速恒转矩区和高速弱磁区具有良好的转矩和转速性能（即低速时能输出大转矩，高速时能输出恒功率），基本上与汽车的需求相吻合。为了提高传动系统的效率，电动汽车去除了多档机械齿轮式变速器，代之以固定速比的减速器。从结构上看，减速器就是不带换档机构的变速器（图 3-5）。

图 3-4 特斯拉的功率控制模块（PEM）

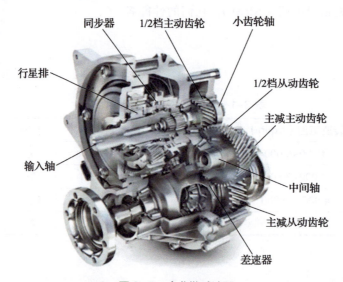

图 3-5 舍弗勒减速器

二、混合动力汽车有哪几种驱动模式？

混合动力汽车同时装备了传统的燃油发动机以及电力驱动装置，因此混合动力汽车具有电机单独驱动（EV）、油电混合驱动（HEV）等多种驱动模式。

在混合动力汽车运行过程中，整车控制器采集汽车行驶速度以及电气部件温度、电压等状态信息，判断整车的综合状况，是否符合驾驶人的需求，适合采用哪一种驱动模式。这个过程是整车层面的闭环控制（图 3-6）。

以奥迪 Q5 混合动力汽车为例，其驱动系统由 2.0TFSI 发动机以及安装在后轴的直流电机等两大部分组成，汽车的前轴由发动机驱动，后轴由电机或者转动轴驱动，这样就构成了一种独特的油电混合式的四驱系统。

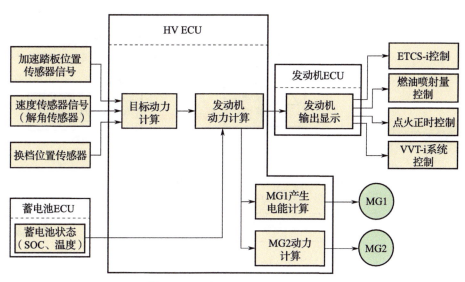

图 3-6　混合动力汽车控制原理图

奥迪 Q5 混合动力汽车具有以下 5 种驱动模式。

1. 发动机起动模式

当起动发动机时，动力电池的电力输送到电驱动装置的功率电子单元 JX1，再传输到驱动电机，驱动电机代替传统汽车的起动机，通过 K0 离合器闭合，带动发动机旋转，这就是发动机起动过程（图 3-7）。

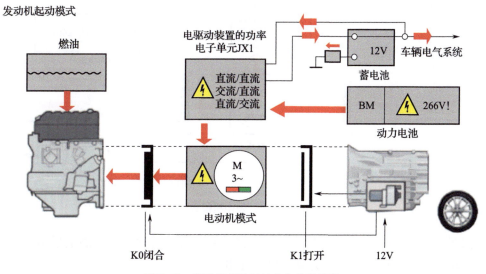

图 3-7　发动机起动时的电力传输路线

2. 电动行驶模式

当汽车以电动（EV）模式行驶时，发动机停止运转，不消耗燃油，汽车完全依靠电动机驱动车轮行驶，电动机的电力由动力电池提供（图 3-8）。

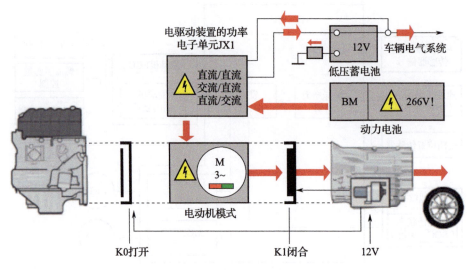

图 3-8 电动行驶模式

3. 发电机模式

此时发动机运转并提供全车动力,通过离合器 K1 驱动车辆行驶,同时通过离合器 K0 带动电动机,让它作为发电机运转,为动力电池和低压蓄电池充电(图 3-9)。

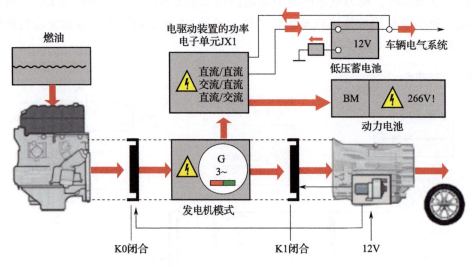

图 3-9 发电机模式

当汽车以恒定高速行驶时,发动机的效率最高,若此时动力电池的电量不足,发动机将部分功率用以驱动电机发电,为动力电池充电。

4. 制动能量回收模式

在减速、下坡或制动过程中,释放出来的制动能量通过驱动电机转化为电能,即电机以发电机方式运转,给动力电池充电。

只要踩下制动踏板，系统就会进入发电机模式，同时为汽车提供制动力。在紧急制动时，才需要启用传统的车轮制动器（图3-10）。

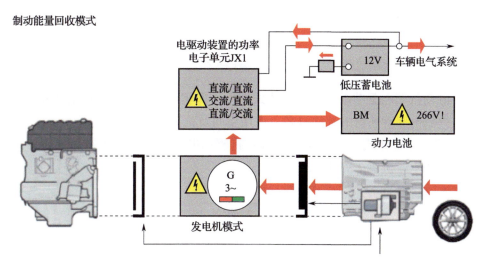

图3-10　制动能量回收模式

5.助力模式

当汽车起步、上坡或急加速时，电机可以补足驱动功率，这称为"助推"功能。此时燃油发动机和驱动电机同时运转，两者共同提供功率，一起给车辆加速，可以使汽车瞬间获得足够大的动力和加速能力。电机在汽车加速时提供更大的助力，而不会消耗更多的燃油。

在助力模式时，驱动电机由动力电池提供电能。与传统燃油汽车相比，此时汽车的加速性能明显提高（图3-11）。

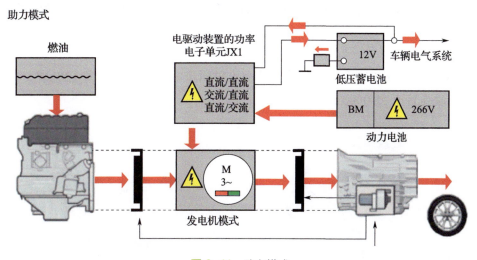

图3-11　助力模式

当汽车在低中速行驶时，发动机的运行效率低，而电机在低速时可以提供较大的转矩，此时若动力电池的电量充足，电机获取电能而旋转，与发动机共同驱动，使得发动机在更有效的转速区间运行。

三、多合一电驱动系统具有什么特点？

早期的电动汽车电驱动系统采用分体式结构，即驱动电机、电机控制器和减速器各自分离，这样导致电驱动系统的部件过多，占用空间及整体重量都很大。

"三合一"（即整体式）电驱动系统就是将驱动电机、电机控制器和减速器集成为一体，形成精实的单一机组（图3-12）。

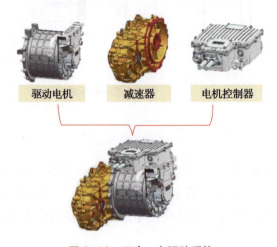

图3-12　三合一电驱动系统

以比亚迪"秦"Pro EV汽车为例，其电驱动系统三合一（图3-13），高度集成化，省去了三相线，不仅重量减轻，成本降低，而且提升了使用的稳定性，降低了故障发生率。

1. 驱动电机（图3-14）

比亚迪"秦"Pro EV采用了高性能稀土永磁同步电机，最大功率120kW，最大转矩280N·m，最高转速15 000r/min。

图3-13　比亚迪"秦"Pro EV的三合一电驱动系统　　图3-14　驱动电机（左）及减速器（右）

1)驱动电机一侧的端盖作为电机控制器的一个支架,而且驱动电机与电机控制器的冷却水道在端盖上相互连通,它们共用一套冷却系统。此外,驱动电机和减速器也共用一个端盖。减速器的悬置吊耳与减速器的端盖也进行一体化设计(图3-15)。

2)驱动电机的两个端盖、电机控制器的壳体以及减速器的壳体都采用高压铸造工艺,所以壁厚控制在3~4mm,使得三合一电驱动系统的重量大幅减轻。

3)驱动电机的主壳体采用铝合金挤压成型工艺,因此该结构可以做得非常薄,而且能够满足电机主壳体的强度要求(图3-16)。

图 3-15 比亚迪"秦"Pro EV 电驱动系统端盖的一体化设计   图 3-16 铝合金挤压成型的驱动电机主壳体

4)从外观上看,驱动电机转子上四段的凹槽没有完全对齐,而是部分转动了一个角度(图3-17左)。这种设计可以降低电机在运转过程中产生的转矩脉冲,使电机运转得比较平稳和顺畅,NVH(噪声、振动与声振粗糙度)表现更好。

在电机转子的端面上,钻有若干直接贯通转子内部的通孔(图3-17右)。电机转子在运行过程中,硅钢片和磁钢会因感应涡流而发热,导致电机的温度升高。这些通孔可以使电机内部的空气流通,从而给转子内的磁钢降温,有利于减缓转子磁钢的热衰退。

图 3-17 电机转子的四段凹槽(左)及端面上的通孔(右)

2. 电机控制器

电机控制器(图3-18)底板的冷却水道采用摩擦焊工艺,将两个铝制壳体焊接在一起，而不是依靠传统的橡胶圈进行密封，可靠性更高。在电机控制器的直流输入端安装了一个扼流圈，可以减少对整车的电磁干扰。其中还设置了放电回路，当发生意外事故时，可以迅速把电机控制器内部的高压电降低到安全电压以下。

在电机控制器主控制板的电路架构上，使用了一只 DSP 控制芯片以及一只 FPGA 芯片。FPGA 芯片的反应速度很快，当发生故障时（例如电流过大或电压过大），能够及时切断高压电，对电机控制器予以保护。如果没有这个芯片，当遇到故障时，高压电的断开速度没有那么快，断开速度可能从纳秒级降为微秒级甚至毫秒级，从而带来安全隐患。

图 3-18　电机控制器

四、混合动力专用变速器 DHT 有哪些构型？

有别于传统的 AMT、AT、CVT 及 DCT 变速器，DHT 是针为混合动力运行环境专门设计的变速器。DHT 将一个或多个电机集成到变速器内，以实现发动机、电动机、升压等三种驱动场景，从而充分利用电机较宽的高效区域以及发动机的最高效率区域。

1. 技术特点

混动车专用变速器 DHT 将紧凑型驱动电机与经过结构简化的变速器整合在一起。在定义上，DHT 至少含有 1 个电动机，这是 DHT 所在的混合动力系统与附加型混合动力系统的本质区别。在 DHT 所在的混合动力系统中，电机发挥着更大的作用，这样变速器就不需要那么多档位。

判断某车型的驱动系统是否为 DHT 所在的混合动力系统的标准是：无电机条件下系统能否运行。在关键组件电机缺失的情况下，系统将无法运行。但是在先前的附加型混合动力系统中，汽车仍可以借助传统的驱动系统行驶。

较为典型的 DHT 构型有丰田的 THS 系统、本田的 i-MMD 系统以及自主品牌的荣威 EDU 系统。

2. 系统分类

混合动力专用变速器 DHT 有两种分类方式，一种是按照电机与减速器的结构划分，另一种是按照发动机与电动机的动力切换方式划分。

（1）按电机与减速器的结构分类

① 行星排双电机，例如丰田的 THS 和通用的 EVT。

② 平行轴双电机，例如 GKN 公司的 MMeT。

③ 同轴式双电机，例如日产的 e-Power（图 3-19）。

（2）按发动机与电动机的动力切换方式分类

① 功率分流式：功率分流式混合动力驱动系统以行星排齿轮为基础，发动机与双电机协同，以丰田 THS 混动系统所用变速器为代表，其结构较为简单，由 MG1 发电机、MG2 驱动电机、行星齿轮机构、动力控制单元 PCU 等组成，具有平顺性好、传动效率高、体积较小等优点，是应用最为广泛的混动变速器之一。

采用功率分流式混动系统的还有通用、福特等车型。

② 动力分流式：动力分流式混合动力系统以定轴式变速器为原型，增加离合器或者同步器，以实现双电机和发动机之间的动力切换，典型代表是本田的 i-MMD 混动系统（图 3-20），它由 DHT、发电机、驱动电机、离合器及 PCU 等构成，具有纯电模式、串联混动、并联混动等三种工作模式。此构型在简化结构的同时，还能保持高效动力输出和较低的油耗。

图 3-19　日产 e-Power 系统　　图 3-20　本田 i-MMD 混动系统

采用动力分流式混动系统的还有上汽、广汽等车型。

3. 丰田公司的 HSD

丰田公司的 HSD 属于 DHT 范畴。丰田 HSD 采用功率分流式 DHT 结构，其中 1 个电机与发动机相连，另 1 个电机则没有直接与发动机连接。这套系统的关键是复合式的行星齿轮组，发动机与其相连的电机组成一套动力单元，另外 1 个电机形成第二套动力单元，由车载控制器灵活调配，通过变速器向驱动轮传递动力。

丰田第四代 HSD 系统仍然采用 2 个电机（其中 1 个电机通过减速装置与行星齿轮组相连），这 2 个电机通过正齿轮的方式连接，上下放置，这样有利于减小整个电驱动系统的尺寸（图 3-21）。

4. 通用公司的 Voltec

通用雪佛兰沃蓝达和迈锐宝混合动力汽车上装备了 Voltec Ⅱ 系统，它采用 2 个行星齿轮组（Voltec Ⅰ 系统是 1 个），这样能提供更多的驱动模式——采用 1 个或 2 个电机的纯电模式、2 个 eCVT 模式以及 1 个串联模式。

不仅如此，它比传统自动变速器的结构更简单。常见的自动变速器需要 3~4 个行星齿轮组以及最少 5 个离合器，而 Voltec Ⅱ 系统只有 2 个行星齿轮组和 2 个离合器（图 3-22）。

图 3-21 丰田 HSD 系统的 2 个电机通过正齿轮连接在一起（图中右侧部分）

图 3-22 通用 Voltec II 混合动力系统采用 2 个行星齿轮组

五、驱动电机系统的结构原理是怎样的？

电动汽车的驱动电机系统由驱动电机（DM）和电机控制器（MCU）两部分组成，通过高压电缆、低压电缆与整车其他系统相互连接。

1. 北汽 EV200 汽车的驱动电机系统（图 3-23）

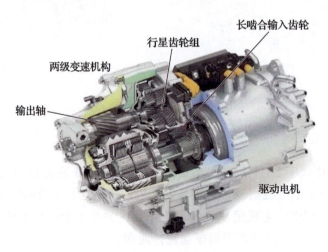

图 3-23 北汽 EV200 汽车的驱动电机系统

（1）驱动电机（DM）　北汽 EV200 汽车的驱动电机采用永磁同步电机，该驱动电机由前端盖及吊环、定子组件、转子组件、后端盖、接线盒组件、接线盒盖、旋转变压器及盖板以及悬置支架等部件组成。

在驱动电机上，有一个低压电缆接口和三个高压电缆接口（V、U、W，线色标识分别是黄、绿、红），电机控制器 MCU 通过低压电缆接口获取电机的温度信息和转子当前的位置信息。

该车型永磁同步电机内置了旋转变压器、温度传感器，用于检测驱动电机的工作状态，并将这些信息实时发送给电机控制器 MCU。

旋转变压器又称为"旋变"、同步分解器，它安装在驱动电机内部。旋转变压器的定子内有励磁、正弦和余弦等 3 组线圈，相关信号经过电机控制器内的旋转变压器解码器解码后，MCU 可以获知电机转子的当前位置，从而控制相应的 IGBT（绝缘栅双极型晶体管）功率管导通，然后按顺序给定子的三个线圈通电，进而驱动电机转子旋转。

温度传感器的作用是检测电机绕组的温度，并将此信息提供给 MCU，再由 MCU 通过 CAN 总线传送给整车控制器 VCU，进而控制电动水泵，于是冷却液循环、电子冷却风扇旋转，以此调节电机的工作温度。

北汽 EV200 汽车驱动电机的技术参数见表 3-2。

表 3-2 北汽 EV200 汽车驱动电机的技术参数

项目	技术参数
类型	永磁同步
基本转速	2 812r/min
转速范围	0~9 000 r/min
额定功率	30kW
峰值功率	53kW
额定转矩	102N·m
峰值转矩	180N·m（相当于 2.0L 汽油机）
重量	45kg

（2）电机控制器（MCU） 电机控制器是驱动电机系统的控制中心，它由以 IGBT 功率模块为核心的功率电路和以单片机为核心的微电子控制电路组成，具有诊断功能，当诊断出异常时，会激活一个错误代码，发送给整车控制器 ACU。

当汽车行驶时，电机控制器接收旋转变压器、温度传感器、电流传感器、电压传感器等提供的电机工作状态信息，对所有的输入信号进行处理后，发送逻辑信号控制 IGBT 开断，电机控制器输出近似正弦波交流电。与此同时，电机的运行状态信息发送给整车控制器 VCU。

该车型电机控制器的技术参数见表 3-3。

表 3-3 北汽 EV200 汽车电机控制器的技术参数

技术指标	技术参数
输入直流电压	336V
工作电压范围	265~410V
控制电源	12 V
控制电源电压范围	9~16 V（所有控制器具有低压电路控制）
标称容量	85kV·A
重量	9kg

2. 比亚迪"唐"汽车的驱动电机系统

比亚迪"唐"汽车采用交流无刷永磁同步电机,在 EV 模式下,最大功率 110kW,额定功率 40 kW,工作电压 DC706V,最高转速 10 000r/min,最大转矩 200N·m。

（1）前驱动电机

① 前驱动电机所处位置如图 3-24 所示。

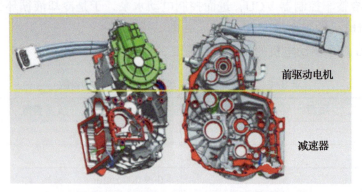

图 3-24　比亚迪"唐"汽车的前驱动电机所处位置

② 前驱动电机的外部机件如图 3-25 和图 3-26 所示。

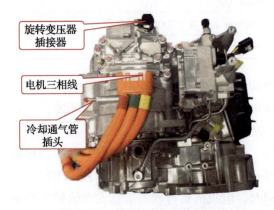 

图 3-25　前驱动电机的外部机件　　图 3-26　比亚迪"唐"汽车前驱动电机的冷却水管位置

③ 前驱动电机的内部零件如图 3-27 所示。

图 3-27　前驱动电机的内部零件

④ 旋转变压器（图 3-28）：旋转变压器作为电机轴转速及位置的检测装置，其信号反馈给电机控制器，以便准确地控制汽车的行驶速度。旋转变压器由旋转变压器线圈（定子）和信号盘（转子）等组成（图 3-29）。

图 3-28 旋转变压器的安装位置　　图 3-29 旋转变压器线圈

（2）后驱动电机（图 3-30 和图 3-31）

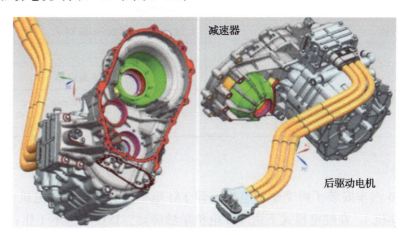

图 3-30 后驱动电机的安装位置（两面）

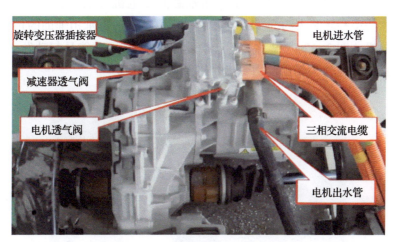

图 3-31 后驱动电机的周边部件

六、荣威 E550 混合动力汽车驱动电机系统的结构原理是什么？

上汽荣威 E550 混动车驱动电机系统的特点可以概括为"二芯、三核、八模"。"二芯"是指既有发动机，又有电动机；"三核"是指搭载了汽油发动机、ISG 电机和 TM 电机；"八模"是指具有 8 种运行模式。

该驱动电机系统（EDU）集成了两个电机、两个离合器和一套两档位齿轮组（即变速器），等于把动力单元和传动单元集成在一起，两个电机设置在变速器内，所以体积较小。该系统的主要参数见表 3-4。

表 3-4　荣威 E550 混动车驱动电机系统（EDU）主要参数表

项目	参数
主驱动 TM 电机的最大功率/转矩	50kW/317N·m
ISG 电机的最大功率/转矩	27kW/147N·m
速比	1 档 1.912，2 档 1.021，软驱 3.033
输入轴最高转速	6 800 r/min
输入轴最大转矩	587N·m（1 700r/min 时）
换档控制	液压驱动
离合器结构	干式，常开 + 常闭离合器
尺寸（长 × 宽 × 高）	390mm × 641mm × 442 mm
重量（含油）	≤ 115 kg

1. 驱动电机

荣威 E550 汽车安装了两个驱动电机，即 TM 电机（称为主驱动电机）和 ISG 电机（位置靠近发动机）。在纯电模式下由 TM 电机单独驱动，ISG 电机不工作；在车辆起动、怠速充电等不需要大功率的时候，由 ISG 电机驱动。

这两电机的结构基本相同，都属于三相永磁同步电机，主要的差别是功率和尺寸不同。ISG 电机的功率和转矩大约为 TM 电机的一半，更多的是承担辅助的角色。

（1）ISG 电机（图 3-32）又称为"起动发电机"，主要功能是起动发动机和给动力电池充电，极端情况下也作为辅助动力输出，以及回收能量。

图 3-32　ISG 电机的定子和转子

ISG 电机、发动机都通过离合器 C1 与齿轮组相连。在 8 种运行模式中,只有在发动机驱动和能量回收两种模式下二者不同步,其余 6 种模式都是"步调一致"。由于离合器 C1 常开,所以在纯电模式下 ISG 电机和发动机都是不工作的。

(2)TM 电机(图 3-33) 它又称为"牵引电机",主要功能为输出动力。

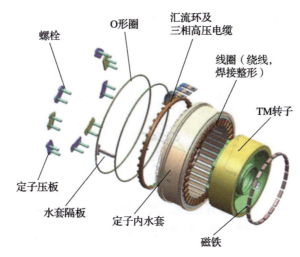

图 3-33　荣威 E550 汽车 TM 电机结构图

TM 电机与离合器 C2 相连。由于荣威 E550 混动车的设计偏向采用电力驱动,所以在电力充足的情况下都由 TM 电机驱动行驶,即使在电力不足的情况下,TM 电机也持续工作,并且与发动机一起为汽车提供动力。

2. 齿轮轴系

拆掉驱动电机系统(EDU)两边的电机后,就能看到位于中间的齿轮组(两档变速器),它分为三个部分:输入轴、同步器和差速器。

在输入轴上有 2 个档位齿轮:一档齿轮和二档齿轮(图 3-34),提供了 2 个齿轮速比和一个主减速比。同步器的另一端连接差速器,差速器齿轮、中间轴和输入轴的齿轮都集成在 EDU 的中间位置。

图 3-34　EDU 的齿轮轴系

3. 液压模块

液压模块（图 3-35）是驱动电机系统变速器的控制中心，主要功能是控制离合器的结合/分离以及档位选择。

图 3-35　驱动电机系统（EDU）的液压模块

液压模块与齿轮组和离合器都有连接，液压模块集成的拨叉移动齿轮组进行换档，两个离合器的结合/分离控制，都由液压模块提供油压。

4. 离合器

离合器 C1（图 3-36）和 C2 都是干式离合器，变速器控制单元通过控制这两个离合器的结合/分离，实现不同驱动模式之间的切换。

图 3-36　离合器 C1 的摩擦片

其中，C1 离合器是常开式，与发动机连接，并与 ISG 电机搭配工作；C2 离合器是常闭式，与 TM 电机连接。

驱动电机系统（EDU）与发动机、电机的连接关系如下：EDU 布置在发动机的右侧，中间是两档齿轮组，发动机与 ISG 电机相连，并通过 C1 离合器连接中间的齿轮组，再往右是 C2 离合器和 TM 电机（图 3-37）。由于连接发动机的 C1 离合器设定为常开，而连接主驱动电机 TM 的 C2 离合器设定为常闭，因此在电力充足的情况下以电机驱动为主，在电量低或者需要大转矩时，才需要发动机介入。

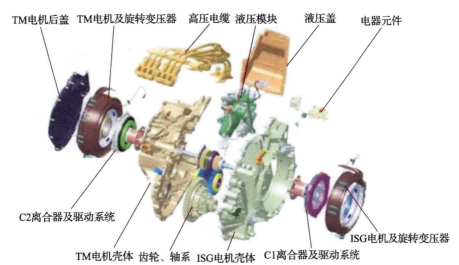

图 3-37 荣威 E550 驱动电机系统（EDU）分解图

七、永磁同步电机的结构有什么特点？

永磁同步电机在电动汽车上应用比较广泛，宝马 i3、沃兰达 Volt、比亚迪 E6 以及北汽 EU260 等都采用稀土永磁同步电机。

永磁同步电机由前后端盖、定子、定子线圈、转子、永久磁铁、解析器（即转速传感器）以及壳体等组成（图 3-38）。永久磁铁呈 V 形安置于电机转子上，通过两块混合充磁的永磁体共同实现励磁，可以有效增加气隙磁通，减少漏磁（即充磁更加集中），并且利用转子的凸极效应与定子绕组所产生的磁阻转矩，提高电机的输出转矩。

所谓"永磁"，是指在制造电机转子时加入了稀土永磁体，使电机的性能得到提升；所谓"同步"，是指转子的转速与定子绕组的电流频率始终保持一致。永磁同步电机的基本工作原理是通电后，定子产生电磁转矩，促使转子的磁场围绕轴心线旋转（图 3-39）。通过控制输入定子绕组电流的频率，就能控制电动机的转速，进而控制电动汽车的车速。

图 3-38 永磁同步电机分解图

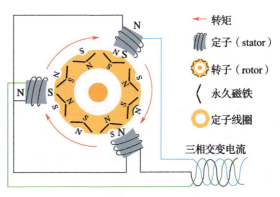

图 3-39 永磁同步电机工作原理示意图

永磁同步电机具有以下特点：

1）定子由三相绕组和定子铁心组成。转子上安装了预先磁化（充磁）过的永磁体，磁通密度高，不需要励磁电流就能在其周围空间建立磁场，消除了励磁损耗，既简化电机结构，又节约能量。

2）有良好的机械特性，对于因负载变化引起的电机转矩扰动具有较强的承受能力。永磁同步电机的转子铁心可以做成镂空结构，以减少转子惯量，而且起动和制动时间都比异步电机快很多，高转矩/惯量比使得永磁同步电机比异步电机更适合在需要快速响应的条件下运行。

3）永磁同步电机的尺寸比异步电机大幅度减小，重量也相对减轻。同样散热条件和绝缘材料的永磁同步电机比三相异步电机的功率密度大2倍以上。

4）由于转子结构大大简化，因此便于维护，提高了运行的稳定性。

5）由于永磁同步电机定子与转子的气隙较大，因此气隙不均匀性导致的电机的安全运行和振动噪声方面的问题在永磁同步电机上表现得不明显，同时永磁同步电机的轴承采用带防尘盖的脂润滑轴承，轴承在出厂时已经填入了适量的优质润滑脂，可以终生免维护（图3-40）。

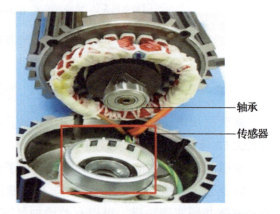

图3-40 永磁同步电机的轴承及传感器位置

总之，与其他类型的电机相比，永磁同步电机最大的优点是具有较高的功率密度与转矩密度。也就是说，在相同的质量和体积下，永磁同步电机能够为电动汽车提供更大的动力输出与加速度。这是在对空间与自重要求极高的电动汽车行业，永磁同步电机成为汽车制造商首选的主要原因。

但是，永磁同步电机也有自身的缺点，主要是转子上的永磁材料在高温、振动和过电流的运行环境中，会产生磁性衰退现象，所以在相对复杂的工作条件下，电机容易损坏。由于永磁材料的价格较贵，其成本占整台电机材料成本的1/4以上，因此永磁同步电机及其控制系统的成本较高。

八、异步电机的结构特点是什么？

相对于永磁同步电机，异步电机的优点是不需要任何永磁材料，而是使用电磁铁（缠绕在铁心上的绕组），因此成本低、工艺简单、运行可靠、维修方便，能够承受大幅变化的工作温度。尽管在重量和体积方面异步电机不占优势，但其转速范围宽泛以及峰值转速高达20 000r/min，即使不装备二级差速器也能满足电动汽车高速巡航的转速需求。虽然重量对汽车续驶里程有一定的影响，但是只要搭配高能量密度的动力电池，就能"掩盖"电机重量的劣势。此外，异步电机的稳定性比较好。

异步电机主要应用在纯电动汽车上，目前采用异步电机的车型有：特斯拉 Model S、荣威 550 Plug-in 等。特斯拉电动汽车之所以采用异步电机，就是因为这种电机的起步加速较快，而且不会出现噪声。

异步电动机有两个主要部件——定子和转子。转子由横置的多根导电杆、两端的导电圆盘以及夹在导电圆盘之间的多个硅钢片组成。定子连接到三相交流电路上，定子绕组中的三相交流电产生交变的磁场，这一交变磁场在转子的导电杆中产生感应电流，转子绕组中的感应电流产生磁场，与由定子绕组形成的交变磁场相互作用，于是产生电磁转矩，从而促使转子旋转，汽车驱动轮由此获得所需要的驱动力。

以特斯拉电动汽车为例，它采用交流调速异步驱动电机，具有三相（定子绕组采用三角形连接或者星形连接）、4 极（有两个"极对"），体积只有一个西瓜大小，重量 31.75kg，转速可以达到 13 000r/min，能够产生最高 400N·m 的转矩（图 3-41、图 3-42、图 3-43 和图 3-44）。

图 3-41　特斯拉 Model S 85 车上安装的驱动电机（左）

图 3-42　特斯拉 Model S/X 电机剖视图

图 3-43　特斯拉电动汽车的驱动电机分解图

图 3-44　特斯拉 Model S/X 电机的铜转子

异步电机的特点是：电机转速取决于交流电的频率。电动机的转速 $n=(1-S)60f/P$，式中 S 表示电机的转差率，f 表示电源的频率，P 表示极对数。当极对数 P 固定后，想要改变电机的转速 n，只需要改变通电电压的频率 f，即控制定子绕组的电源频率，就可以产生强弱可变的旋转电磁场，进而改变驱动轮的转速以及行驶速度。

异步电机系统安装了变频驱动模块，用于控制电机的转速，其转速范围为 0~18 000r/min，这个转速指标大大优于燃油汽车。对于倒车问题，异步电机能够自如地在正、反转状态之间切换，因此可以轻易满足倒车的要求。

异步电机具有出色的变频调速能力，其效果相当于装配无级变速器的汽车在加速时发动机转速与车速较为线性的对应关系。异步电机在输出所需转矩的同时，还能输出所需的转速，能够在转速范围内一直保持较高的效率，因此从技术结构来看，对于装备异步电机的电动汽车，变速器不再是动力系统的必备装置。

异步电机也有不完美的地方，鉴于异步电机的工作性质，其转子容易过热，造成能量损失；在低速而且需要频繁起停的情况下比较低效。

九、开关磁阻电机的结构原理是怎样的？

从现已成熟的电机技术来看，开关磁阻电机在各个技术特性方面更符合电动汽车的使用需要，曾被专家预测为电动汽车领域的一匹黑马。

开关磁阻型电驱动系统由开关磁阻电机、功率转换器、传感器以及控制器等4部分组成。开关磁阻电机实现由电能向机械能转化；功率转换器是连接电源和电动机的开关元器件，用于提供开关磁阻电机所需要的电能；传感器用于反馈转子的位置及电流信息，并传送给控制器；控制器是系统的中枢，起决策和指挥作用，主要针对传感器提供的转子位置、速度和电流反馈信息以及外部输入的指令，实时加以分析处理，进而采取相应的控制决策，控制功率转换器中主开关元器件的工作状态，以控制开关磁阻电机运转（图3-45）。

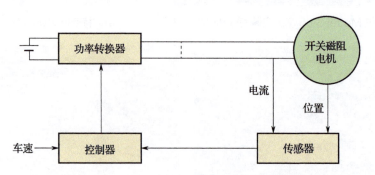

图3-45　开关磁阻型电驱动系统的控制原理图

1. 结构原理

开关磁阻电机一般为双凸极铁心结构，其定子、转子的凸极都由普通硅钢片叠压而成。在定子上绕有集中绕组，把沿径向相对的两个绕组串联构成一个两级磁极，称为"一相"绕组；在转子上既无绕组，也无永磁体，但是安装了位置检测器。

根据相数和定子、转子极数的配比，开关磁阻电机可以有多种不同的相数结构，例如单相、二相、四相及多相等，而且定子和转子的极数有多种不同的搭配（图3-46和表3-5）。

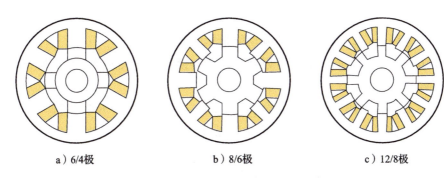

a) 6/4极　　　　　　　　b) 8/6极　　　　　　　　c) 12/8极

图 3-46　定子和转子极数有多种不同的搭配

表 3-5　开关磁阻电机的极数组合表

相数	三	四	五	六	七	八	九
定子极数	6	8	10	12	14	16	18
转子极数	4	6	8	10	12	14	16
步进角（°）	30	15	9	9	4.25	3.21	2.5

丰田卡罗拉混合动力汽车的驻车锁止执行器采用了开关磁阻电机，结构如图 3-47 所示。

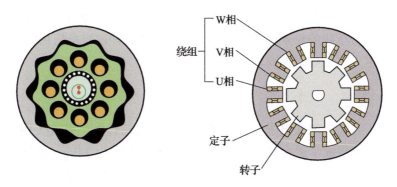

图 3-47　丰田卡罗拉驻车锁止执行器开关磁阻电机的结构

2. 控制方法

开关磁阻电机控制系统的可控参数主要有：开通角、关断角、相电流幅值以及相绕组端电压，这些参数单独或者进行组合，就会产生不同的控制方法，常用的控制方法有角度控制（APC）、电流斩波控制（CCC）以及电压控制（VC）等。

3. 性能特点

1）调速范围宽，控制灵活，容易实现各种特殊要求的转矩/速度特性。
2）结构和制造工艺简单，维护方便。
3）运转效率高。由于开关磁阻电机控制灵活，容易在很宽的转速范围内实现高效节能控制。

4）可以四象限运行，具有较强的制动能量回收能力。

5）转矩方向与电流方向无关，可以减少功率转换器的开关元器件数，降低了成本。

6）损耗小。

7）可控参数多，调速性能好，适合频繁起动、停止以及正/反转运行。

8）功率密度高，这意味着电机的重量轻而且功率大，当电流达到额定电流的15%时即可实现100%的起动转矩。

开关磁阻电机的缺点是转矩脉动，导致功率输出转矩上下波动大（最直接的感受就是乘坐不舒服），需要位置检测器。另外，该型电机的控制系统相对复杂，运转中电动机发出的噪声和振动比较大，在负载运行工况下尤其明显。

虽然目前开关磁阻电机的应用受到限制，但它是一种很有发展潜力的驱动电机。

十、轮毂电机的结构原理有哪些特点？

轮毂电机动力系统由电动机、减速机构、制动器以及散热系统等组成。根据电机转子的不同，轮毂电机分为内转子型和外转子型。内转子型采用高速内转子电机，电机的转速高达10 000r/min，装备了传动比为10∶1的行星齿轮减速装置，车轮的转速为1 000r/min左右；外转子型采用低速外转子电机，电机的最高转速为1 000~1 500r/min，没有减速装置，电机的外转子与车轮的轮辋固定在一起，所以电机的转速与车轮相同。

轮毂电机技术大多数应用在商用汽车上。

1. 轮毂电机系统的结构

英国Protean电气公司推出了一套全集成、直驱式轮毂电机系统（图3-48、图3-49和图3-50），其内部集成了逆变器、控制器和制动器，重量约34kg，能够提供81kW功率和800N·m的输出转矩，支持在制动过程中回收85%的动能，以提高电动汽车的续驶里程。由于无须使用变速器、传动轴和差速器，因此明显降低了传动系统的能量损耗，峰值输出转矩可达1 000N·m。

图3-48 驱动电机布置在4个轮毂内

图3-49 轮毂电机的正反面

图 3-50　Protean 电气公司的 PD18 轮毂电机分解图

Protean 轮毂电机系统由 8 个子电机构成，每个子电机都内置驱动模块，与外界的电气接口大幅度简化。这套电机是高冗余度设计，一两个子电机损坏不影响车辆的安全运行，完全适合插电式混合动力以及纯电动汽车。

2. 轮毂电机系统的优点

轮毂电机作为电动汽车的动力源，具有一系列独特的优势，包括响应速度快、转矩控制精度高、使用寿命长等（图 3-51）。

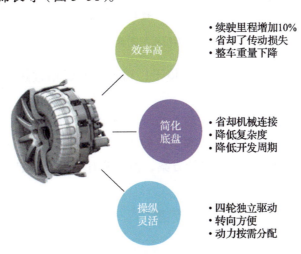

图 3-51　轮毂电机系统的优点

1）系统效率高。轮毂电机驱动系统比集中式电机驱动系统的效率高 10% 以上。

2）转矩响应速度快，精度高，可以实现分布式驱动轮独立控制。

轮毂电机系统的控制相对简单。传统汽车驾驶人踩下加速踏板，通过 ECU（电子控制单元）发出指令，使其产生转矩并通过传动系统分配到各个车轮。而采用轮毂电机系统的汽车，在ECU发出指令后，利用矢量分配技术，可以任意分配各车轮的转矩，不需要通过复杂的机械传动。

3）汽车底盘布置的自由度高，整车轻量化程度大幅度提升。

4）这种汽车可以实现原地自转、绕轴公转、横向移动等，有利于实现更加优化的分布式驱动和制动控制，也便于实现自动驾驶的上层控制策略。

3. 轮毂电机系统的缺点

1）当前大多数轮毂电机与车身和轮毂刚性连接，无法过滤转矩的波动，振动噪声大。

2）由于轮毂电机安装在车轮内，与在发动机舱相比，环境相对恶劣，电机容易过热，同时设计轴承和密封部件比较困难。

3）轮毂电机的引入增大了整车的"簧下质量"，对汽车的操控性及舒适性带来不利影响（图3-52），主要是轮胎的接触力波动明显，车身的垂直加速度变大。

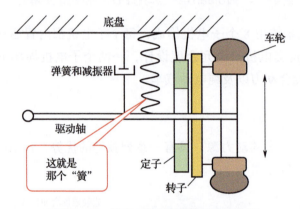

图3-52　轮毂电机系统的簧下质量问题

4）磁钢容易退磁。在振动和高温环境下，可能引起磁钢过热而退磁，以及大电流退磁。

轮毂电机暴露在车轮中，极其恶劣的工作环境对电机的密封防水、抵抗腐蚀、冷却散热等都构成很大的挑战，以致其稳定性和电机使用寿命难以达到用车标准。目前很多配套厂都能拿出轮毂电机以及驱动车桥的设计方案，但是鲜有主机厂采纳。

十一、驱动电机系统是如何散热的？

1. 散热的意义

目前永磁电机占电动汽车装机量的90%以上，但是永磁电机的性能随着温度上升而衰减。为了防止永磁体退磁，总是期望有一个低温的环境，这是延长永磁体和绝缘材料使用寿命的最佳策略，而这个重任落在了热管理系统上。

不仅永磁电机，所有驱动电机的功率极限能力都受温升的限制。热管理有利于提高电机的额定功率，并增加在峰值功率下的运行时间。

热管理系统的功能是保持驱动电机、电机控制器和 DC/DC 变换器等高电压部件在各种工况都处于适当的温度下，不至于因为热失控而损坏。

2. 散热的方式

驱动电机系统的散热方式目前主要是水冷以及油冷。

（1）水冷　在驱动电机及其控制器的散热系统中，冷却液的流动方向一般是：从散热器下部出来，经过电动水泵，到达电机控制器，在冷却电机控制器后，流出的冷却液进入驱动电机的低位进水口，然后流动到散热器的上回水口（图 3-53）。

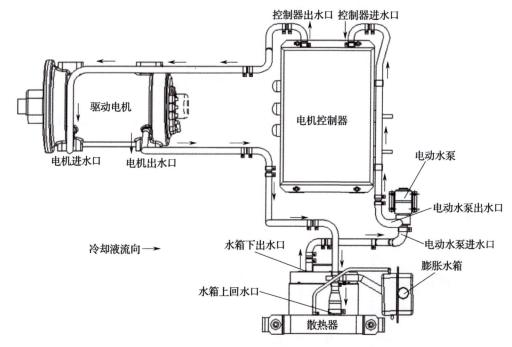

图 3-53　驱动电机系统冷却液循环流向示意图

（2）油冷　分为淋油冷却、喷油冷却、轴心甩油冷却、定子密封循环油冷却等几种方式（图 3-54）。

（3）油冷与壳体水冷并用　现在越来越多的电驱动系统实行多合一集成冷却设计，因此其电机、电机控制器、两档变速器共用一个散热系统（图 3-55）。

油冷却方式	优点	缺点	代表系统
环形喷油冷却	冷却效果较好	对油管管路要求高，布置困难。需要留出安全距离	通用沃兰达
单管喷油冷却	布置简单成本低	冷却效果差，可能有局部死点	丰田 P710
双管喷油冷却	布置简单成本低	冷却效果较差，油管开孔要求高	本田 i-MMD
淋油冷却	冷却效果相对最好	对油量要求高	特斯拉 Model3，BOLT
轴心甩油冷却	散热均匀	高速容易雾化，散热能力变差	特斯拉，BOLT

图 3-54　几种油冷却装置对比

图 3-55 FEV 公司的油冷电驱动系统

多数车型的技术方案是：电机绕组端部采用喷油冷却，电机外壳采用螺旋水道冷却（图 3-56 和图 3-57）。

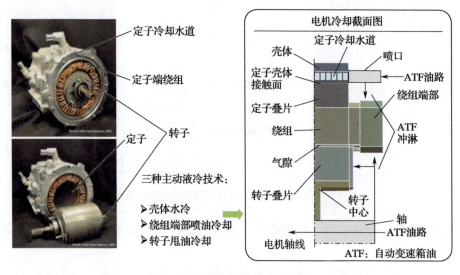

图 3-56 电机绕组端部喷油冷却

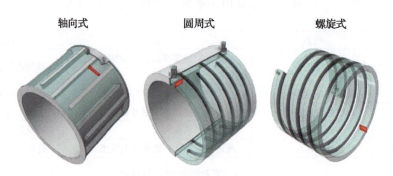

图 3-57 三种不同的冷却水道

3. 散热的模式

以东南 V5 电动汽车为例,其冷却方法为水冷、强制压力循环式,电动水泵为离心叶轮式电动泵。当冷却液温度超过规定值时,主电动水泵运转,使冷却液经过散热器循环,将吸收的热量散发到空气中(图 3-58)。

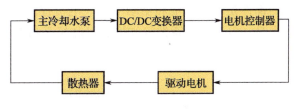

图 3-58 东南 V5 冷却液循环路径

根据汽车处于行驶状态还是充电状态,以及电机系统和 DC/DC 变换器的热量控制需求,该车热管理系统分为以下 2 种工作模式。

(1)行驶模式时的热管理 ①满足电机系统控制需求。接通电源开关后,电动水泵起动,此时电动水泵转速的控制占空比为 50%;当电机控制器的温度 ≥ 50℃或电机的温度 ≥ 80℃时,电动水泵转速控制占空比为 100%,散热风扇低速旋转;当电机控制器的温度 ≥ 60℃或电机的温度 ≥ 90℃时,电动水泵转速控制占空比为 100%,散热风扇高速旋转;当电机控制器的温度 ≤ 40℃且电机温度 ≤ 70℃时,电动水泵转速控制占空比为 100%,并且关闭低速散热风扇。②满足 DC/DC 变换器控制需求。当 DC/DC 变换器的温度达到 40℃时,电动水泵转速的控制占空比为 50%;当温度上升到 60℃时,电动水泵转速占空比为 100%;当温度上升到 70℃时,散热风扇低速旋转;当温度上升到 85℃时,散热风扇高速旋转;当温度下降到 75℃后,关闭高速风扇;当温度下降到 65℃后,关闭低速散热风扇,电动水泵转速占空比为 100%;当温度下降到 50℃时,电动水泵转速的占空比为 70%;温度下降到 30℃时,电动水泵转速的占空比为 50%。

总之,电动水泵和散热风扇的起动以温度更低的部件为判定条件,关闭则以温度更高的部件为判定条件。

(2)充电模式时的热管理 电动汽车充电开始后,电动水泵继电器吸合,当温度达到 40℃时,电动水泵转速控制占空比为 50%;温度上升到 60℃时,电动水泵转速占空比为 100%;温度上升到 70℃时,低速散热风扇运转;温度上升到 85℃时,高速散热风扇运转;当温度下降到 75℃时,高速散热风扇关闭;温度下降到 65℃时,低速散热风扇关闭;温度下降到 50℃时,电动水泵转速占空比为 70%;温度下降到 30℃时,电动水泵停止运转。在充电完成后,电动水泵继电器断开。

十二、电机控制器的功能及结构是怎样的?

1. 主要功能

电机控制器(又称为"智能功率模块")从整车控制器(VCU)得知整车的需求,从动力电池获得电能,它的功能是利用调压调频原理,将动力电池的直流电调制成驱动电机所需要的矩形波或正弦波交流电,驱动电机运转,并且改变输出电力的电压、电流或者频率,进而改变驱动电机的转速和转矩,最终达到控制汽车行驶速度的目的。

图3-59是一种典型的纯电动汽车动力系统电气图，与电机控制器存在高压电连接关系的部件是动力电池和驱动电机。电机控制器连接在CAN总线上，与整车控制器、数字仪表盘、电池管理系统等交换数据和接受指令。图中蓝色线是网络通信线，红色线是高压动力线。

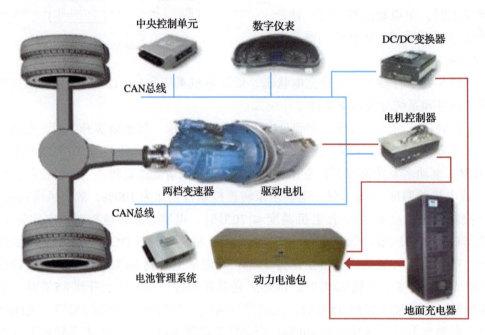

图3-59　电动汽车动力系统电气图

2. 基本结构

电机控制器的外部既有高压接口，又有低压接口。电机控制器最少具备两对高压接口，其中一对是输入接口，用于连接动力电池的高压接口；另外一对是输出接口，用于连接驱动电机，提供驱动电源。电机控制器至少具备一个低压接口，网络通信、传感器、低压电源等都要通过这个低压接口引出（图3-60、图3-61）。

电机控制器的控制系统由以下元器件组成：中央控制模块、功率模块、驱动模块以及各种传感器。

图3-60　电机控制器的外形

（1）中央控制模块　包括PWM波生成电路、复位电路、传感器信号处理电路、交互电路（图3-62）。中央控制模块通过对外接口，得到其他部件的指令和状态信息；对内把分析和运算的指令传递到逆变器驱动电路，并检测控制效果。

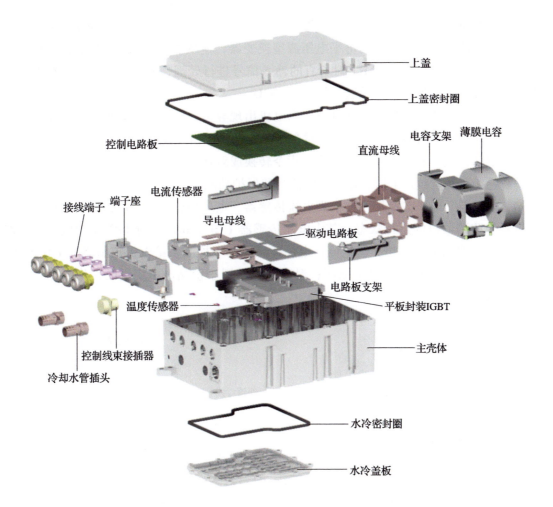

图 3-61　电机控制器分解图

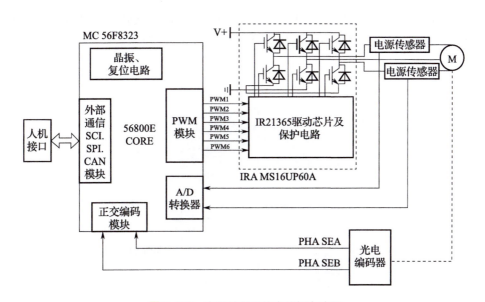

图 3-62　电机控制器的电路板电路图

（2）功率模块　使用的功率器件主要有 MOSFET、GTO、IGBT（图 3-63）等。

电机控制器内部采用三相两电平电压源型逆变器，逆变器以 IGBT 为核心，辅以驱动集成电路、主控集成电路。IGBT 对所有的输入信号进行处理，并将电机控制系统的运行状态信息通过 CAN2 网络发送给整车控制器 VCU。

电机控制器内还包含故障诊断电路，当电机出现异常并达到一定条件时，将激活一个错误代码，并且发送给整车控制器，同时存储该故障码和相关数据。

（3）驱动模块　它将中央控制模块的指令转换成对逆变器可控的通断指令。作为一种保护装置，还具有对过电压、过电流的监测和保护功能。

（4）传感器　电机控制器主要依靠电流传感器、电压传感器、温度传感器、电机轴位置传感器等监测电机的运行状态。其中电流传感器（图 3-64）用于检测驱动电机的实时电流，包括母线电流、三相交流电流；电压传感器用于检测供给电机控制器的工作电压，包括动力电池电压、12V 蓄电池电压；温度传感器用于检测电机绕组的工作温度，包括 IGBT 模块的温度。

图 3-63　电机控制器的 IGBT 模块

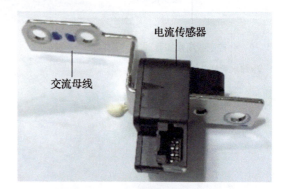

图 3-64　电流传感器与交流母线

集成式电机控制器主要由配电回路、IGBT 驱动回路、辅助电源、DSP 电路以及散热系统组成。奥地利 AVL 公司集成式电机驱动系统如图 3-65 所示。

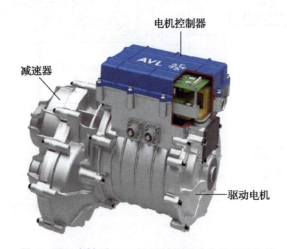

图 3-65　奥地利 AVL 公司的集成式电机驱动系统

① 配电回路：为集成式电机控制器各部分供电，包括 TM 接触器、熔断器、电空调回路、电除霜回路等。

② IGBT 驱动回路：接收控制信号，驱动 IGBT 并反馈其状态。

③ 辅助电源：为控制电路提供电源，为驱动电路提供隔离电源。

④ DSP 电路：接收整车控制器指令，并提供反馈信息，检测电机系统传感器信息，根据指令传输电机控制信号。

⑤ 散热系统：提供控制器的安装支持和安全防护，为电机控制器提供散热。

十三、如何检修电机控制器的常见故障？

电机控制器的常见故障有以下几种：IGBT 故障、输入电源线和接地线故障、整流二极管短路、直流母线接地错误、直流侧电容短路、晶闸管短路、温度超限报警，还有相电流过电流、过电压以及欠电压等。

电机控制器出现故障的通常表现为整车无 EV 模式，组合仪表显示"请检查动力系统"。排查此类故障需要连接专用诊断仪，进入"电机控制器"模块检测。大致有以下两种情况，一是"系统无应答"，需要进行全面的诊断；二是读到了故障码，则应根据故障码的提示进行诊断。

下面以检修比亚迪"唐"汽车电机控制器（图 3-66）的故障为例加以说明。

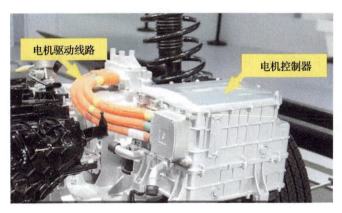

图 3-66 比亚迪"唐"汽车的前电机控制器

1."系统无应答"

应检查低压插接器的相关引脚，如果发现异常，还需要检查相应的电源、接地、CAN 通信等低压回路。

2. 能读到故障码

先查询电机控制器程序的版本信息，必要时升级软件，然后多次尝试上 OK 电，再试车，看故障是否重现。

比亚迪"唐"汽车读到故障码的检修方法如下。

（1）报故障码"P1B0100：IPM故障"

① 检测直流母线到三相线的管压降是否正常。如果不正常，更换电机控制器和DC/DC变换器总成。

② 若管压降正常，则检查是否还报其他的故障码。可以先排查其他故障码，如果无效，再更换电机控制器和DC/DC变换器总成。

（2）报故障码"P1B0500：高电压欠压"

① 读取动力电池的电压数据，若小于400V，则对动力电池、高压配电箱和高压线路进行检查。

② 连接诊断仪，读取电机控制器直流母线的电压（正常值400~820V），同时对比DC/DC变换器母线电压，如果都不正常，再检查动力电池、配电箱和高压线路。

③ 如果电机控制器直流母线电压和DC/DC变换器高压侧电压一个正常，一个不正常，可以更换电机控制器和DC/DC变换器总成。

（3）旋转变压器信号异常　需要检查低压插接器。

① 退电OFF档，拔掉电机控制器的低压插接器。

② 测量旋转变压器插接器的端子B51/44和B51/29间的电阻，正常为（8.3±2）Ω。测量旋转变压器插接器的端子B51/45和B51/30间的电阻，正常为（16±4）Ω。测量旋转变压器插接器的端子B51/46和B51/31间的电阻，正常为（16±4）Ω。

③ 如果实测电阻正常，应检查电机旋转变压器的插接器是否松动。如果该插接器没有松动，则为动力总成故障。

（4）报故障码"P1B0900：开盖保护"　应当检查电机控制器的盖子是否打开了，或者更换电机控制器和DC/DC变换器总成。

（5）电机断相、电机过电流故障　应当检查驱动电机的三相线，其方法如下：

① 退电OFF档，取下维修开关。拔掉电机三相线的高压插接器。

② 测量电机A、B、C三相线之间的电阻值，正常为（0.36±0.02）Ω。

③ 如果步骤②所测电阻异常，再检查插接器是否松动。如果连接正常，则为动力总成故障。

（6）驱动电机温度过高故障　其产生原因如下：

① 驱动电机冷却系统的冷却液不足，或者存在空气。

② 电动水泵不运转。

③ 散热器堵塞。

④ 电机控制器或DC/DC变换器总成失常。

3. 维修注意事项

1）电机控制器的检查应当在断电的情况下进行，至少每3个月检查1次。

2）电机控制器的各项参数在出厂时已经调整好了，不要随意拆开盖子检查和调整。

3）接触器的连线不得调整。断开维修开关后，要保持电机控制器功率模块内的滤波电容器几分钟的放电时间。

4）切忌用水冲洗电容器，可以使用刷子或者压缩空气清除电机控制器外表的灰尘和杂物。

十四、电机旋转变压器的原理及结构是什么？

1. 基本原理

旋转变压器（图3-67和图3-68）是电机控制系统的一个重要组成部分，其功能是准确检测电机转子轴的转速和位置。旋转变压器又称为旋变传感器、同步分解器，简称为"旋变"。

图3-67 旋转变压器的外形

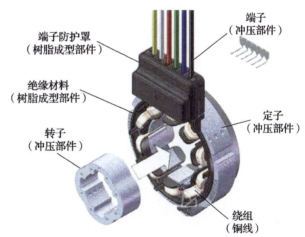

图3-68 磁阻式旋转变压器分解图

旋转变压器是一种输出电压随转子转角变化的信号元件，它采用电磁感应原理，根据转子和定子角位置的变化，输出信号可以实现对输入正弦载波信号的相位变换和幅值调制，然后由专用的信号处理电路根据输出信号的幅值和相位与正弦载波信号的关系，解析出转子和定子间的角位置。

在电动汽车上，旋转变压器采用了类似于电动机的结构，分为定子和转子两大部分，安装在驱动电机的内部。转子定位在电机轴上，随电机轴同步转动。励磁绕组和输出绕组都安装在定子槽内，在转子上没有绕组。

旋转变压器输出的信号是连续变化的模拟信号，需要通过解码器转换为方波数字信号。

电动汽车的驱动电机上共有9根电缆，其中旋转变压器6根，温度传感器2根，屏蔽线1根。旋转变压器的6根导线分别是：2根励磁线，2根正弦信号线，2根余弦信号线（图3-69）。

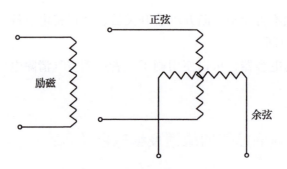

图 3-69　旋转变压器的 6 根导线

2. 主要结构

（1）奥迪 e-tron 电动汽车的旋转变压器

1）转子：该车旋转变压器的转子过盈地安装在电机轴的后端，径向有限位凸台，与电机轴上的凹槽相配合，它可以防止转子对电机轴做相对转动，确保转子位置信号的准确性（图 3-70 和图 3-71）。

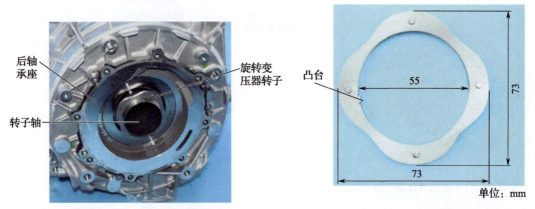

图 3-70　奥迪 e-tron 旋转变压器转子的安装位置　　图 3-71　奥迪 e-tron 旋转变压器转子的形状及尺寸

2）定子：奥迪 e-tron 旋转变压器的定子安装在后端盖上，用四个螺栓固定。定子上布置了 7 对绕组，其接口有 6 个端子，单独出线。旋转变压器定子的内径约 85mm，外径 120mm，生产厂家为 TE，如图 3-72、图 3-73 和图 3-74 所示。

（2）雪佛兰 BOLT 电动汽车　该车驱动电机的旋转变压器转子安装在电机轴的后方，旋转变压器转子内径部位伸出凸台，卡入电机轴内，实现圆周方向的定位（图 3-75）。在旋转变压器转子和电机后轴承之间安装有定位隔套。

在旋转变压器定子上有一个圆柱形定位销，定子通过三个螺栓固定在后端盖上，以实现精确的转角安装（图 3-76）。

旋转变压器定子通过后端盖向外伸出一个接线端子，该端子集成了旋转变压器的信号和油温传感器信号。油温传感器布置在电机油液下方、吸滤器附近（图 3-77）。

图 3-72 奥迪 e-tron 的旋转变压器定子安装在后端盖上（向下箭头所指是固定螺栓）

图 3-73 奥迪 e-tron 旋转变压器定子的结构

图 3-74 奥迪 e-tron 旋转变压器定子的尺寸

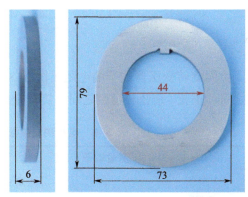

图 3-75 雪佛兰 BOLT 旋转变压器转子的形状及尺寸

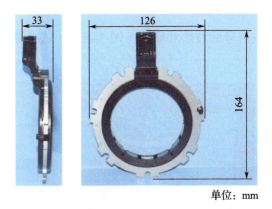

图 3-76 雪佛兰 BOLT 的旋转变压器定子的形状及尺寸

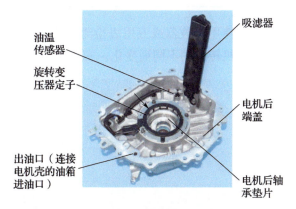

图 3-77 雪佛兰电机后端盖上的旋转变压器部件

（3）捷豹 I-PACE 纯电动汽车　其旋转变压器的结构原理与上述两款汽车相似，电机旋转变压器的部件如图 3-78 和图 3-79 所示。

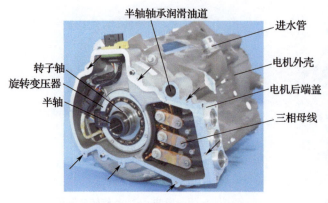

图 3-78 捷豹 I-PACE 纯电动汽车的电机旋转变压器部件

图 3-79 捷豹 I-PACE 纯电动汽车后端盖上的旋转变压器定子定位销

十五、如何检修电机旋转变压器的故障？

1. 旋转变压器的检测要领

（1）检测旋转变压器端子的电阻（图 3-80） 测量结果应当符合表 3-6 的要求。正弦与余弦之间、正弦/余弦与励磁之间、旋转变压器信号与壳体之间的阻抗应大于 50MΩ。

表 3-6 电机测量参数表（比亚迪"唐"）

测量端子		参考值
1（余弦-）	5（余弦+）	（16±4）Ω
2（正弦-）	6（正弦+）	（16±4）Ω
3（励磁-）	7（励磁+）	（8.3±2）Ω
4（温度+）	8（温度-）	53.65~151.9kΩ

（2）使用示波器或万用表检测旋转变压器励磁信号的波形和频率（图 3-81） 这一频率随着电机转速的不同而变化，实测为 15.51kHz。

图 3-80 电机旋转变压器的接线端子

图 3-81 示波器检测旋转变压器励磁信号的波形和频率

2. 旋转变压器的故障案例

一辆 2017 年比亚迪 E5 纯电动汽车，用户反映该车仪表提示"请检查动力系统"，动力系统故障灯点亮。

维修人员用诊断仪进行检测，进入双向逆变充放电式驱动电机控制单元（VTOG），读到故障码"P1B0100，旋变故障"。清除故障码后试车，故障码再次出现，说明此故障为静态，旋转变压器传感器存在实质性故障。

在汽车行驶过程中，VTOG 实时监测驱动电机的工作状态。旋转变压器将电机轴的转速及位置信号转变成电压信号发送给 VTOG，以便进行电机控制。在车辆起动时，VTOG 也需要检测来自旋转变压器的信号，才能顺利完成自检，进入准备起步状态，即"OK"灯亮起。

查询该车旋转变压器的电路图（图 3-82），结合故障码分析，可能的故障原因有：VTOG 与旋转变压器之间的线路故障；旋转变压器自身故障。

于是进行了以下检测：断开高压维修开关和蓄电池负极；将汽车举升至合适高度，检查 VTOG 和旋转变压器的插接器，未发现异常；断开 VTOG 的插接器 B28A，将万用表调至电阻档，测量线束侧端子 59 与 60 之间的电阻，为 7.3Ω，正常；测量线束侧端子 61 与 62 之间的电阻，为 13.2Ω，正常；测量线束侧 63 与 64 端子之间的电阻，为无穷大，不正常，说明该线路存在断路。

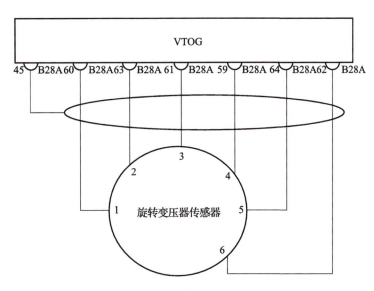

图 3-82 旋转变压器相关电路

经过以上检测说明，VTOG 的 63 号端子与旋转变压器的 2 号端子之间、旋转变压器的 2 号端子与 5 号端子之间、VTOG 的 64 号端子与旋转变压器的 5 号端子之间都可能存在断路。遂依次测量，终于发现 VTOG 的 63 号端子与旋转变压器 2 号端子之间的电阻值为无穷大，至此找到了故障点。

更换 VTOG 的 63 号端子与旋转变压器 2 号端子之间的电缆，故障被排除。

十六、如何检修宝马 750Li 混合动力汽车无法起动的故障？

一辆 2012 款宝马 750Li 混合动力轿车，行驶里程约 11.9 万 km，该车突然出现无法起动的故障。

接车后首先验证故障，发现仪表盘上显示"充电系统有异常"，中控台也出现"蓄电池无法充电"的警告信息，并且动力电池故障灯点亮。此时踩下制动踏板，按"起动／停止"键，发动机不能起动。

该车的动力系统由一台 330kW 的 N63 V8 燃油发动机和一台 15kW 的电动机组成，属于轻度混合型，电机不能单独驱动汽车，主要用于为发动机的动力做补充。

发动机不能起动，可能是发动机及其控制系统失常；而显示"蓄电池无法充电"，怀疑动力电池故障，也可能是相关的高压保护、电机驱动系统以及网络通信方面的问题。

接通点火开关，将宝马专用诊断仪连接到诊断座，没有读到发动机的任何故障码。检查发动机的供油及点火装置，没有发现异常。踩下制动踏板，接通点火开关，仪表能正常显示，但是发动机无法起动。

再次接通点火开关，使用诊断仪读取动力电池的动态数据流，如图 3-83 所示，据此排除动力电池存在故障的可能。

检查发现，当汽车运行到 127 940km 时，电驱动系统存在多个故障码，显示 U、V、W 三相交流电的功率输出极损坏或短路，同时 EME 电机控制器存在"末级测试错误"的故障（图 3-84）。

动力电池

当前充电状态：48.7%

锂离子蓄电池充电状态的工作范围：30%~80%

当前电压：127.0V
（各单体电池总电压：额定电压126V）

当前温度（额定范围：-40~85℃）：
　*温度传感器1：34.0℃
　*温度传感器2：33.0℃
　*温度传感器3：35.0℃
　*温度传感器4：35.0℃

返回菜单：继续

图 3-83　动力电池的动态数据流

代码	说明	里程数
21EF32	功率输出级，相位损坏或短路	127 940
21EF33	功率输出级，相位 U：损坏或短路	—
21EF34	功率输出级，相位 V：损坏或短路	127 940
21EF35	功率输出级，相位 W：损坏或短路	—
21EF46	EME 内部故障：末级测试错误	
21EF4C	高压系统，过电压	
21EF4E	高压系统，低电压或未激活	127 940
21EF7E	EME 内部故障：内部供电系统负极侧故障	—
800BD8	左右顶视摄像头未连接	127 940

图 3-84　检测到的故障码

据此分析，电驱动系统失常是引起发动机不能起动和动力电池不能充电的直接原因，关键是电机的功率输出级损坏或短路。

该车取消了传统的发电机，发动机起动和发电共用一个电机（图 3-85），该电机的功能如下：①用于发动机起动（频繁的自动起停功能）；②与发动机一起驱动车轮；③在汽车下坡或制动时用于发电,对电池进行充电。

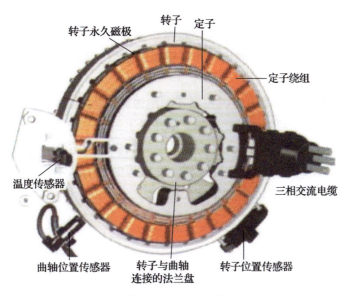

图 3-85 电机的结构图

该车起动系统的控制原理如下:当多路控制模块(MICU)接收到制动和点火信号后,控制继电器给低压模块供电,使动力电池处于正常供电状态。同时 CAN 网络将以上两信号传输给电机控制器。电机控制器同时采集电机的位置和温度信息,控制变频器将动力电池的直流电转换成三相交流电,输送给电机的定子绕组,使电机旋转,进而起动发动机(图 3-86)。

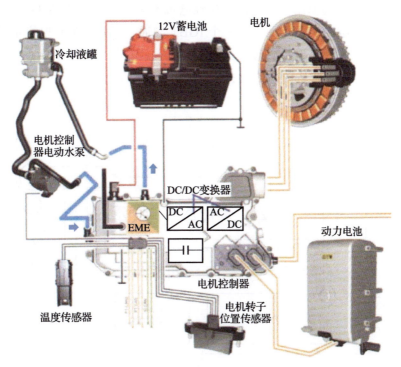

图 3-86 宝马 750Li 混合动力汽车起动控制原理图

导致电机不能正常运转的可能原因是：电机故障、电机控制器故障、网络通信故障。

于是检测电机的绝缘性能和相线绕组的电阻值，实测绝缘电阻为 220MΩ（标准值 > 0.6MΩ），说明绝缘正常。对电机控制器、正负母线绝缘性进行检测，绝缘电阻为 220MΩ，说明绝缘性能良好。实测电机相线绕组的阻值，范围为 21.72～23.69MΩ，说明电机相线绕组的电阻值也正常。

用万用表的 R×10kΩ 档测量电机控制器的绝缘栅双极型晶体管（IGBT），发现 IGBT 组件已经损坏。从图 3-87 可以看出，IGBT 都并联了一个二极管，已经固化在内部，不能拆分。通常 IGBT 处于不导通状态，因此通过检测二极管的方法，可以判断 IGBT 组件的好坏。用万用表二极管档对 IGBT 进行检测，发现其中一个晶体管数据不正常，由此判断该晶体管损坏，导致检测时正反方向均不导通。

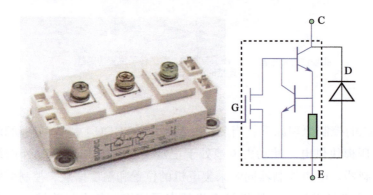

图 3-87　IGBT 内并联的二极管

为什么电机控制器的 IGBT 损坏，会导致电机不工作呢？分析图 3-88 可知，变频器每产生一次三相交流电时，总有两个或三个 IGBT 导通，于是电流在电机定子绕组中产生旋转磁场。如果有一个损坏，每次通入三相交流电时就有两个绕组不导通，使定子无法形成旋转磁场，电机不能正常运转，从而引起发动机不能起动。

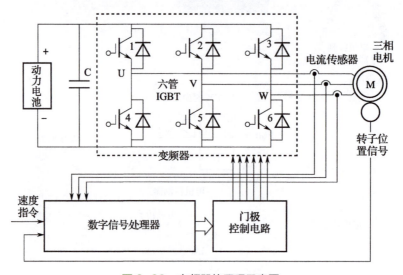

图 3-88　变频器的原理示意图

由于变频器不允许拆开修理，只能更换电机控制器总成。

十七、如何检修荣威 E550 混合动力汽车行驶速度受限的故障？

一辆荣威 E550 混合动力汽车，车架号 LSJW26765G *******，搭载 1.5IVTI-tech 发动机，EDU 电驱动两档变速器，行驶里程 64 475km。客户反映该车在电驱动模式下高速行驶时组合仪表显示"混动系统故障"，仪表盘上故障灯点亮（图 3-89），汽车行驶速度被限制在 20km/h 左右，踩加速踏板没有响应。

连接专用诊断仪检测，在混合动力系统内读到故障码"C2 离合器打滑"。

图 3-89　仪表盘提示"混动系统故障"

该车的电驱动变速器 EDU 由 TM 电机、ISG 电机、C1 离合器、C2 离合器、平衡轴式齿轮组、液压控制模块（图 3-90）等组成。

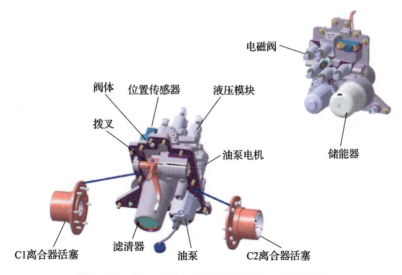

图 3-90　荣威电驱变速器 EDU 液压模块结构图

在纯电动模式下，TM 电机通过 C2 离合器将动力传递至输入轴，再经过变速器（它与同步器啮合）将动力通过差速器传递到车轮。当车速达到 40~60km/h 时，HCU/TCU 通过电机控制器对 TM 电机限制转矩输出，通过液压控制模块使 C2 离合器分离，并且迅速控制拨叉进行换档。换档结束后，C2 离合器闭合，又恢复 TM 电机的动力输出（图 3-91）。

根据上述结构原理分析，引起 C2 离合器打滑的原因主要有：C2 离合器本身失常；电机转速传感器故障；液压控制模块故障；HCU/TCU 控制单元故障。

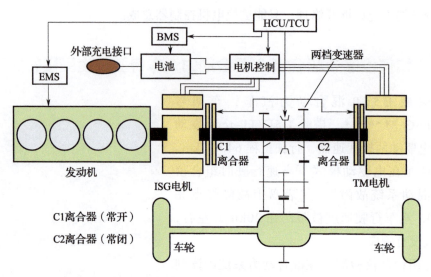

图3-91　荣威E550混合动力系统工作示意图

进行试车，读取电机的转速数据，分析TM电机的转速与EDU输出轴转速之间的关系：在1档时，TM电机的实际转速与EDU实际的输出轴转速相差较小，说明在1档时C2离合器没有明显打滑。进入2档后，EDU实际的输出轴转速继续上升，而TM电机的实际转速已经下降，其中有两处出现异常上升，分别在866:28mm以及866:44mm附近，此时TM电机的转速达到2 100r/min，但是EDU实际输出轴转速上升幅度不大（470r/min左右），此时的速比大概为1:4.7，超出了2档的正常速比1:3，这个位置应该是控制单元检测到的打滑点。

清除故障码，再次试车，发现只要升到2档，TM电机的转速就会不正常地升高，但EDU输出轴转速没有变化，而且在车内明显听到电机空转的声音。

当转速上升出现异常时，没有听到其他的机械类异响，因此可以排除齿轮和同步器的故障。

为了验证上述判断，对液压控制模块断电，并且将档位锁定在2档，然后试车，发现故障依旧，由此判断液压控制模块正常，确定故障点在C2离合器本身（图3-92）。

图3-92　C2离合器的摩擦片

于是更换C2离合器摩擦片及其压盘，操作步骤如下：

1）关闭点火开关，静置5min以上。
2）断开发动机舱内的蓄电池负极。
3）断开手动维修开关（安装在右后车轮的底盘位置），等待5min左右。
4）拆开TM电机的后盖，然后更换C2离合器的摩擦片及压盘。

更换C2离合器以后试车，仪表显示正常，至此该故障被彻底排除。

本故障的形成机理是：由于C2离合器打滑，使TM电机的动力无法正常输出，电控单元便点亮故障灯，仪表盘提示混合动力系统故障，最终导致汽车只能以限定的车速行驶。

十八、比亚迪"秦"的 EV 模式失效怎样检修?

一辆比亚迪"秦"混合动力汽车,搭载 1.5T 476ZQ 发动机,6HDT35 六速自动变速器(集成 TYC110A 驱动电机),行驶里程约 11.1 万 km。客户反映该车的电动模式(EV)无法使用。

接车后与客户一同试车,故障现象与客户描述的一致。断开自动变速器上的驱动电机旋转变压器导线侧插接器,发现混合动力系统故障灯点亮,此时发动机能起动,车辆能行驶,D 位和 R 位都正常。

分析认为,断开驱动电机旋转变压器导线插接器后,高电压系统被关闭,此时汽车的驱动力是由发动机及自动变速器提供的,在此模式下汽车能够行驶,说明自动变速器没有问题。

回厂后装复断开的旋转变压器导线插接器,清除故障码,将变速杆分别置于 D 位和 R 位,发现汽车又无法行驶。连接故障检测仪检测动力模块,读到以下两个故障码:① P1A03,电机控制器异常反拖请求,当前/历史;② P1B1100,旋变故障,信号丢失。

测量驱动电机旋转变压器端子间的电阻,正常(标准值见表 3-7)。装复旋转变压器导线插接器并清除故障码,读取驱动电机控制器的数据流,发现在 D 位时踩下加速踏板,组合仪表能够显示驱动电机的转矩(10.7N·m)和转速(9 299r/min)(图 3-93)。打开发动机舱盖,能听到驱动电机运转的声音,同时组合仪表上的功率表显示正常。

表 3-7 驱动电机旋转变压器端子间的标准电阻值

端 子	电 阻
6(正弦 +)	(16±1) Ω
2(正弦 -)	
7(励磁 +)	(8±1) Ω
3(励磁 -)	
5(余弦 +)	(16±1) Ω
1(余弦 -)	

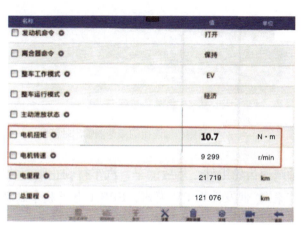

图 3-93 仪表显示的驱动电机扭矩和转速(截屏)

既然驱动电机正常，而且已经开始工作了，为什么汽车无法行驶呢？难道是动力没有传递到车轮上？因此认为故障应该在减速器。

在结构上，减速器的输入端减速齿轮与驱动电机连接，减速器的输出端减速齿轮与自动变速器的倒档轴连接（图3-94）。

图3-94　减速器

拆下减速器的尾盖检查，发现与自动变速器倒档轴连接的减速器输出轴断裂（图3-95），造成驱动电机的动力无法传递到自动变速器。

图3-95　与倒档轴连接的减速器输出轴断裂

更换减速器输出轴减速齿轮组件，然后试车，汽车行驶正常，故障被排除。

还有一辆比亚迪"秦"，偶发性无EV模式，EPB（电子驻车制动系统）不释放，仪表显示"请检查动力系统"。

检测发现，电机控制器、档位控制器、继电器控制模块等均报出与 EPB 通信故障。

产生这种故障的原因是：① EPB 故障；②电机控制器故障；③线束故障；④网关故障。

维修过程如下：

1）试车，当故障出现时，挂 D 位，EPB 无法解除，同时系统转为 HEV 模式。此时电机控制器报出故障码：与 EPB 通信故障、与电池管理器（BMS）通信故障、与 DC/DC 变换器通信故障。

2）从诊断口测量 CAN 线，电压为 2.5V、阻值为 63Ω，正常。测量 EPB 的电源，正常。再测量电机控制器及电池管理器的电源，故障现象竟然消失了。替换 EPB 控制器试车，故障又出现。

3）再次测量电机控制器与电池管理器，故障又消失了，说明属于偶发性故障。又陆续替换电机控制器及电池管理器，故障依然存在。

4）鉴于每次故障出现时都存在与 EPB 通信的故障信息，尝试频繁拉起又释放 EPB 试验，发现故障出现时 EPB 的 K57/1 号端子没有电源，同时 BMS（电池管理器）的 K65/01 号端子也无电源。而这两个端子的电源都由正极熔断器 2 上 F8/3 熔丝（60A）供电（图 3-96）。检查该熔断器，发现接触不良。更换正极熔断器 2 后，故障被排除。

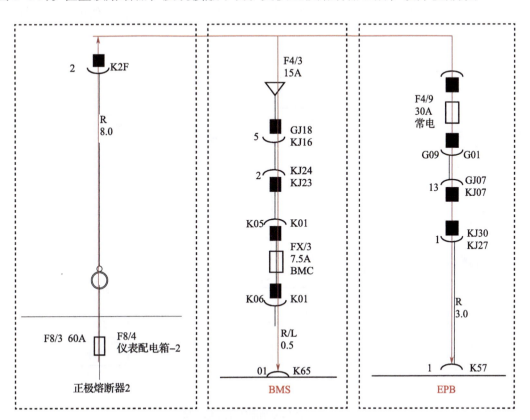

图 3-96　相关熔丝电路图

第四章 电控系统

一、电动汽车采用怎样的整车控制策略?

电动汽车利用整车控制器（VCU）监测全车的状态，其中比较重要的开关信号（钥匙位置、档位信号、充电开关信号、制动信号等）、模拟信号（加速踏板信号、制动踏板信号、电池电压信号等）以及频率信号（车速传感器信号等）由传感器直接传递给 VCU，不通过 CAN 总线；其他具有独立控制系统的电器，则通过共享 CAN 总线的方式进行信息交换（图 4-1）。

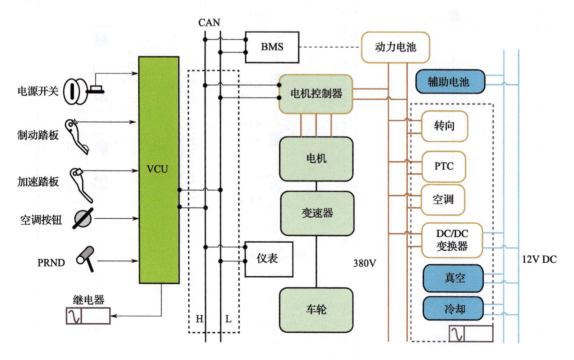

图 4-1 整车控制器的工作原理图

1. VCU 与电池管理系统

VCU 与电池管理系统（BMS）之间通过整车 CAN 总线进行信息交互。

BMS 实时监测并上报 VCU 的数据包括：电池组的总电流、总电压、最高单体电压、最低单体电压、最高温度、电池组荷电状态 SOC、电池组健康状态 SOH。

VCU 发送给 BMS 的命令包括充电指令、放电指令以及开关指令。

（1）充电指令　在最初的充电连接信号确认后，整车处于禁止行驶状态，VCU 交出控制权，整个充电过程由 BMS 和充电机共同承担，直至充电完成或者充电中断，车辆控制权重新回到 VCU。

（2）放电指令　VCU 根据驾驶人的意图，推算出汽车的功率需求，并换算成电流，发送给 BMS。BMS 根据电池 SOC、温度和系统设计的阈值，确定提供的电流值。

如果热管理系统需要使用电池组以外的能源，VCU 与电池组协调处理相关管理过程，例如开启或关闭空调压缩机系统、冷却液循环系统。如果热管理过程只涉及电池组内部，例如开启内置的 PTC、加热膜加热或者开启风扇降温，则信息只在电池系统内部处理，不需要与 VCU 沟通。

（3）开关指令　在充电、放电开始之前，VCU 判断整车高电压系统是否上电。在汽车运行过程中，若遇到突发状况，VCU 会判断是否闭合或者断开主回路接触器。

2. VCU 与电驱动系统

VCU 向电机控制器发出的指令包含 3 部分：电机势能、电驱动模式（正向驱动、反向驱动、制动能量回收）以及相应模式下的电机转矩。

电机控制器向 VCU 上报电机及其控制器的主要参数及故障报警信息，包括电机转速、电机转矩、电机电压和电流。

3. VCU 与充电系统

出于最大通用性的考虑，充电系统遵循一套统一的通信协议。下列国标都是这种通信协议的最新版本：

GB/T 27930—2015 电动汽车非车载传导式充电机与电池管理系统之间的通信协议；

GB/T 32895—2016 电动汽车快换电池箱通信协议；

GB/T 32896—2016 电动汽车动力仓总成通信协议。

上述标准规定了统一的充电流程，包括具体的通信编码以及通信语句的内容。

从充电枪与汽车上的充电接口连接开始，整个充电过程的信息交互都在电池管理系统和充电机之间进行，不再通过 VCU。

4. VCU 与组合仪表

仪表系统通过 CAN 总线与 VCU 相连，从 VCU 获取需要显示的数据。数据进入仪表控制器以后，信号处理电路将信息还原成各个仪表的显示内容（表 4-1）。

表 4-1 国标 GB/T 19836—2019《电动汽车仪表》对电动汽车组合仪表显示内容的要求

项目	显示的信息
整车	车速，累计行驶里程
传统信号	车门开关，刮水器，ABS，安全带，安全气囊
电控系统	运行准备就绪，系统故障，整车控制器打开
动力电池	电压，电流，温度，荷电状态，剩余容量，充电状态，液面高低，故障和切断
驱动电机	转速，电压，电流，温度，过热，超速
充电	充电连接，充电指示
电气安全	绝缘电阻，爬电距离

二、整车控制器（VCU）的结构及功能是什么？

整车控制器（VCU，又称为主控制器，图 4-2）是电动汽车的控制中心。作为电动汽车整车电气系统的运行平台，它的性能优劣直接影响其他电气设备功能的发挥，是整车性能好坏的决定性因素之一。

1. 基本结构

（1）零件组成　VCU 由金属壳体和一组 PCB 组成（图 4-3）。

图 4-2　北汽整车控制器的外形

图 4-3　整车控制器内的 PCB

（2）电气组成　主体是主控芯片，加上周边的时钟电路、复位电路、预留接口电路和电源模块等。除此以外，还配备了数字信号处理电路、模拟信号处理电路、频率信号处理电路以及通信接口（包括 CAN 通信接口和 RS232 通信接口）电路，如图 4-4 所示。

2. 主要功能

整车控制器 VCU 负责接收各高压监控系统发出的信号，进行判断和运算，并发出指令，同时控制整车冷却系统、制动系统以及车速里程显示等。

（1）对汽车行驶功能的控制　整车控制器通过对驾驶人意图的识别和车辆状态的分析，在满足车辆安全性的基础上，对蓄电池的放电电流和电机的输出转矩进行控制，使汽车各部件能够协调运行。

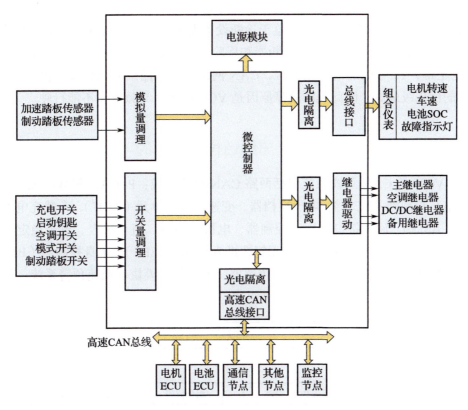

图 4-4 整车控制信号的传递路线图

（2）制动能量回收控制　纯电动汽车以电机作为驱动转矩的输出机构。电机具有回收制动能量的功能，此时电机作为发电机，利用制动能量发电，并将这部分电能存储在储能装置内。在这一过程中，整车控制器根据加速踏板和制动踏板的开度以及动力电池的SOC值来判断某一时刻能否进行制动能量回收，如果可行，整车控制器向电机控制器发出指令，回收部分制动能量。

（3）能量优化控制和管理　为了使电动汽车具有最大的续驶里程，VCU对能量进行优化管理，以提高能量的利用率。

（4）汽车状态的监测和显示　整车控制器对汽车整车及各子系统的状态进行实时监控，并且驱动各仪表，将车辆状态和故障诊断信息显示出来。显示的内容包括：车速、电流、电池的电量以及各种指示信息。

（5）故障诊断和处理　对整车控制系统进行实时监控，除了用故障指示灯指示存在故障并报警外，还根据故障内容，及时采取相应的安全保护措施。

既然整车控制器（VCU）具有如此重要的功能，当VCU发生故障时，电动汽车无法行驶就不足为奇了。

一辆北汽EV160电动汽车，行驶里程3 930km，因碰撞车辆左前侧损坏，经修复后汽车无法行驶，动力电池警告灯和整车系统故障灯报警。

检查高压系统所有的连接插头以及极性，插头紧实，极性正确。将点火开关转到 ON 位，低压系统可以供电。连接专用诊断仪对整车进行扫描，发现除了可以与安全气囊控制模块通信外，其余模块都无法通信。鉴于诊断设备无法与整车控制器（VCU）和动力电池建立通信，于是检查低电压系统总熔断器和保险盒，发现点火开关处于各档位时都正常，VCU 供电正常，15 号线继电器也正常，CAN 网络没有短路或断路现象。由于 VCU 在控制系统中的优先级最高，因此判断故障原因是 VCU 损坏，导致汽车不能行驶。

三、吉利 EV300 的 CAN 总线结构是怎样的？

吉利 EV300 的 CAN 总线系统包括两路 CAN 通信总线：P-CAN 和 B-CAN。CAN 总线主要由整车控制器（VCU）、电子换档器、变速器控制单元（TCU）、车载充电器、电池管理系统（BMS）、诊断接口、远程控制器、电机控制器、组合仪表、电子稳定控制系统（ESC）、电动助力转向系统（EPS）、无钥匙进入系统（PEPS）、车身控制器（BCM）、电子驻车制动模块、辅助控制模块、转角传感器、安全气囊模块、低速预警系统、信息娱乐主机、空调控制面板、电动压缩机等部件组成，如图 4-5 所示。

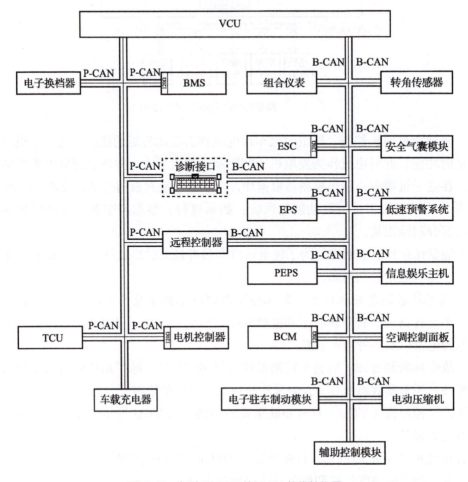

图 4-5　吉利 EV300 的 CAN 总线结构图

四、新能源汽车 CAN 总线系统有哪些常见故障？

以北汽 EU5 为例，新能源汽车 CAN 总线系统常见故障分析与排除方法如下。

1）与电机控制单元（MCU）通信丢失，见表 4-2。

表 4-2　与 MCU 通信丢失

故障名称	与 MCU 通信丢失（180～600ms 发首帧报文）
故障代码	U011087
故障处理	① 行车工况 STATE30，仪表点亮故障指示灯，报警声二级，整车进入零转矩工况（延时 8s） ② 整车以不超过 15km/h 车速行驶
可能原因	① 电磁干扰 ② CAN 接收器无法正常工作 ③ 电机控制器 CAN 发送异常
故障影响	无法高压上电，或汽车行驶中接收不到驱动电机的工作状态信息，造成高压自检超时（下电）
维修建议	① 检查线束与插接器 ② 更换控制单元

2）与电池管理系统（BMS）通信丢失，见表 4-3。

表 4-3　与 BMS 通信丢失

故障名称	与 BMS 通信丢失
故障代码	U011187
故障处理	STATE30，仪表点亮故障指示灯，报警声二级，整车限功率处理（延时 8s）
可能原因	① 电磁干扰 ② 电池管理系统故障 ③ 电池管理系统节点线束故障
故障影响	无法接收电池管理系统报文，可能导致高压无法上电，造成系统自检超时
维修建议	① 检查线束与插接器 ② 更换控制单元

3）与远程终端（RMS）通信丢失，见表 4-4。

表 4-4　与 RMS 通信丢失

故障名称	与 RMS 通信丢失（ON 档和快慢充电唤醒）
故障代码	U025687
故障处理	① 若车辆独立诊断功能未实现，则为保证数据存储和分析，STATE30 进入限速（延时 8s），仪表点亮故障指示灯，报警声二级（临时方案） ② 若 VCU/MCU/BMS 独立诊断功能实现，则仅记录 DTC
可能原因	① 电磁干扰 ② 远程监控系统故障或线束故障

故障影响	接收不到远程监控系统报文
维修建议	① 检查线束与插接器 ② 更换控制单元

4）与电动助力转向系统（EPS）通信丢失，见表4-5。

表4-5　与EPS通信丢失

故障名称	与EPS通信丢失（仅ON档供电）
故障代码	U013187
故障处理	① 记录DTC ② 点亮EPS故障灯
可能原因	① 电磁干扰 ② EPS系统故障或线束故障
故障影响	接收不到EPS系统报文
维修建议	① 检查线束与插接器 ② 更换控制单元

5）与动力控制单元（PEU）通信丢失，见表4-6。

表4-6　与PEU通信丢失

故障名称	与PEU通信丢失（仅ON档供电）
故障代码	U012887
故障处理	若处于驻车解除状态，禁止驻车功能
可能原因	① 电磁干扰 ② PEU系统故障或线束故障
故障影响	接收不到PEU系统报文
维修建议	① 检查线束与插接器 ② 更换控制单元

6）与组合仪表（ICM）通信丢失，见表4-7。

表4-7　与ICM通信丢失

故障名称	与ICM通信丢失
故障代码	U025887
故障处理	记录DTC
可能原因	① 电磁干扰 ② ICM系统故障或线束故障
故障影响	接收不到ICM系统报文
维修建议	① 检查线束与插接器 ② 更换控制单元

7）与车身控制器（BCM）通信丢失，见表4-8。

表4-8　与BCM通信丢失

故障名称	与BCM通信丢失
故障代码	U014087
故障处理	记录DTC
可能原因	① 电磁干扰 ② BCM系统故障或线束故障
故障影响	接收不到BCM系统的报文
维修建议	① 检查线束与插接器 ② 更换控制单元

8）与电子气候控制（ECC）通信丢失，见表4-9。

表4-9　与ECC通信丢失

故障名称	与ECC通信丢失
故障代码	U025987
故障处理	记录DTC
可能原因	① 电磁干扰 ② ECC系统故障或线束故障
故障影响	接收不到ECC系统的报文
维修建议	① 检查线束与插接器 ② 更换控制单元

9）与DC/DC系统通信丢失，见表4-10。

表4-10　与DC/DC系统通信丢失

故障名称	与DC/DC系统通信丢失
故障代码	U029887
故障处理	记录DTC
可能原因	① 电磁干扰 ② DC/DC系统故障或线束故障
故障影响	接收不到DC/DC系统的报文
维修建议	① 检查线束与插接器 ② 更换控制单元

10）CAN总线关闭，见表4-11。

表 4-11 CAN 总线关闭

故障名称	总线关闭
故障代码	U007388
故障处理	不允许 CAN 控制器自动复位，进入 BUS-OFF 后，每隔 50ms 尝试复位一次，每复位一次计数器累加 1。如果计数器等于 10，则节点每隔 1s 尝试复位一次
可能原因	① 电磁干扰 ② 控制器故障或线束故障
故障影响	根据出现故障的零部件功能不同，可能导致部分功能失效或整车瘫痪
维修建议	① 断开蓄电池负极 1min，然后检测终端电阻是否为（60±5）Ω ② 测量 CAN-H、CAN-L 信号对地和对电源有无短路情况 ③ 排查电磁干扰的影响 ④ 更换控制单元

五、配电箱的基本结构和主要功能是什么？

"配电箱"又称为高压控制盒、高压电源分配器、高压配电盒（PDU），它是电动汽车整车高压电源的分配、控制及保护装置。电动汽车上与配电箱相连接的高压部件包括：动力电池、电机控制器、变频器、逆变电源、充电机、充电接口、空调电动压缩机、PTC 加热器等。维修开关也可能集成在 PDU 上，位于动力电池和 PDU 之间，当维修动力电池时，可以用它进行整车高压电的切断，确保维修安全。

新能源汽车在高压电源的分配上大多采用集中配电方案，结构紧凑，布局方便，检修快捷。根据不同客户对系统架构的需求，有些车型的配电箱还集成了部分电池管理系统的功能，从而降低了整车系统架构配电的复杂度。

电动汽车的配电箱分为两种形式，一是配电箱作为一个独立的零部件，二是配电箱与其他零部件集成在一个盒体内。

下面以比亚迪 E6 电动汽车的配电箱为例加以说明。

（1）主要功能　用于高压电源的分配、接通以及断开。

注意：电动汽车充电时，无论直流快充还是交流慢充，电流都需要经过配电箱。

（2）安装位置（图 4-6）

（3）外部连接（图 4-7）

主要接口如下：①动力电池（输入、输出）；②电机控制器（输出）；③DC/DC 变换器（输出）；④车载充电机 OBC（输入）。

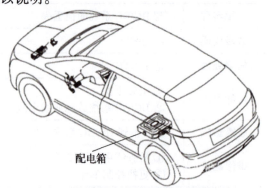

图 4-6　比亚迪 E6 配电箱的安装位置

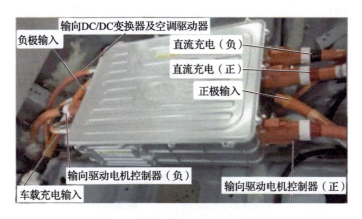

图 4-7 配电箱的外部接口

（4）内部结构（图 4-8） 在配电箱里，安装有铜母线、断路器、接触器、变频器、变压器、高压继电器、熔断器、浪涌保护器、互感器、电流表、电压表、转换开关等电器。

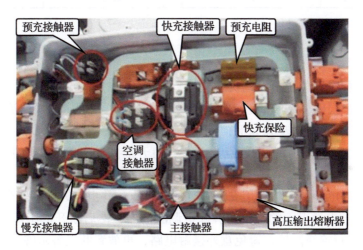

图 4-8 配电箱的内部结构

（5）配电箱控制框架（图 4-9）

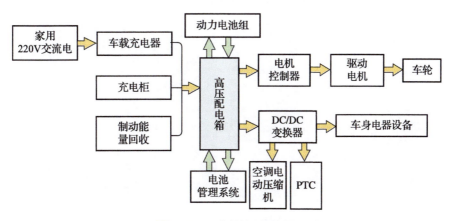

图 4-9 配电箱控制框架图

（6）终端诊断接口　其端子位置如图 4-10 所示，诊断数据见表 4-12。

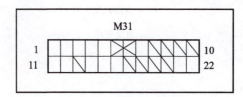

图 4-10　终端诊断接口

表 4-12　诊断数据

测量端子	导线颜色	测量条件	正常值
M31-5→车身地	W/B	OK 档	11~14V
M31-7→车身地	B/L	OK 档	11~14V
M31-3→车身地	B/Y	OK 档	11~14V
M31-10→车身地	B	始终	<1Ω

六、如何更换奔驰 EQC 纯电动汽车的配电箱？

奔驰 EQC 的配电箱位于前发动机舱左侧，如图 4-11 所示。

配电箱带有高电压，在进行更换作业时要严格遵守厂家规定的操作流程，并采取必要的高压安全防护措施，更换步骤如下：

1）将汽车停放平稳之后，关闭点火开关，打开前发动机舱盖，取下前发动机舱上方的盖板。

2）断开高压断电开关，然后用安全锁具加以锁止，并由专人保管安全锁具的钥匙。

3）取下低压蓄电池上面的护罩，拆卸空调滤清器，然后断开低压蓄电池的负极电缆，并对蓄电池负极进行绝缘防护，避免意外接触电路，再放置断电警示牌。

4）戴上绝缘手套，拆卸配电箱上面的高压电输入及输出端的高压电缆，然后拆卸配电箱上的低压电缆插头，如图 4-12 所示。最后拆卸配电箱的固定螺栓，并从车上取下配电箱。安装时，按照与拆卸相反的顺序进行，固定螺母的紧固力矩为 20N·m。

图 4-11　配电箱所处位置

图 4-12　拆卸配电箱

七、电动汽车逆变器的结构及原理是怎样的？

所谓"逆变"，是指高压直流电与高压交流电之间的正反向转换。

1. 逆变器的功能

电动汽车的逆变器能够将动力电池的直流电转换为交流电以驱动电机，也能将电机产生的交流电转换为直流电对动力电池充电。

在电动汽车上，驱动电机的电能来源于电池组，电池组产生的是直流电，但驱动电机使用交流电，所以需要一个装置把电池组输出的直流电变成交流电，然后输送给驱动电机，这就是逆变器的功能。逆变器还能控制输出的交流电的频率，从而控制驱动电机的转速。逆变器甚至能控制交流电的电压，进而控制电机的动力（图4-13）。

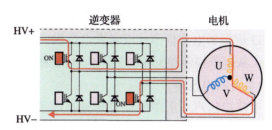

图4-13　逆变器外形及其功能示意图

2. 逆变器的结构

逆变器由逆变电路、逻辑控制电路、滤波电路三大部分组成，主要包括输入接口、电压启动回路、MOS、PWM控制器、直流变换回路、反馈回路、LC振荡及输出回路以及负载等，现在大多数采用集成化设计（图4-14）。

需要注意的是，逆变器中功率半导体器件的快速接通与关断，往往产生电磁干扰。

3. 丰田卡罗拉混动车的逆变器

该车采用带转换器的逆变器总成，为多层式结构，主要由电容器、智能功率模块IPM、电抗器、MG ECU和DC/DC变换器等组成（图4-15）。

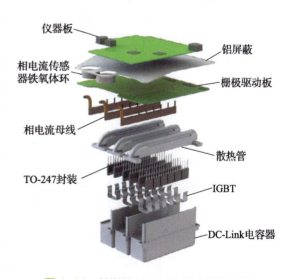

图4-14　特斯拉Model S逆变器分解图

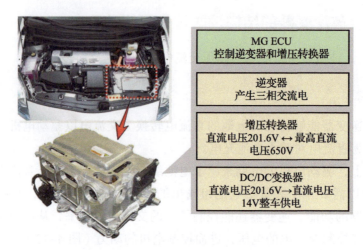

图 4-15 丰田卡罗拉混动车逆变器总成

（1）MG ECU　其功能如下：

1）根据电子控制单元 ECU（HV CPU）的信号，控制逆变器和增压转换器，使 MG1 和 MG2 运行于电动机模式或者发电机模式。

2）从电子控制单元 ECU 接收 MG1 和 MG2 的运行状态信息，例如转速、转矩、温度以及目标升高电压等。

3）将控制汽车所需的信息传输至电子控制单元 ECU，这些信息包括：逆变器输出的电流值、逆变器电压、逆变器温度、MG1 和 MG2 转速、大气压力以及所有故障信息。

（2）逆变器　它将动力电池或者增压转换器的直流电转换成用于驱动 MG1 和 MG2 的交流电。反过来，逆变器也可以将 MG1 和 MG2 发出的交流电转换成直流电。

（3）增压转换器　它负责将动力电池的 201.6V 的直流电压升到最高 650V 的直流电压。反过来，增压转换器也可以将 650V 的直流电压逐步降低至 201.6V 直流电压。

增压转换器由带内置式 IGBT（绝缘栅双极型晶体管）的增压 IPM（智能功率模块）、电抗器和高压电容器组成（图 4-16）。该增压转换器使用两个 IGBT，一个用于升压，一个用于降压。

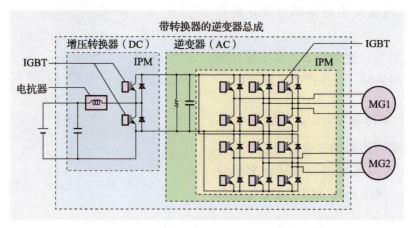

图 4-16 丰田混动车带增压转换器的逆变器内部结构

（4）DC/DC变换器　在DC/DC变换器内，晶体管桥接电路将动力电池的201.6V的直流电压暂时转换为交流电，并且通过变压器降为低压。然后将交流电再转换为14V直流电压，从而稳定地向低压直流电器供电。

（5）电抗器　负责抑制电流的过度变化，提供稳定的升压和降压电流。

（6）高压电容器　用于存储升高的电压，同时为逆变器提供所需的稳定电压。

八、路虎揽胜混合动力汽车的电力变频转换器有什么特点？

以2019款路虎揽胜运动版混合动力（PHEV）汽车的电力变频转换器（EPIC）为例。

1. 安装位置

该车的电力变频转换器（EPIC）安装在底盘下面的右侧，处于前轴与后轴之间（图4-17）。

注意：在断开汽车的高压电源之前，不能对电力变频转换器（EPIC）执行任何操作。

图4-17　电力变频转换器的所在位置

EPIC具有以下几个电气插头：①连接至PHEV蓄电池的高压DC插头；②连接MG的三相高压交流电（AC）插头；③12V电源和控制插头（图4-18）。

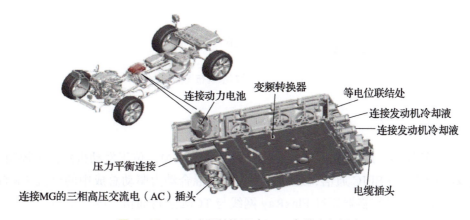

图4-18　电力变频转换器（EPIC）的电气插头

2. 主要功能

PCM 通过 EPIC 使电机（MG）在电动机和发电机之间切换工作模式。当 MG 作为电动机运行时，由 PHEV 蓄电池提供电源；当 MG 作为发电机运行以回收制动能量时，PHEV 蓄电池将存储这些电能。

当 MG 作为电动机运行时，EPIC 通过三相电缆提供高压交流电（AC）。AC 相位的更改取决于来自 MG 的转矩和来自 3 个一体式 MG 位置传感器的信号。

当 MG 作为发电机运行时，MG 向 EPIC 提供三相高压交流电。EPIC 将交流电整流为直流电（DC）并调节电压，进而为 PHEV 蓄电池充电。

3. 冷却控制

为了防止过热，EPIC 连接至发动机的冷却系统（图 4-19）。EPIC 利用脉宽调制（PWM）信号来控制电动水泵的转速，进而控制电动水泵的流量。EPIC 控制的冷却液还为车载充电器、电机 MG 和 DC/DC 变换器等高电压部件提供冷却功能。

在电力变频转换器（EPIC）内部配备了温度传感器，包括用于 MG 的温度传感器，以监控其内部温度。EPIC 利用这些温度传感器来确定所需的、流经高压电气部件的冷却液流速。

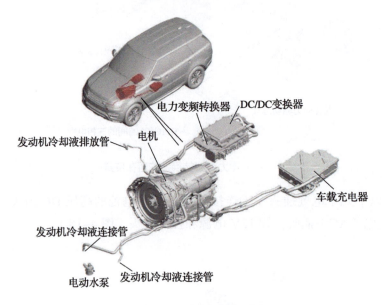

图 4-19　冷却系统布置图

4. 网络连接

电力变频转换器（EPIC）由动力系统控制模块（PCM，位于发动机舱内）控制，PCM 通过 FlexRay 网线与 EPIC 通信，进而控制集成在混合动力驱动总成中的电机（MG）。另外，PCM 和电力变频转换器通过 FlexRay 网线与 TCM 进行通信（图 4-20）。

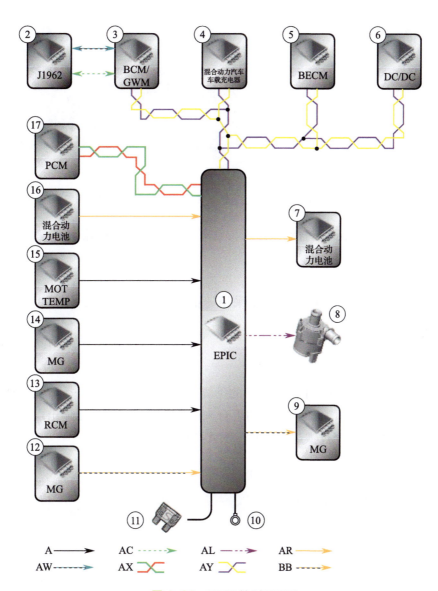

图 4-20　EPIC 控制原理图

1—电力变频转换器（EPIC）　2—诊断接头（J1962）　3—车身控制模块/网关模块（GWM）
4—车载充电器　5—蓄电池电量控制模块（BECM）　6—DC/DC 变换器　7—PHEV 蓄电池
8—电动水泵　9—用于电机操作的电机（MG）高压三相输出　10—接地
11—电源　12—当以发电机工作时的 MG 高压三相输入　13—约束控制模块（RCM）
14—来自集成式 MG 位置传感器的输入　15—电机温度传感器　16—PHEV 蓄电池
17—动力系统控制模块 PCM　A—硬接线　AC—诊断　AL—脉宽调制（PWM）　AR—高压直流
AW—以太网　AX—FlexRay 网线　AY—控制器局域网（CAN）电源模式 0 系统总线　BB—高压三相交流电

九、奥迪电动汽车 DC/DC 变换器包括哪些部件？

奥迪 e-Tron 汽车电控系统的 DC/DC 变换器由以下 5 部分组成：支撑架、母线、印制电路板总成（PCBA）、铁氧体和电感器以及线束（图 4-21 和图 4-22）。

图 4-21 奥迪 DC/DC 变换器的外形　　图 4-22 奥迪 DC/DC 变换器内部结构

在图 4-22 中，左边是高压直流电输入，右下角是 12V 直流电输出。

1. 支撑架

DC/DC 变换器的支撑架（图 4-23）采用铸铝 A380 压铸而成，使用 3 个螺栓进行紧固连接。

2. 母线

DC/DC 变换器的母线由三个形状各异的母线组成。其中最小的一个母线只使用通孔连接，另外两个母线使用通孔和紧固螺母的组合来连接。母线位于低压输出端，其特殊的形状是为了适应母线组件和穿过铁氧体铁心（图 4-24）。

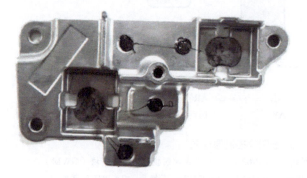 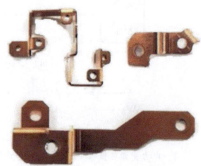

图 4-23 奥迪 DC/DC 变换器的支撑架　　图 4-24 奥迪 DC/DC 变换器母线

DC/DC 变换器的母线由薄铜片冲压成型。

3. 印制电路板总成（PCBA）

印制电路板总成由 IGBT（绝缘栅双极型晶体管）组件、DC/DC 变换器主控板和小电容板等 3 部分组成。

（1）IGBT 组件（图 4-25）　IGBT 组件包括 2 个独立的 IGBT、1 个复杂的模制引线框架和 1 个散热板。IGBT 通过针脚式焊接线连接到引线框架，然后整个组件使用散热膏和 4 个螺纹紧固件连接到冷却板。

1）IGBT1 和 IGBT2 通过表面安装装置放置在铜基板的中间位置，2 个 IGBT 不一样，它们分别由若干个晶圆、二极管、贴片电容、高精密电阻和镀铜基板组成。

2）引线框架：它是一个复杂的注模构件，在注射 PBT 塑料之前，将 76 个单独的部件插入模具中。插入件包括镀镍铜母线、49 个符合标准的引脚端子以及 8 个螺母（图 4-26）。

图 4-25　IGBT 组件

3）散热板（图 4-27）：它的材料是铝 A380，采用压铸工艺。作为 IGBT 的安装台，散热板有 4 个过线孔和 1 对零件固定孔。整个散热板固定在冷却系统的双面冷却板上。

 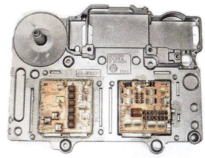

图 4-26　IGBT 的引线框架　　　　图 4-27　DC/DC 变换器的散热板

（2）DC/DC 变换器主控板　它包含所有控制 DC/DC 变换器的贴片元件。

（3）小电容板（图 4-28）　它包含 4 个电容器，并通过安装孔安装到接触点。电容器为直插式 40V/10μF 和 60V/10μF 薄膜电容器。小电容板的电路板是一种双层 FR4，电路板上带有用于最终组装的触点。

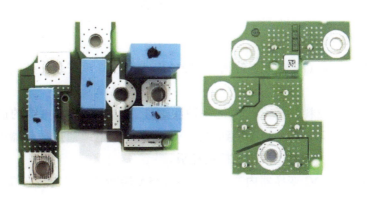

图 4-28　小电容板

4. 铁氧体和电感器

铁氧体和电感器组由一对相同的铁氧体铁心和3个电感器组成。3个电感器是预装配的独立器件，并使用螺纹紧固件完成电路电气装配。

（1）铁氧体（图4-29）两个铁氧体的材料相同，都是烧结粉末金属。顶部的铁氧体和底部的铁氧体的安装过程相同。底部铁氧体上有一个注塑件，塑料部分为夹在两部分之间的母线提供绝缘。这两个铁氧体都处于高压输入端，中间有母线通过。

图4-29 铁氧体

（2）电感器（图4-30）3个电感器都是预先组装的独立器件，并使用螺钉紧固。第一个电感器被称为环形绕线装置，第二个电感器使用独特的扁平线圈，第三个电感器是一个变压器，采用冲压导线和一股铜线。

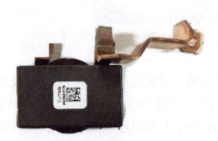

图4-30 3个电感器的外形

5. 线束和其他元器件

线束组由带状电缆（带有塑料线槽）、12V出线端子耳（安装在外壳的外部）和高压熔断器组成。

（1）带状电缆及塑料线槽 线槽是一种注塑件，内部有带状电缆的通道，沿着电缆的路径，用于固定带状电缆，并连接到DC/DC变换器。电缆通过散热器中的开口连接到DC/DC变换器主控板，最后连接至电控主控板。

（2）熔断器 DC/DC变换器内有一个500V/35A熔断器，它安装在高压输入端（位于左侧），使用螺栓固定。

十、高电压系统三个主接触器的功能原理是什么?

接触器(又称为继电器)用于频繁接通/断开的交直流主电路及大容量控制电路,是一种自动切换电器,它利用电磁吸力和弹簧反作用力配合动作,使触点闭合或分断,还具有低压释放保护的功能,可以实现远距离控制。按照流经主触点电流种类的不同,接触器分为直流接触器和交流接触器(图 4-31)。

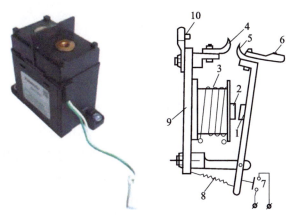

a)接触器的外形　　　　b)直流接触器的结构

图 4-31　接触器

1—衔铁　2—铁心　3—线圈　4—静触点
5—动触点　6、10—接线柱　7—辅助触点　8—反作用弹簧　9—底板

在电动汽车上,为了实现高压电路的自动切断保护,在高电压系统主动力回路上必须配置可以控制的、具有自动切断高压回路功能的主接触器(SMR,图 4-32 和图 4-33)。当主接触器触点的闭合/断开功能失效时,高电压管理系统会发出声光报警,以提示操作人员。

图 4-32　特斯拉 Model S 电动汽车主接触器的外形

电动汽车高压回路输出端的主接触器一般安装在配电箱内,负责汇集各电池组的电源,并将动力电池与高电压系统相连接。除检修开关外,主接触器也是一种用于将两个电区域隔开的部件。当电源开关接通,车载电网起动时,电池管理系统便使主接触器吸合,从而启用高电压系统。如果点火开关(接线端 15)不接通,则接触器断开,因此关闭 12V

车载电网也会使接触器断开。

图 4-33 特斯拉 Model S 电动汽车主接触器的接线

主接触器的功能是在接收到 HV ECU（动力电子控制单元）发出的指令后，接通或者断开高压系统的电源电路，即负责接通或断开动力电池。

电动汽车高压回路的供电由 3 个主接触器控制，其中负极侧 1 个，正极侧 2 个（图 4-34）。SMRB 负责控制高压供电的正极，SMRG 负责控制高压供电的负极，SMRP 位于蓄电池的负极侧（连接至预充电电阻），与预充电电阻一起负责给高压系统预充电。

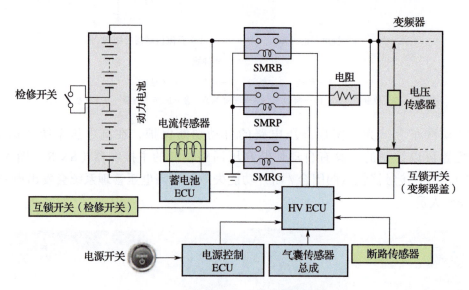

图 4-34 丰田电动汽车主接触器电路简图

当电源模式切换至 READY ON（电源接通）状态时，主接触器的工作过程如下：SMRB 先接通，SMRP 再接通，可以使电流流经预充电电阻，对高压系统预充电，保护电路中的触点，防止浪涌电流造成损害；待预充电结束后，SMRP 断开，SMRG 接通，电流绕过预充电电阻，动力电池直接向逆变器总成供电。

当电源模式切换至 READY OFF（电源断开）状态时，SMRG 先断开，SMRB 再断开，HV ECU 确认各接触器已经断开，无卡住现象，高压供电切断。如果触点卡住，接触器不能断开，HV ECU 会进入失效保护程序，点亮主警告灯，此时汽车不能起动。

出于安全考虑，在充电期间，整个电驱动系统需要处于断电状态，即高压接触器处于断开位置。当高压安全管理系统接收到有效的充电指令后,高压安全管理系统首先检测电驱动系统相关接触器是否断开。若处于断开位置,则闭合充电回路相关继电器。否则,充电继电器将不会闭合,高压安全管理系统将发出声光报警以提示操作人员,直至故障排除。

总之,在动力电池组的正极、负极上安装主接触器,目的是将动力电池组与用电负载(主要是电机控制器)有效地隔离。

当电源开关接通,而且主接触器发生故障时,会产生以下影响:如果接触器无法闭合,将无法启用高电压系统,仪表盘上的"READY"(就绪)字样熄灭。此时由于电机无法起动,因此内燃机也无法起动;如果接触器无法断开,则高电压系统也无法断电,将产生不良后果。

十一、更换主接触器的规范步骤是怎样的?

以更换比亚迪 E5 电动汽车的主接触器为例。

1. 前期准备

1)设置安全隔离区,并在车顶放置安全警示牌。
2)检查个人安全防护用品是否符合绝缘规定,检查人员需要佩戴绝缘手套,穿着绝缘鞋,戴护目镜。
3)检查并调校设备仪器,检查绝缘用工具。
4)实施车内器件防护,实施车外防护。
5)使用绝缘电阻表检测绝缘垫是否损坏,必要时更换。

2. 拆装步骤

1)将变速器的档位置于 P 位,拉紧驻车制动器,关闭点火开关,取下车钥匙并放在口袋内。
2)打开发动机舱盖,拆卸 12V 蓄电池的负极线,然后对负极插头做绝缘防护。
3)拆卸维修开关,等待 10min 左右,然后断开动力电池母线插接器,并对动力电池母线进行绝缘防护,如图 4-35 所示。
4)拆卸高压控制盒上的交流慢充、快充插接器(图 4-36)。

图 4-35 断开动力电池母线插接器,并进行绝缘防护

图 4-36 拆卸交流慢充、快充插接器

5）拆卸高压控制盒盖的固定螺栓，并揭开上盖。

6）在高压控制盒内找出主接触器的位置（图4-37）。

7）拆卸插接器（图4-38）。

图4-37　找出主接触器的位置　　　　图4-38　插接器的位置

8）拆卸主接触器输入端的连接片（图4-39）。

9）拆卸主接触器、交流预充接触器的固定螺栓及线束（图4-40）。

图4-39　主接触器输入端的连接片　　　图4-40　拆卸主接触器、交流预充接触器的固定螺栓及线束

10）分离主接触器的线束（图4-41），分离交流预充接触器的线束（图4-42）。

图4-41　分离主接触器线束　　　　图4-42　分离交流预充接触器线束

11）把主接触器输入端、输出端的连接片放置在一边，使之不影响下一步操作（图4-43）。

12）拆卸主接触器的2个固定螺栓（图4-44）。

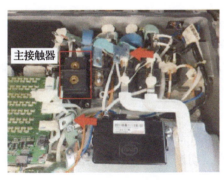
图4-43　把连接片放置在一边

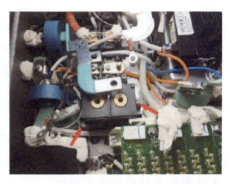
图4-44　拆卸主接触器的2个固定螺栓

13）取出主接触器，拔下插接器（图4-45）。
14）安装新的主接触器，连接插接器。安装主接触器的两个固定螺栓。
15）安装主接触器输出端的连接片及线束（图4-46）。

图4-45　取出主接触器

图4-46　安装主接触器输出端连接片及线束

16）安装主接触器输入端的连接片及线束（图4-47）。

17）安装插接器。安装高压控制盒盖，事先清除盒盖上的旧密封胶，然后重新涂抹新的密封胶，再安装高压控制盒盖。安装盒盖的固定螺栓。

18）安装高压控制盒上的慢充、快充高压电缆。

19）清除绝缘胶带，安装动力电池母线。

20）安装维修开关。安装12V蓄电池负极线（拧紧力矩10N·m）。至此装复完毕。

图4-47　安装主接触器输入端连接片及线束

3. 操作要领

1）在拆卸高压控制盒的高压电缆之前，应当拆卸动力电池母线。

2）在拆卸主接触器前，建议记录各线束的具体安装位置，因为线束错综复杂，容易引起混乱。

十二、高压互锁的功能、原理及结构是什么?

"高压互锁"(HVIL)又称为"危险电压闭锁回路",是由整车控制器或电池管理系统监测的、低压的封闭回路。高压互锁的范围涉及动力电池模块、高压配电盒、14V 辅助电池模块、电机控制器、驱动电机、高压加热器模块、空调电动压缩机以及手动维修开关。

1. 高电压系统设置互锁的目的

万一专业人员疏忽,或者非专业人员强行拆开高电压部件,高压互锁装置立即动作,控制器接收到这一信号,断开系统的主接触器,切断动力电池的输出,并发出声光报警,从而避免人员发生意外电击伤害事故。

高压互锁装置的功能体现在以下 4 方面:

1)在高压"上电"前,确保整个高电压系统的完整性,使高电压处在一个封闭的环境内,以提高安全性。

2)在汽车运行过程中,当高电压系统回路断开或者完整性受到破坏时,启动安全防护措施,断开整个高电压回路并放电。

3)防止带电拔插高压插接器给高电压端子造成"拉弧"损坏。

4)在高压互锁装置内配备了用于监测高电压部件盖板是否可靠关闭的行程开关,以及车辆碰撞和翻转信号监测机构,用于触发断电信号,确保在毫秒级时间内断开高电压回路,并利用放电电路将高电压部件电容端的电压在短时间内泄放掉,防止发生漏电或火灾事故。

2. 高压互锁的基本原理

在高电压器件上设计一个与高压连接状态具有联动性的低压部分,低压信号传递给整车控制器,若高电压连接正常,则低压部分持续发送正常信号;若高电压的连接断开,则低压部分发送异常信号。高电压回路上任意一点出现连接异常,都会产生故障报警(图 4-48)。

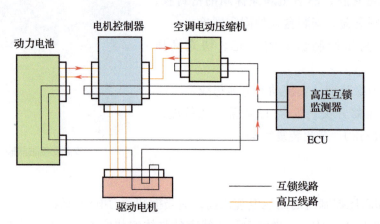

图 4-48 电动汽车高压互锁回路示意图

具体来说，在各高电压部件内部安装了互锁开关，ECU 的高压互锁监测器向高压互锁回路发送一个 12V（或 5V）信号电压，然后检测返回的信号电压，若检测不到返回的信号电压，则表明高压互锁回路断路，此时若继续供电，会有安全危险，于是 ECU 切断高压供电。

3. 高压互锁的结构形式

（1）集成型　目前汽车上的高压互锁装置大多数集成于高压电缆插接器（图 4-49），即在高压电缆插接器内额外加一组低压回路，用于检测 HVIL 的完整性。低压导线作为信号线，与高压电源线并联在高压线束的护套管内。

在高压互锁的插接器内，高压电源的正极端子、负极端子与互锁信号端子的长度不相同（图 4-50）。因此，在连接高压插头时，插头内的电源端子先接触，然后中间的互锁信号端子完成连接；在断开高压插头时，中间的互锁信号端子先断开，然后是高压电源的正极、负极端子断开，从而避免高电压端子"拉弧"。

图 4-49　集成型高压互锁插接器

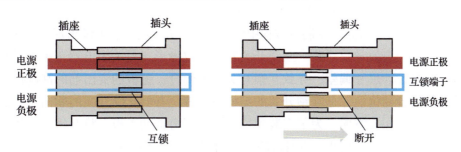

图 4-50　高压互锁插接器内部结构示意图

高压端子及互锁端子的连接顺序和断开过程如图 4-51 所示。

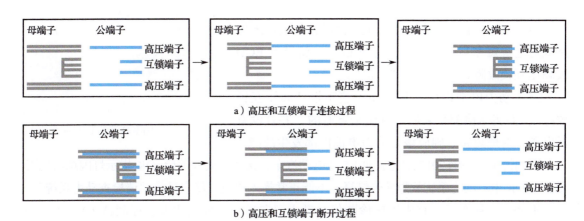

图 4-51　高压端子及互锁端子连接顺序和断开过程

（2）独立型 高压互锁的结构独立于内塑壳，或者增加一个单独的小插接器，通过这2个插接器的先后安装关系保证互锁功能的实现（图4-52）。这种结构的优点是便于主体塑壳的扩展定制，缺点是结构比较复杂。

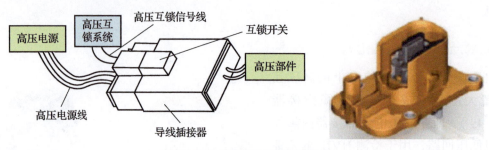

图 4-52 独立型高压互锁插接器

十三、如何检修高压互锁系统的故障？

高压互锁装置作为一个回路，如果测量低压电缆是导通的，则可以考虑用电器存在故障，例如PDU（高压配电盒）的互锁开关失效、高压电缆互锁端子损坏、回路对地或对电源短路等。

在维修实践中，高压互锁故障有以下几种类型。

（1）电缆错误导致开路 在制造过程中线束往往由人工组装，电缆出现错误在所难免。

（2）互锁开关失效导致开路 互锁开关常见的故障形式是关闭电器盖板之后互锁开关不能闭合。一是设计尺寸偏差，导致互锁开关不能闭合。盖板的突出筋的高度偏低，导致互锁开关不能闭合到位。二是互锁开关的结构不合理。有的互锁开关的朝向正好是某些装配技师移动盖板的相反方向，为了安装到位，他们用力推动盖板，将互锁弹簧片压弯，致使互锁开关不能闭合。三是开关本身故障，导致互锁开关不能闭合。

（3）端子退针导致开路（图4-53） 原因是互锁回路中的低压电缆的端子、PDU高压互锁的端子质量欠佳。

（4）对地/电源短路 当高压互锁回路发生对地短路或对电源短路后，信号无法返回ECU，将导致ECU报高压互锁故障，进而无法"上电"。

（5）动力电池内部失常 如果整车报"高压互锁故障"，而实际检测结果显示电缆是导通的，并且没有对电源、对地短路，则应该是动力电池内部发生故障。

图 4-53 用电器端的低压端子退针

案例说明：一辆2017款比亚迪E5纯电动汽车，接通点火开关后，OK指示灯闪烁后熄灭，无法上OK电；动力系统故障警告灯亮，不能正常换入档位；仪表显示"请检查动力系统"。

维修人员接车后，首先连接诊断仪，进入双向逆变充放电式电机控制器（VTOG）读码，显示故障码为"P1A6000，高压互锁1故障"。读取相关数据流，充放电——不允许；

主接触器——断开；高压互锁1——锁止。据此初步判断为高压互锁线路故障或元件故障。

查阅比亚迪 E5 电动汽车的高压互锁电路图，将其简化为图 4-54。首先关闭点火开关，断开电池管理系统（BMS）的插接器 BK45（A）及 BK45（B），用万用表电阻档测量 BK45（A）/1 端子（高压互锁信号输出）与 BK45（B）/7 端子（高压互锁信号输入）之间电阻，发现阻值为无穷大，正常情况下应 < 1.0Ω，说明互锁电路存在断路现象。

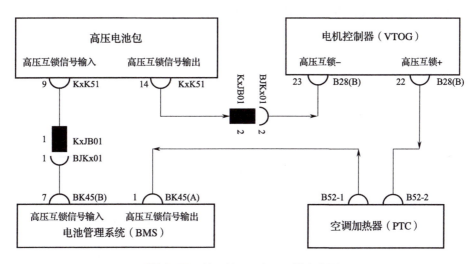

图 4-54　比亚迪 E5 高压互锁电路图

断开电机控制器（VTOG）的 B28（B）插接器，测量 BK45（B）/7 端子与 B28（B）/23 端子之间的电阻，为 0.6Ω（正常 < 1.0Ω），由此判断从电池管理系统（BMS）到电机控制器（VTOG）之间的线路是正常的。

再测量插接器 BK45（A）/1 端子与 B28（B）/22 端子之间的线路电阻值，为无穷大，据此推断线路的断点在电机控制器（VTOG）到电池管理系统（BMS）之间的线路上。

为了找到断点的具体位置，断开空调加热器（PTC）的 B52 插接器，测量 BK45（A）/1 端子与 B52/2 端子之间的电阻值，为 0.5Ω，正常。由此判断从空调加热器（PTC）到电池管理系统（BMS）之间的线路是正常的。

根据以上几步检测，推断线路断点位于空调加热器（PTC）至电机控制器（VTOG）之间。为了使诊断流程更加严谨，再测量空调加热器 B52/2 端子与电机控制器 B28（B）/22 端子之间线束的电阻，为无穷大，证实了此前的判断。

更换空调加热器（PTC）与电机控制器（VTOG）之间的线束，故障被排除。

注意：以上检测过程都要在断电的情况下，断开相应的插接器进行，严禁采用"背插"方式测量，避免在电路连通的情况下出现测量误差，影响故障判断。

十四、如何检修广汽传祺混合动力汽车高压互锁系统开路的故障？

一辆广汽传祺 GA5-REV 混合动力汽车，行驶里程约 4.6 万 km。据客户反映，该车组合仪表显示"系统故障，联系维修"、"EHPS（电控液压动力转向系统）失效"，而且

READY（就绪）灯不亮。

连接故障诊断仪，进入混合动力控制系统，读到以下 7 个故障码：① P0A0A13，高压互锁线开路，当前的；② P0A0B13，HVIL 反馈线开路，历史的；③ P16FC16，电池包电压过低（1级），当前的；④ P16FC34，电池包电压过低（2级），当前的；⑤ P166496，高压电池初始化错误，当前的；⑥ U10C181，HVIL 线断开，当前的；⑦ P166900，BMS emergency（突发事件）线断开，当前的（图 4-55）。

序号	控制器	硬件号	软件号	零件号	故障码	故障类型	定义	状态
1	制动控制系统	8030009BAC020H.0	8030009BAC020S.0	8030009BAC0200			无故障码	
2	助力转向系统	3410006BAC010H??	3410006BAC010S??	3410006BAC0100			无故障码	
3	发动机管理系统	1120003BAC1100H.C	1120003BAC1100S.C	1120003BAC1100			无故障码	
4	辅助安全系统	8040003BAC000H???	8040003BAC000S??	8040003BAC0000	U041881	历史的	从BCS收到的车速值无效 或者 BCS_VehSpdVD的值是无效的	28
5	电池管理系统						通讯异常	
6	前驱电机	152007BAC000H.0	152007BAC000S.4	152007BAC0000			无故障码	
7	混动控制系统	1110003BAC0300H.C	1110003BAC0300S.C	1110003BAC0300	P0A0A13	当前的	高压互锁线开路	8B
8	混动控制系统	1110003BAC0300H.C	1110003BAC0300S.C	1110003BAC0300	P0A0B13	历史的	HVIL反馈线开路	0A
9	混动控制系统	1110003BAC0300H.C	1110003BAC0300S.C	1110003BAC0300	P16FC16	当前的	高压电池电池包电压过低（1级）	0B
10	混动控制系统	1110003BAC0300H.C	1110003BAC0300S.C	1110003BAC0300	P16FC34	当前的	高压电池电池包电压过低（2级）	0B
11	混动控制系统	1110003BAC0300H.C	1110003BAC0300S.C	1110003BAC0300	P166496	当前的	高压电池初始化错误	0B
12	混动控制系统	1110003BAC0300H.C	1110003BAC0300S.C	1110003BAC0300	U10C181	当前的	HVIL线断开	0B
13	混动控制系统	1110003BAC0300H.C	1110003BAC0300S.C	1110003BAC0300	P166900	当前的	BMS emergency线断开	0B
14	集成启动发电机	152007BAC000H.0	152007BAC000S.0	152007BAC0000			无故障码	

图 4-55　读到的故障码

该车 READY 灯不亮，说明无法上高压电。根据故障码、结构原理及维修经验分析，应该排查高压互锁回路的状况。

在混合动力汽车上，通常利用低压 12V 信号来检测高电压部件及其导线的完整性，所以全车的高压电器及插接器都串联在高压互锁回路中。广汽传祺 GA5-REV 混合动力汽车 HVIL 原理如图 4-56 所示。

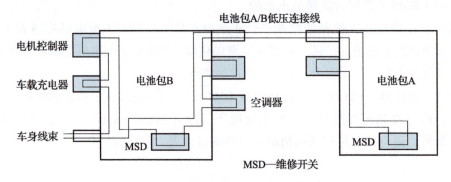

图 4-56　传祺混合动力汽车 HVIL 原理图

对照高电压系统电路图，逐一检查高压控制盒（HCU）控制单元、车载充电器、碰撞开关、电机控制器和电池管理系统等的工作状况，步骤如下：

（1）关闭电源开关（OFF 档） 断开 HCU 控制单元的白色插接器，利用万用表测量 HCU63# 端子的对地电压，为 12V，说明前发动机舱电器盒熔丝 EF16→仪表电器盒熔丝 F25→仪表电器盒熔丝 F42→仪表电器盒继电器 R10 这一路的连接是正常的。

（2）关闭电源开关（OFF 档） 断开 HCU 控制单元的黑色插接器，利用万用表测量 HCU24# 端子的对地电压，为 12V，说明电池管理系统→车载充电器→碰撞开关→电机控制器这一路的连接是正常的。

（3）检测车载充电器 使用万用表测量车载充电器的输出端 C#、D# 电压，结果线路导通，说明车载充电器正常。

（4）检测碰撞开关 使用万用表测量碰撞开关插接器的 1#、3# 端子电压，有 12V 电压，据此判断从电机控制器到碰撞开关之间的线路正常（如果发现碰撞开关弹起，应当按下开关，因为在正常状态该开关呈闭合状态）。

（5）检测电机控制器 使用万用表测量电机控制器白色插接器（图 4-57）的 7# 端子，有 12V 电压，说明电机控制器前面节点的状态正常。

（6）检查电池管理系统（图 4-58） 拆开动力电池（即图中的电池包）B 左侧的低压插头，使用万用表测量端子 8# 和 12#（电池一端）间的电压，导通，说明电池管理系统高压互锁回路正常；拆开动力电池 B 右侧的低压插头，使用万用表测量端子 10# 和 11#（低压电缆插接器）间的电压，发现不导通，据此判断电池包 A 的高压互锁回路失常。

图 4-57 电机控制器的白色插接器

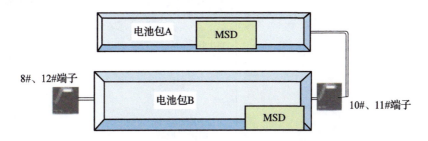

图 4-58 电池管理系统互锁连接简图

更换电池包 A，然后试车，故障彻底排除。

高压互锁回路失常是混合动力汽车较为常见的故障，为了少走弯路，建议做好以下前期排查工作：①检查动力电池的维修开关是否松动；②检查碰撞开关是否弹起；③检查前机舱电器盒 EF16 熔丝的状态。

十五、如何检修奥迪功率电子单元的故障？

以奥迪 e-tron 混动车的功率电子单元为例，它的全称是"用于电力驱动模式的电力电子装置及控制电子装置"，简称功率器件、功率电子装置，大众奥迪称之为"JX1"。

1. 主要功能

JX1 是一种具有处理高电压、大电流能力的功率型半导体器件，在整车电力驱动系统中起着能量转换器的作用，它控制从动力电池 AX2 到驱动电机 VX54 的能量流（即驱动电机所用的三相交流电是由功率电子单元输送的），并且在驱动电机上调节所需的转矩。JX1 还通过内置的变压器 A19 对 12V 车载电网提供支持。JX1 采用 150~460V 的工作电压，可以供应 530A 或者 260A 的有效相电流，功率密度为 30kW/L。

2. 基本结构

奥迪的功率电子单元被设计成通用件，适用于多种车型。功率电子单元安装在驱动电机上，位于驾驶人侧、动力总成和轮罩之间。JX1 内部有 3 个功率模块，由硅片围成一个脉冲振动子换流器，装入模块支架内。在模块支架内，功率模块被双面冷却。

JX1 的重量约 10.5kg，保护等级相当于 IP6K9K 或者 IP67。JX1 的铝制壳体内包含多种高电压组件和电力驱动组件，它们是：①驱动电机控制单元 J841；②温度传感器；③1 个直流转换器（288V/12V）；④用于电机的双向直流/交流变压器；⑤配电箱；⑥2 个用于连接来自动力电池线路的高电压接口；⑦3 个用于连接至驱动电机线路的高电压接口；⑧1 个用于连接至空调压缩机线路的高电压接口；⑨12V 车载电网低电压接口；⑩集成安装的冷却系统，带有连接至低温冷却回路的接管；⑪配有安全插接器的安全线路。所有部件均由驱动电机控制单元 J841 控制（图 4-59）。

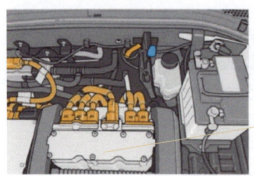
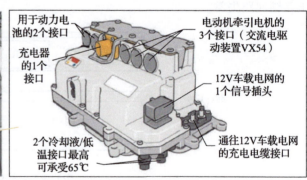

图 4-59 奥迪混合动力汽车功率电子单元的安装位置及主要接口

3. 常见故障

奥迪 A6L e-tron 混合动力汽车的常见故障是无法行驶，现列举两个故障案例。

（1）黄色变速器故障警告灯报警，车辆无法行驶 一辆奥迪 A6L e-tron 混合动力汽车，组合仪表提示"电动驱动；系统故障；安全停住汽车"（图 4-60），并且黄色变速器故障警告灯点亮报警，汽车无法行驶。停驶 10min 后，警告灯熄灭，行驶恢复正常。

图 4-60　组合仪表显示存在故障

进行试车，故障再现。

连接故障诊断仪检测，在诊断地址"51"内读到以下故障码：

① P060600，控制单元损坏，被动 / 偶发；

② P0E3300，DC/DC 变换器电压传感器 1 对地短路，被动 / 偶发。

该车引导性故障查询测试计划提示：功率电子控制装置故障，需要更换。

（2）奥迪 A6L e-tron 无法行驶，驾驶人信息中心出现红色报警　连接专用诊断仪，读到以下故障码：

① PA09400，DC/DC 变换器电源丢失，主动 / 静态；

② U041100，电力电子装置控制单元，电驱动装置不可信信号，主动 / 静态。

根据故障码分析，认为汽车无法行驶的原因是 12V 蓄电池严重亏电，导致 12V 电网瘫痪。更换 12V 蓄电池，汽车可以起动。但是在试车过程中，又出现 12V 蓄电池电量过低的报警。

再次试车，在行驶中测量 12V 蓄电池的电量，发现一直在下降，由于 12V 蓄电池电量过低，汽车停驶。

根据电路图分析，12V 蓄电池由功率电子单元内部的 DC/DC 变换器充电，因为功率电子单元内部的 DC/DC 变换器间歇性不工作，不给 12V 蓄电池充电，所以电量过低。

更换功率电子单元，故障被排除。

十六、怎样检修奥迪混合动力汽车行驶中自动停车的故障？

一辆奥迪 Q5 混合动力汽车，搭载自动变速器，行驶里程 16 590km。客户反映车辆在行驶过程中自动停车，无法继续行驶。

经试车检查，确认车辆无法行驶，仪表盘多个故障灯点亮。连接故障诊断仪，记录并清除所有系统的故障码，然后起动车辆，发现故障消失，仪表显示恢复正常。

开始认为是偶发性故障，打算把汽车交给客户使用。但是客户重申，这种现象已经出现多次，在其他 4S 店维修过，也是采取清除故障码的方式，但是行驶 80 ~ 100km 时，仪表盘上首先报混合动力电驱故障,然后 ABS 灯、转向盘灯、轮胎气压灯等指示灯点亮,车辆随即熄火,起动后又马上熄火。

将汽车开回维修站,当行驶 90km 左右时,客户反映的混合动力电驱故障出现了,大约几分钟后仪表盘上多个指示灯点亮,车辆随即熄火。

连接专用故障诊断仪 VAS6150B,读到以下 7 个故障码:

P0A0A00,高电压系统的先导线路短路,偶发;

P0A8D00,14V 供电电压过低,偶发;

P0A0E00,高电压系统的先导线路断路,偶发;

P16CA00,控制单元被停用,偶发;

U140000,功能故障,由于电压不足,偶发;

VAG00446,由于电压过低造成功能受限,偶发;

VAG00532,供电电压未达到下限,偶发。

以上故障信息大部分指向"电压过低",分析可能的故障原因是:发电机故障、电池管理系统损坏、电驱系统故障、高压电路故障、蓄电池故障等。

按程序切断高压电,然后检查各条高压线,无短路、断路、锈蚀现象,各插接器接触良好。

重新恢复各线路,然后通过诊断仪测试发电机的性能,证实发电机性能良好。

故障码 P0A8D00 指向 14V 蓄电池电压过低,可能是出现电力驱动故障以后,发电机到蓄电池的充电电路被切断,车辆一直使用蓄电池和动力电池的电能,行驶一段时间后,这两个蓄电池的电能消耗殆尽,使汽车无法继续行驶。

该车的充电原理如图 4-61 所示,从图中可以看出:无论动力电池还是低压蓄电池,所有充电、放电都要经过功率电子单元 JX1。

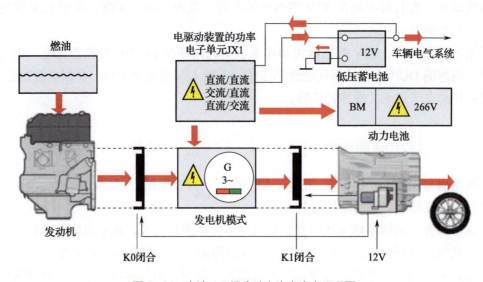

图 4-61 奥迪 Q5 混合动力汽车充电原理图

因为该车的高压线路、低压线路以及发电机性能经检测都正常，所以怀疑电力驱动装置失常，造成发电机发出的电能无法传输出去，从而导致电池亏电。

检查功率电子单元的相关线路，正常。尝试更换功率电子单元 JX1，然后试车，汽车恢复正常。将车辆交付客户使用一个星期后电话回访，反馈报修的故障没有再出现。

本故障的形成机理是：功率电子单元 JX1 损坏，造成发电机发出的电能无法传输出去，所以当故障出现时，检查动力电池和低压蓄电池，均显示电量过低，最终导致多个故障灯点亮，汽车行驶中自动停车。

十七、电动汽车的充电系统有什么特点？

充电系统是电动汽车不可缺少的子系统之一，它的功能是将公共电网的交流电转化为直流电，进而充入动力电池，并且当电池电量充满后自动停止充电。

1. 充电系统主要结构

电动汽车的充电系统由充电设备（充电桩）、充电接口和充电线以及车载充电器等三大部分构成，还包括高压配电箱、电池管理系统以及动力电池（图4-62）。

（1）充电桩　它一头连着公共电网，另一头通过充电枪，将汽车与电网连接起来，然后按照操作说明，进行插卡、输入密码、起动等一系列操作后，完成交流或者直流充电工作。

电动汽车充电桩的功能相当于燃油汽车的加油机。

1）固定式充电桩：由专门的企业经营。

2）便携式充电器：购买电动汽车或者混合动力汽车时，经销商会配给一套便携式充电器（又称为便携式充电桩、移动充电包），它主要是一条充电线，任何有220V交流电源插口的地方都可以充电，体积和重量较小，使用方便，其结构如图4-63、图4-64和图4-65所示。

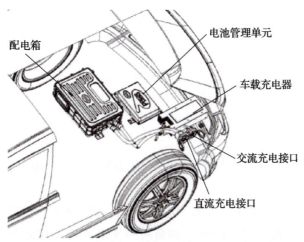

图 4-62　比亚迪 E6 充电系统主要部件的车上位置

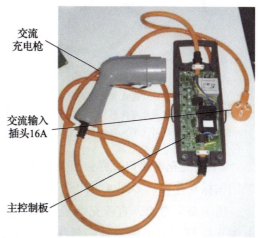

图 4-63　便携式充电器

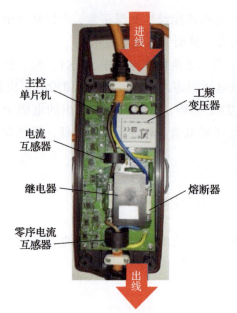

图4-64 便携式充电器主控制板的结构

（2）充电接口　为了保证电动汽车充电过程的安全和高效，接触式充电必须使用特定的充电接口。

1）交流充电接口式样：交流充电属于普通充电（即"慢充"），一般使用220V交流电源，采用国标7孔插座，目前只使用了5根线（图4-66）。

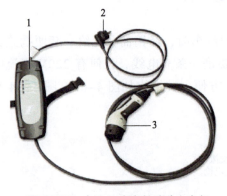

图4-65　宝马i3汽车的移动充电包　　　　图4-66　比亚迪E5交流充电接口插头

1—供电设备（即"集成式电缆箱"）
2—用于连接家用插座的插头
3—用于连接电动汽车充电接口的充电枪

2）直流充电接口式样：直流充电属于快速充电（即"快充"），使用较高的直流电压，采用国标9孔接口（图4-67）。

出于安全考虑，直流充电接口端子的连接和断开顺序如下：连接时，保护接地→直流电源正极与直流电源负极→低压辅助电源正极→低压辅助电源负极→充电通信；在断开时，顺序与连接时相反。

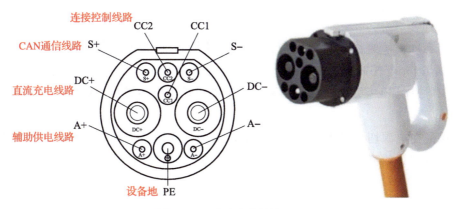

图 4-67　直流充电的接口图

3）充电接口所处位置：不同电动汽车充电接口的位置略有不同，有的车型充电接口布置在汽车的侧面（燃油汽车加油口位置），有的布置在汽车的前方（车标后面）。

比亚迪 E6 电动汽车的充电接口（图 4-68）位于车身左侧外围板上，其中左边是直流充电接口（380V），右边是交流充电接口（220V）。既可以连接直流充电桩，用 100A 或者 30A 的电流给动力电池充电，又可以连接交流充电桩或家用 220V 交流电插座，对电动汽车进行交流充电。

图 4-68　比亚迪 E6 电动汽车的充电接口

像传统汽车打开燃油箱盖一样，按压充电接口盖，或者操作遥控钥匙上的开锁按钮，就可以使充电接口盖开锁。

（3）车载充电器（图 4-69）　它属于电力电子半导体器件，AC/DC 逆变器安装在壳体内。车载充电器应满足汽车安全充电的要求，还通过控制导线与车载网络建立通信。这样可以安全启动充电过程，并与其他控制单元之间交换数据，例如最大充电电流等。

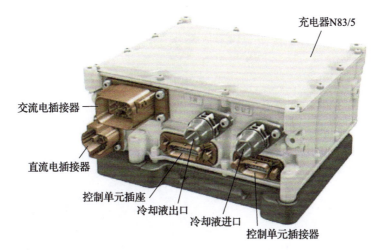

图 4-69　奔驰 S 级（222）混合动力汽车的车载充电器

2. 充电系统的控制

以丰田奕泽 EV 为例，直流充电控制系统使用直流充电器插接器（直流 EV 充电器电缆分总成）、充电控制 ECU 总成、系统主接触器（SMR）、直流充电继电器（DCRB、DCRG）、EV 控制 ECU，通过充电站直流充电器对动力电池进行快速充电，不通过车载充电器。

为了保证在电源切断时不会因为突然断电对电气模块造成高电压冲击，充电系统设置了软关断控制器，给高压负载一个卸载时间，当钥匙从 ON 位转到关闭位置时，高压电源会延迟 3s 断电。

3. 充电系统故障案例

一辆比亚迪"唐"无法充电。连接诊断仪检测，读到故障码"P158200，H 桥故障"（图 4-70）。

分析该故障的产生原因，大致有以下几方面：①车载充电器软件故障；②充电系统线路故障；③车载充电器故障；④车载充电器熔丝（30A）烧蚀。

连接设备 VDS1000，将车载充电器软件的版本更新至 3.00.09，但是故障没有排除。

图 4-70 故障码

检查充电系统的线路，未发现异常。将车载充电器进行替换，然后测试车辆，仍然无法充电。

再次连接 VDS1000，此时读到故障信息：P157216，车载充电器直流侧电压低。

于是检查车载充电器的熔断器，发现熔丝已经烧蚀。更换车载充电器的熔断器，故障被排除。

十八、交流充电与直流充电有哪些区别？

1. 充电接口不同

电动汽车的交流充电和直流充电两种方式的充电接口是不一样的，如图 4-71 所示，左边是直流充电接口，9 孔；右边是交流充电接口，7 孔。

图 4-71 电动汽车标准充电接口及盖板

2. 直流充电不经过车载充电器（图 4-72）

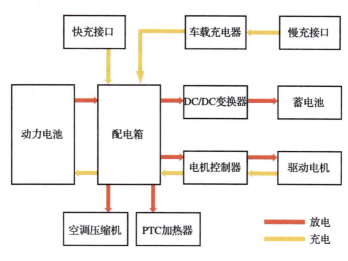

图 4-72 电动汽车高压电系统控制示意图

3. 充电原理不同

（1）交流充电 交流充电是充电桩输出交流电，通过车载充电器转换成直流电，然后给动力电池充电。

国家标准 GB/T18487.1—2015 电动汽车传导充电系统给出了交流充电的控制导引电路图（图 4-73），其原理是：当充电接口（插头）完全连接后，开关 S1 从 +12 V 连接状态切换至 PWM 信号（脉冲宽度调制信号）状态，供电控制装置通过测量检测点 1 的电压来判断充电连接装置是否完全连接，汽车控制装置通过测量检测点 2 的 PWM 信号来判断供电设备的供电能力，确认充电连接装置已经完全连接。

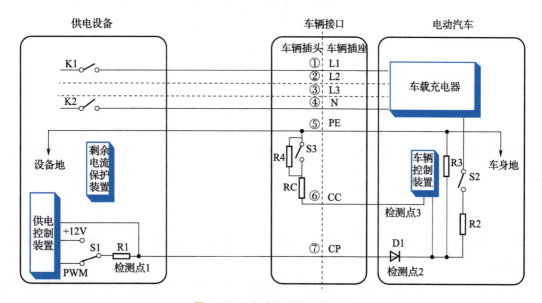

图 4-73 交流充电的工作电路

电动汽车的交流充电大致需要经历以下 6 个过程。

1）连接确认：当充电枪与汽车的充电接口连接后，检测点 3 与 PE 之间的电阻值，它是汽车控制装置判断充电枪与充电接口是否完全连接的依据。配备有电子锁的汽车在确认完全连接后，电子锁在开始充电前锁定充电枪，并保持到充电结束。

2）控制引导：在确认充电接口已完全连接且充电设备无故障后，供电控制装置发出脉冲宽度调制（PWM）信号，通过开关 S1 传出。此时，供电控制装置负责测量检测点 1 的电压，这是充电连接装置是否完全连接的判断依据。而汽车的控制装置则通过测量检测点 2 处的 PWM 信号，判断充电连接装置是否正常连接。

3）能力匹配：电动汽车与充电桩之间需要进行充电能力匹配，在确保安全的前提下，达到最高的充电效率。在匹配时，充电设施当前可以提供的最大充电电流（I）由检测点 2 的 PWM 信号（占空比）来决定。

4）启动充电：在充电连接装置已经完全连接并得到汽车控制装置确认后，BMS 被唤醒，它设定车载充电器最大允许的输入电流，并启动充电。

5）过程监测：在充电过程中，当供电设备的供电能力发生波动时，汽车的控制装置实时测量检测点 2 的 PWM 信号变化，随之调整充电电流，从而实现对充电设施周期性供电能力的监测，确保在能力无法匹配时及时停止充电，以免系统损坏。

6）结束控制：在充电过程中，当 BMS 监测到动力电池充电已满，或者达到汽车设置的结束条件、操作人员发出了停止充电的指令时，开关 S2 断开，车载充电器停止充电。

简言之，交流充电的过程是：连接充电枪→提供充电感应信号（CC）→车辆提供直流 12V 电压→BMS 与车载充电器交互信息→BMS 吸合车载充电接触器（继电器）→充电开始（图 4-74）。

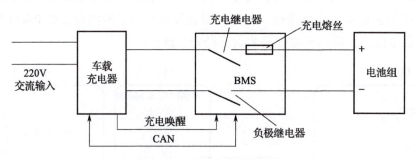

图 4-74 交流充电控制策略

（2）直流充电 直流充电是利用充电桩自带的充电器，输出高压直流电，直接给动力电池充电，不通过车载充电器（图 4-75）。

4. 充电功率不同

交流充电的功率较小，目前有 7kW、22kW、40kW 三种功率规格；充电速度较慢，需要 6~10h。

直流充电的功率较大，目前有 45kW、60kW、120kW、150kW、180kW 五种直流充电功率规格；充电速度较快，只需 0.5~2h。

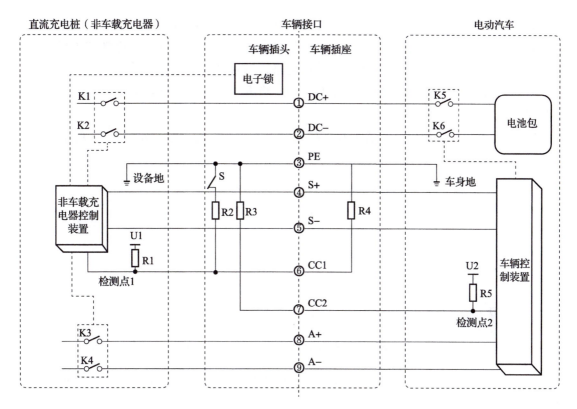

图 4-75 直流充电桩与电动汽车的连接图

十九、如何更换奔驰 EQC 纯电动汽车的车载充电器？

奔驰 EQC 作为奔驰首款纯电动 SUV 备受瞩目，于 2019 年年底上市。奔驰 EQC 纯电动 SUV 提供了快充接口和慢充接口，快充接口设置在右后翼子板处，官方宣称在快充模式下，奔驰 EQC 的动力电池可以在不超过 45min 的时间内从 10% 充电至 80%。不过前提条件是，快充需要功率达到 74kW 或以上才能实现，这意味着快充必然对充电桩有比较高的要求。而慢充接口位于车尾的右下角，该车配备的是 7.4kW 的车载充电器（AC 充电器），它位于汽车行李舱内饰板下方，如图 4-76 所示。具体的充电时间并没有数据公布，大约需要 11h 充满。新款奔驰 EQC 配备了功率更强的车载充电器，功率达到 11kW，充电速度更快。

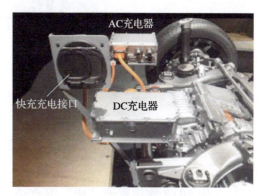

图 4-76 车载充电器

车载充电器是高电压部件，在进行更换作业时要严格遵守厂家规定的操作流程，并采取必要的高压安全防护措施。

1）将汽车停放平稳之后，关闭点火开关，打开前机舱盖，取下前机舱上方的盖板。

2）断开高压断电开关，然后用安全锁具加以锁止，并由专人保管安全锁具的钥匙。

3）取下低压蓄电池的上护罩，拆卸空调滤清器，然后断开低压蓄电池的负极线，并对蓄电池负极进行绝缘防护，避免意外接触电路，最后放置断电警示牌。

4）打开行李舱，拆卸行李舱内饰板。戴上绝缘手套，断开车载充电器与直流充电连接装置的高压电缆，如图4-77所示。

5）排放全车的冷却液，然后拆卸车载充电器上的冷却液管路，如图4-78所示。

图4-77 拆卸车载充电器与直流充电连接装置的高压电缆　　图4-78 拆卸车载充电器冷却液管路

6）拆卸车载充电器与直流充电连接装置的低压电缆插头，拆卸车载充电器的固定螺栓，然后取下车载充电器，如图4-79所示。

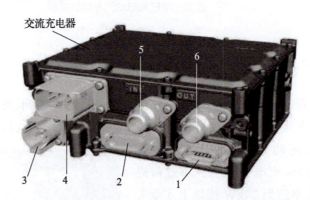

图4-79 车载充电器（N83/11—动力电池交流充电器）
1—车载电子设备连接　2—未分配　3—直流充电连接装置高压连接
4—交流充电的高压连接　5—冷却液供给管　6—冷却液回流管

二十、如何检修比亚迪"唐"混合动力汽车空调加热器的故障？

一辆2017款比亚迪"唐"混合动力汽车，搭载2.0T燃油发动机和2个永磁同步电机。据客户反映，某天汽车刚充完电，突然电动模式不能行驶，仪表盘显示"请检查动力系统"（图4-80），只得切换到"HEV"（油电混合）模式，汽车能够行驶。再试图转换到电动模式，又不能行驶。

该车是电动四驱型，有3个驱动动力，分别是发动机、前电机和后电机。2个驱动电机分别安装在汽车的前轴和后轴上，与发动机配合，实现适时四轮驱动。

连接比亚迪专用诊断设备，检测电池管理系统 BMS，读到 2 个故障码，一是"P1A3400，预充失败故障"；二是"P1C0500，后驱动电机控制器高压欠压"。

检测电机控制器（FDM），数据流提示"前驱动电机状态，关闭"，如图 4-81 所示。

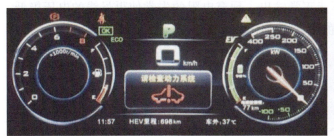

图 4-80　仪表盘报警　　　　　　　图 4-81　显示前驱动电机为"关闭"状态

由于该车刚充完电，此时动力电池 SOC 指示 98%。分析"预充失败"和"高压欠压"的原因，可能是汽车不能正常"上电"。图 4-82 是该车动力系统结构图，动力电池通过高压配电箱，向前电机控制器、后电机控制器供电，同时向空调电动压缩机等供电。

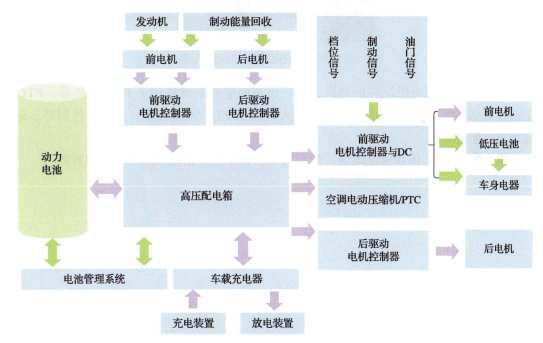

图 4-82　比亚迪"唐"的动力系统结构图

使用专用检测仪读取 BMS 数据，电池总电压为 719V，正常；读取前驱动电机控制器、后驱动电机控制器内部母线的电压，都只有 69V。这两个电压应该相差很小，为什么有高达六百多伏的差距呢？

对汽车执行"上电"，并且在"上电"瞬间观察 BMS 的数据，发现动力电池的负极接触器以及预充接触器都能正常吸合，但是前、后驱动电机控制器母线的电压仍然很低，无法达到预充电压要高于动力电池额定电压 2/3 的要求,即电机控制器母线的电压应该达到 485V。可能是这一原因,导致汽车无法用 EV 模式运行。

拆下配电箱,逐一检测配电箱内的负极接触器、主接触器、预充接触器、预充电阻器等部件,发现预充电阻的阻值为无穷大(图 4-83),正常电阻为 200Ω,因此确认预充电阻被烧断了,造成动力电池的电量不能正常输出。预充电阻的失常使得母线的电压极低,所以无法驱动电机旋转,造成了该车的电动模式不能运行。

图 4-83　检测预充电阻器,电阻为无穷大

接下来排查预充电阻损坏的原因,发现该车的空调系统使用了 PTC 加热器,PTC 属于正温度系数的发热元件,消耗电功率较大。测量 PTC 加热芯体,发现已经损坏,最终导致预充电阻烧坏。

更换 PTC 加热芯体和预充电阻,然后试车,该车无电动模式的故障得以排除。

第五章
检修技巧

一、维修电动汽车应当采取哪些防触电措施?

为了确保安全,维修电动汽车一定要严格执行高电压安全操作规程。必须将高电压系统切换为无电压状态,并且防止未经准许的部件再次试运行。禁止对带电的高压部件进行操作。

具体来说,在实施维修之前、汽车发生事故后以及执行涉及高电压组件的每个工作步骤之前,都必须采取严格的防触电措施,断开电动汽车的电源(图 5-1),并且将断开记录放在车内的显眼位置,以免人员遭受电击危害。

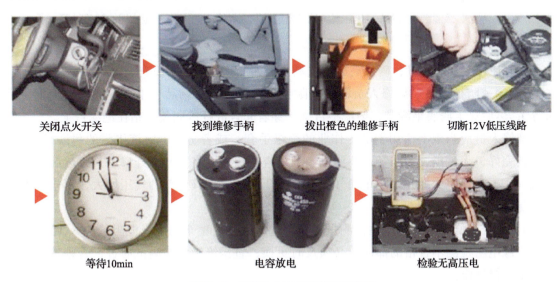

图 5-1 维修动力电池前的断电程序

1)关闭点火开关,让汽车电气系统进入休眠状态,将钥匙移至智能钥匙的探测范围之外。

2)拔出橙色的维修手柄,并且锁死高压安全开关,以防重新插入。

以奔驰 C 级插电式混合动力汽车为例，可以断开行李舱中的高电压切断装置，并且用"接通锁"（图 5-2）锁上，防止在接通点火开关时，高电压电气设备重新启用。

3）切断 12V 低压线路。在行李舱内断开 12V 铅酸蓄电池的负极线，保证车上没有低压电，此时可以听到动力电池高压继电器释放的声音。

4）等待高压电容器放完电。拔下维修开关以后，必须等待 10min 或更长时间，让高压电容器自行放电（图 5-3），并且观察仪表的显示，直到组合仪表显示"高压系统已断开"，方可继续下一步操作。其原因是：在电机控制器和高压电路变频器总成内有几个电容器，每当电池组的主接触器闭合时，动力电池对电容器充电，在电池组的母线上会产生高达 1 000A 的反向电流，这种浪涌电流远大于接触器的承受能力（250A 左右），因此需要 5~10min 的等待时间，等释放完这些电荷，电容器两极的电压下降到人体安全电压（36V）以下，才能接触高电压回路，否则容易造成剩余电荷触电事故。

图 5-2 奔驰 C 级混合动力汽车高电压系统的"接通锁"（打开位置）

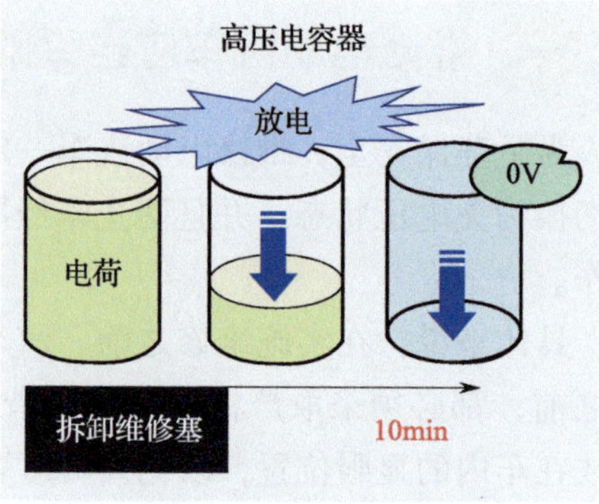

图 5-3 电容器的卸荷时间

最好使用万用表测量，确认高压线线端（例如变频器端子）没有高电压。

5）穿戴防护设备。维修人员需要摘除身上所有的金属物品（手表、戒指、钢笔、手机等），然后穿上胶底绝缘鞋，佩戴护目镜，穿着非合成纤维服装，站在绝缘台上。

维修人员应当戴上适用于电工作业的绝缘手套，或者防止电解液飞溅的耐酸碱手套，确认其完好，无破损，不漏气，不漏电。其检查方法是：将手套的开口密封，然后对手套内充气，再夹紧手套的开口防止漏气，最后按压手套，使其内部的气压增大，再检查手套是否漏气。

6）检查维修工具的绝缘性，测量整车的绝缘性能。整车的绝缘电阻值应 > 100Ω/V。对于绝缘电阻检测不合格的部件，必须及时更换，直至绝缘性能测试通过，否则禁止执行下一步维修操作。

7）再次检测动力电池正极与负极端的电压，其对地应无电压（或电压 < 3V），方可进行相关的检查和修理。

总之，检测高压电路时，首先要关闭点火开关，拔出钥匙，断开低压辅助蓄电池的负极，然后将维修开关断开；实施各项检修时都必须戴绝缘手套、穿绝缘鞋、使用绝缘工具，严格按照规范进行操作。

二、维修开关的功能和结构是怎样的？

维修开关又称为检修用连接器、维修塞、维修手柄、紧急开关，它是电动汽车上的一种特殊开关，为了便于识别，所以其外表呈现显眼的橙色。

维修开关的功能是手动将动力电池组分成两半，这样能够临时降低动力电池系统的输出电压，有利于确保维修期间的人身安全。

维修开关的布置一般有两种形式，一种是布置在动力电池组的正极，另一种是布置在动力电池组的中间（图5-4）。

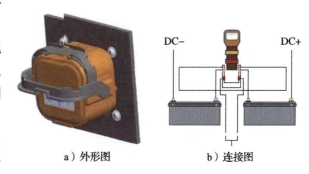

a）外形图　　　　b）连接图

图 5-4　维修开关

1. 进口大众途锐混合动力汽车的维修开关

该车的维修开关安装在电气箱的橙色盖子下方，移除电气箱的橙色橡胶盖后即可看到（图5-5）。

（1）基本功能　大众汽车检修用连接器是动力电池内两个蓄电池列之间的电气连接器。当断开该连接器时，蓄电池电路的连接被切断，高电压系统内的残余电压消失，此时高电压系统不带电。切记：在使用金属拆装工具（或带有锐利边缘的工具）对高电压组件进行操作，或者在高电压组件附近进行作业时，必须将检修用连接器断开。

（2）断开方法　将上半部分推向一侧，并将其向上翻折，就可以分离并断开检修用连接器（图5-6），此时两个蓄电池列之间的串联连接被断开。

图 5-5　进口大众途锐混合动力汽车检修用连接器所处位置（连接状态）

图 5-6　进口大众途锐混合动力汽车检修用连接器处于断开位置

可以从支架上拆卸整个检修用连接器。

断开维修用连接器后，必须进行检查，以确认系统是否已经断电。

当需要重新启用高电压系统时,可以将检修用连接器装回原位。

(3)在检修用连接器内,安装有一根服务于高电压系统的熔断器(图 5-7)当通过的电流达到 125A 时,该熔断器会熔断。更换时,需要拆下检修用连接器上部的盖罩。

2. 比亚迪电动汽车的维修开关

该车的维修开关位于行李舱内(图 5-8),它连接动力电池的一个正极和一个负极。

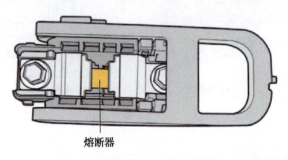

图 5-7　进口大众途锐混动车检修用连接器内的熔断器　　图 5-8　比亚迪 F3DM 车的维修开关

凡是在维修高压电路之前,必须按压维修手柄的锁扣,用力拔出维修手柄,以确保高压电路断开。要求将维修开关放在维修人员自己的衣袋里,防止其他人员插上维修开关,引发人身触电事故。

在正常状态下,该维修开关的手柄处于水平位置。需要拔出时,可以将手柄旋转至竖直位置,再向上拔出;需要插上时,应当沿竖直方向用力向下插入,再将手柄旋转至水平位置(图 5-9)。

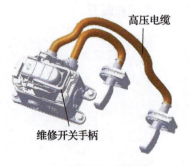

a)手柄处于水平位置　　b)手柄处于竖直位置

图 5-9　比亚迪电动汽车的维修开关

3. 使用注意事项

1)当需要断开高压电路时,在一般情况下,应当操作电动汽车启动按钮,使之切换到 OFF 位。只有在进行维修作业以及存在漏电危险等特殊情况时,才使用维修开关,在非特殊情况下不允许对维修开关进行操作。

2)拔下维修开关后,必须妥善保管,直至检修完毕,避免被别人误操作。

三、电动汽车维修前后需要做哪两项工作?

1. 让汽车进入"维护模式"

以丰田混合动力汽车为例,每当进行维护、检修以及年检时,需要长时间运转发动机,还要禁用驱动防侧滑功能,为此应使汽车进入"维护模式"(又称为"检查模式")。不使用诊断仪激活维护模式的方法如下。

1)将电源模式切换到 IG-ON 状态。

2)将变速杆置于 P 位,然后踩下和松开加速踏板,一共 2 次。

3)踩下制动踏板,将变速杆换至 N 位,再踩下及松开加速踏板 2 次。

4)踩下制动踏板,将变速杆换至 P 位,再踩下及松开加速踏板 2 次。

5)踩下制动踏板,按下起动按钮,使发动机运转,等待组合仪表显示"保养模式"字样(图 5-10),或者显示"AWD MAINTENANCE MODE"(维护模式,图 5-11),同时 VSC(车身稳定控制)和 TRC(牵引力控制)功能关闭,表明汽车已经进入维护模式。

图 5-10 组合仪表显示"保养模式"

图 5-11 组合仪表显示"维护模式"

6)丰田混合动力汽车分为两驱型和四驱型,以上方法仅适用于两驱型汽车,例如雷克萨斯 ES300H、CT200H、GS450H、NX300H 等,以及凯美瑞尊瑞汽车。对于四驱车型(例如雷克萨斯 LS600H),只需要将上述步骤 2)~步骤 4)中踩下及松开加速踏板的次数改为 4 次即可(图 5-12)。

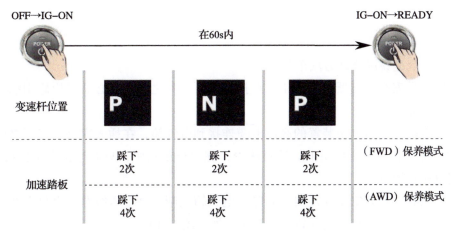

图 5-12 丰田混动车"维护模式"的激活方法

2. 需要执行相关的匹配和标定

例如，在执行下列维修作业——拆装了驱动电机、拆装了混合动力发电机（HSG）、更换了电机控制模块（MCU）之后，需要使用专用诊断仪执行电机位置传感器的校准程序。

一辆比亚迪"唐"100 电四驱、插电式混合动力汽车，在更换前驱动电机控制器后，EV 模式无法使用，组合仪表显示"EV 功能受限"。

根据故障现象分析，该车 EV 功能无法使用的原因主要有 4 方面：①前驱动电机故障；②电机控制器失常；③未对相关的执行元件进行标定；④安装及线路问题。

匹配和标定程序如下：

1）连接专用诊断设备 VDS2000，对更换的前驱动控制器进行匹配，匹配成功。

2）进行系统扫描，发现前驱动电机、后驱动电机以及 DC/DC 变换器总成都是消极应答。初步判断是在装配过程中，某个元件装配不到位，例如线束没有安装到位、插接器端子退针、线束未装配等。

3）在复查过程中，发现由于之前的维修装配疏忽，有一根搭铁线未安装。对搭铁线进行复原安装，然后试车，但是故障依旧。

4）再次使用 VDS2000 对各模块进行扫描，发现前、后驱动电机控制器及 DC/DC 变换器总成模块可以扫描到，但是在前驱动电机控制器读到 2 个故障码，分别为：P1B9F00—电池包配置未写入，P1BA000—巡航配置未写入。

5）分析这两个故障码，可能是在更换前驱动电机控制器及匹配成功后，未对相关执行器进行标定写入，导致系统无法正常工作。

6）于是使用 VDS2000 对动力电池和巡航系统进行标定，然后试车，故障未再出现。再次对所有模块进行扫描，没有发现任何故障码，故障被排除。

对于比亚迪"唐"100 汽车，在更换驱动电机控制器后，需要执行以下六项标定：①电机控制器密码清除；②电机控制器编程；③倾角标定；④制动深度信号标定；⑤动力电池标定；⑥巡航标定。以上六项一个都不能少。

四、怎样断开混合动力汽车的高电压线路？

1. 在现场关闭高电压系统的方法

以进口大众途锐混合动力汽车为例。

（1）脱开带安全插接器的机械锁　在执行此项操作之前，务必断开检修用插接器，而且必须由经认证的高压电工执行。

如果要将接至电力电子装置的高压电缆连接到电气箱，在插入安全插接器之前，必须转动锁钩，将其扣在两个插头上。这意味着，在安全线路中，只有连接安全插接器以后，才会对高电压系统供电。

反之，只有先断开安全插接器，才能从电气箱上断开高电压线路。也只有此时，才能将锁钩向后转动翻折，从而断开高压电缆插接器（图 5-13）。

由于必须先断开安全插接器，所以安全线路被切断，蓄电池控制单元（J840）通过保护继电器将两个电池列断开。因此在断开高压电缆时，高压电缆的接头处不再有电压，也不会发生触电事故。

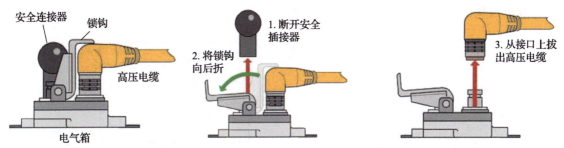

图 5-13　大众途锐脱开带安全插接器的机械锁的次序

（2）关闭点火锁　其原理是：在插入点火钥匙后，即发出"已插入点火钥匙"这一信息，点火锁要求高压系统切换到行驶准备模式。对蓄电池控制单元而言，"已插入点火钥匙"信息是一个必要条件，这样该控制单元才能激活用于将动力电池接入到高电压系统的保护继电器。因此，拔出点火钥匙后，蓄电池控制单元会自动将动力电池从高电压系统隔开。

（3）切断蓄电池控制单元　当点火开关打开，接线端 15 一旦接通，蓄电池控制单元就闭合接触器。反之，如果断开蓄电池控制单元的供电，则接触器也断开。车载电网关闭，意味着高电压系统也关闭。

在以下情况下，蓄电池控制单元会断开接触器：①点火开关关闭；②安全线路分离；③座椅安全带预张紧器触发；④安全气囊触发；⑤从车载电网断开了 12V 蓄电池。

2. 判断是否真正断开了高压电的方法

以凯雷德汽车为例，关闭点火开关，拔出点火钥匙，拆下高压手动断开开关，并与点火钥匙一起放置在安全的地方，同时断开 12V 蓄电池连线。

在拆卸高压手动断开开关后，可以执行以下测量，判断是否真正断开了高压电。

1）将数字式万用表设置为直流档，然后测量动力电池电缆的端电压（图 5-14）。

测量高压直流正极端子 3 和高压直流负极端子 4 之间电压，应低于 3V。如果测试结果电压高于 3V，说明电机控制器内的电容器仍在放电。然后佩戴绝缘手套，安装电缆盖，等待 5min，再拆下电缆盖并重新执行此步骤。

同样，高压直流正极端子 3 至汽车底盘搭铁、高压直流负极端子 4 至底盘搭铁之间电压都应低于 3V，否则说明高压接触器存在故障。

2）使用数字式万用表，分别测量高压手动断开开关端子 1 至高压直流正极端子和负极端子（3、4）间的电压，都应当低于 3V，否则说明高压接触器存在故障。

再使用数字式万用表，分别测量高压手动断开开关端子 2 至高压直流正极端子和负极端子（3、4）间的电压，也应当低于 3V，否则说明高压接触器存在故障。

如果以上测试结果均低于 3V，才可以从动力电池总成处拆下 300V 直流电缆。

3）为了确认电机控制器的高压连接处不存在高压电，需要连接数字式万用表，测量高压直流正极 1 端子与高压直流负极 2 端子之间、高压直流正极 1 端子至汽车底盘搭铁之间、高压直流负极 2 端子至底盘搭铁之间的电压（图 5-15）。如果所有测试结果均低于 3V，才可以从电机控制器总成处拆下连接电缆。

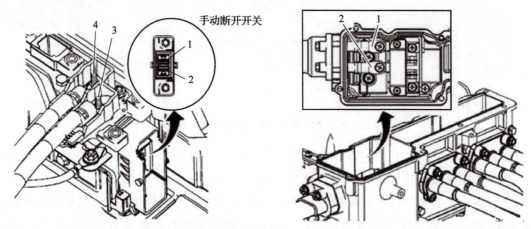

图 5-14　凯雷德汽车动力电池电缆的端电压测量点　　图 5-15　凯雷德汽车电机控制器电缆的电压测量点

五、怎样执行特斯拉纯电动汽车高压应急断电程序？

新能源汽车采用的驱动方式是将动力电池的高压电能转化为机械动能，在汽车内部设置有较多的高压电器，因此新能源汽车的安全问题显得格外重要。

在正常运行情况下，关闭汽车点火开关即可完成高压下电操作。但是当新能源汽车发生故障或事故等突发事件时，单纯关闭点火开关可能很难断开高压电路，容易引发高压电漏电、车辆起火等安全事故。为了应对突发事件下的高压断电，很多新能源汽车设置了应急断电装置。当出现意外情况时，需要按照厂家的要求，及时进行高压断电操作。下面以特斯拉 Model 3 为例加以说明。

1）特斯拉 Model 3 汽车在前机舱左侧设置了高压应急断电装置，如图 5-16 所示。

2）当出现无法按正常的操作流程断开汽车的高压电路时，可以打开前机舱盖，找到应急断电装置，然后断开高压应急断电装置的线束插头，或者用工具直接剪断贴有警告标志的线束，如图 5-17 所示。

图 5-16　高压应急断电装置　　　　　　　图 5-17　断开高压应急断电装置

六、如何检修奥迪 A6L 混动车“三电”系统的故障?

1. 动力电池故障

一辆奥迪 A6L 插电式混合动力汽车，组合仪表 e-tron 灯报警（红色），并且显示“电动驱动，系统故障，安全停止汽车”字样，汽车无法起动。

连接专用诊断仪检测，进入诊断地址“008C”（动力电池控制单元），读到故障信息“U01A700：蓄电池单格模块控制单元 8 无通信”，主动 / 静态（图 5-18）。

地址: 008C 系统名: 8C - 混合蓄电池管理 协议改版: UDS/ISOTP (Ereignisse: 10)

[-] **识别:**

硬件零件号:	4GD915233A
零件号:	4GD915233B
硬件版本号:	H08
软件版本号:	0141
制造日期:	23.11.2016
编码:	
编码:	[+]0000
可擦写性:	未知
系统名称:	BMC_PHEV_PL57
ASAM 基本型号:	BV_BatteEnergContrModulUDS
ASAM 2D/ODX 数据记录:	EV_BECM0842071
ASAM 2D/ODX 数据记录版本:	001004
使用的 ASAM/ODX 控制单元型号:	EV_BECM0842071_001
目标数据库:	------------
目标数据库版本:	----
装备代码:	00 00 00 00 00 00 00 00 00 00 00 00
系统简称:	J840

[-] **故障存储器记录:**

故障存储器记录

编号:	U01A700: 蓄电池单格模块控制单元 8 无通信
故障类型 2:	主动/静态
症状:	4379
状态:	10101111

[-] **标准环境条件:**

日期:	18-5-6
时间:	12:07:20
里程（DTC）:	121
优先等级:	2
频率计数器:	1
遗忘计数器/驾驶周期:	255

[+] **高级环境条件:**

故障存储器记录

编号:	U01A700: 蓄电池单格模块控制单元 8 无通信
故障类型 2:	主动/静态
症状:	4623
状态:	10101111

图 5-18　故障详细信息

该车引导性故障查询测试计划提示检查动力电池。读取动力电池的测量数据块——电压数据，发现单格电池异常。

该车动力电池由 8 个模块组成，每个模块内有 13 个单格电池，因此整个动力电池有 8 × 13=104 个单格电池。

再次读取动力电池的测量数据块，发现动力电池模块 8 内的 13 个单格电池无电压，而其他蓄电池模块的电压均为 3.90V（图 5-19 和图 5-20）。

	Cell_01	Cell_02	Cell_03	Cell_04	Cell_05	Cell_06	Cell_07	Cell_08	Cell_09	Cell_10	Cell_11	Cell_12	Cell_13	
蓄电池模块1	3.90	3.90	3.90	3.90	3.90	3.90	3.90	3.90	3.90	3.90	3.90	3.90	3.90	Cell_01—Cell13
蓄电池模块2	3.90	3.90	3.90	3.90	3.90	3.90	3.90	3.90	3.90	3.90	3.90	3.90	3.90	Cell_14--Cell_26
蓄电池模块3	3.90	3.90	3.90	3.90	3.90	3.90	3.90	3.90	3.90	3.90	3.90	3.90	3.90	Cell_27--Cell_39
蓄电池模块4	3.90	3.90	3.90	3.90	3.90	3.90	3.90	3.90	3.90	3.90	3.90	3.90	3.90	Cell_40--Cell_52
蓄电池模块5	3.90	3.90	3.90	3.90	3.90	3.90	3.90	3.90	3.90	3.90	3.90	3.90	3.90	Cell_53--Cell_65
蓄电池模块6	3.90	3.90	3.90	3.90	3.90	3.90	3.90	3.90	3.90	3.90	3.90	3.90	3.90	Cell_66--Cell_78
蓄电池模块7	3.90	3.90	3.90	3.90	3.90	3.90	3.90	3.90	3.90	3.90	3.90	3.90	3.90	Cell_79--Cell_91
蓄电池模块8	无显示	无显示	无显示	无显示	无显示	无显示	无显示	无显示	无显示	无显示	无显示	无显示	无显示	Cell_92--Cell_104

	Cell_01	Cell_02	Cell_03	Cell_04	Cell_05	Cell_06	Cell_07	Cell_08	Cell_09	Cell_10	Cell_11	Cell_12	Cell_13	
蓄电池模块1	76%	76%	76%	76%	76%	76%	76%	76%	76%	76%	76%	76%	76%	Cell_01—Cell13
蓄电池模块2	76%	76%	76%	76%	76%	76%	76%	76%	76%	76%	76%	76%	76%	Cell_14--Cell_26
蓄电池模块3	76%	76%	76%	76%	76%	76%	76%	76%	76%	76%	76%	76%	76%	Cell_27--Cell_39
蓄电池模块4	76%	76%	76%	76%	76%	76%	76%	76%	76%	76%	76%	76%	76%	Cell_40--Cell_52
蓄电池模块5	76%	76%	76%	76%	76%	76%	76%	76%	76%	76%	76%	76%	76%	Cell_53--Cell_65
蓄电池模块6	76%	76%	76%	76%	76%	76%	76%	76%	76%	76%	76%	76%	76%	Cell_66--Cell_78
蓄电池模块7	76%	76%	76%	76%	76%	76%	76%	76%	76%	76%	76%	76%	76%	Cell_79--Cell_91
蓄电池模块8	76%	76%	76%	76%	76%	76%	76%	76%	76%	76%	76%	76%	76%	Cell_79--Cell_104

图 5-19　动力电池模块 8 内的 13 个单格电池无电压显示

```
单元92                                            Voltage_Cell_92
 -无显示-
 Not_valid_65535
  -无显示-                              无效
  Cell_voltage_Textual                 无效
单元93                                            Voltage_Cell_93
 -无显示-
 Not_valid_65535
  -无显示-                              无效
  Cell_voltage_Textual                 无效
单元94                                            Voltage_Cell_94
 -无显示-
 Not_valid_65535
  -无显示-                              无效
  Cell_voltage_Textual                 无效
单元95                                            Voltage_Cell_95
 -无显示-
 Not_valid_65535
  -无显示-                              无效
  Cell_voltage_Textual                 无效
单元98                                            Voltage_Cell_98
 -无显示-
 Not_valid_65535
  -无显示-                              无效
  Cell_voltage_Textual                 无效
单元99                                            Voltage_Cell_99
 -无显示-
 Not_valid_65535
  -无显示-                              无效
  Cell_voltage_Textual                 无效
单元100                                           Voltage_Cell_100
 -无显示-
 Not_valid_65535
  -无显示-                              无效
  Cell_voltage_Textual                 无效
单元101                                           Voltage_Cell_101
 -无显示-
 Not_valid_65535
  -无显示-                              无效
  Cell_voltage_Textual                 无效
单元102                                           Voltage_Cell_102
 -无显示-
 Not_valid_65535
  -无显示-                              无效
  Cell_voltage_Textual                 无效
单元103                                           Voltage_Cell_103
 -无显示-
 Not_valid_65535
  -无显示-                              无效
  Cell_voltage_Textual                 无效
单元104                                           Voltage_Cell_104
 -无显示-
```

图 5-20　异常单格电池的电压数据

又读取动力电池的测量数据块——电量及温度，显示温度正常。

综合以上检测，最后认定动力电池内部故障。更换整个动力电池，汽车起动恢复正常。

2. 驱动电机故障

一辆奥迪 A6L e-tron 混合动力汽车,在车辆加速时,组合仪表出现报警"电动驱动,系统故障,安全停止汽车",随后汽车无法起动。

连接故障诊断仪检测,在诊断地址"51"(功率电子模块)中读到以下故障信息:

P0A6200——行驶电机 V 相电流过高,被动/偶发;

P0A6500——行驶电机 W 相电流过高,被动/偶发;

P0C5700——牵引电机 2 转子位置传感器 1 对地短路,被动/偶发。

该车的引导性故障查询测试计划提示:转子位置传感器 G713 故障,需要更换。由于该传感器集成在电驱动牵引电机内,如果更换牵引电机总成 VX54,费用太高。

该车的三相交流牵引电机(三相交流驱动机构)VX54 由以下几部分组成:①电驱动行驶电机 V141;②行驶电机温度传感器 G712;③行驶电机转子位置传感器 1G713。

除了检查牵引电机的转子位置传感器 1 本身外,还需要检查牵引电机 VX54 与功率电子单元(JX1)之间的通信信号线是否正常。

试着拉扯线束,检查牵引电机与功率电子模块之间的通信信号,当时未发现问题,但是故障仍然存在。

再次检查该线束,终于发现其中一根从 JX1 到 VX54 的蓝白线有轻微磨破现象(图 5-21),至此找到了该故障发生的根本原因。

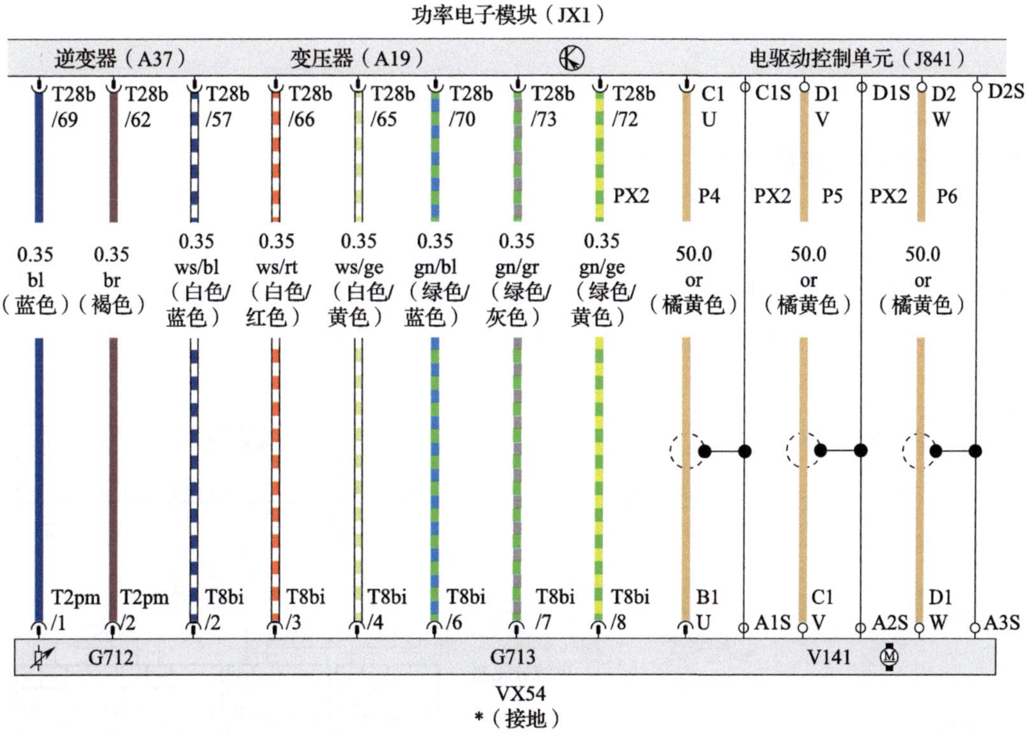

图 5-21 通信信号线电路图(VX54 为三相交流牵引电机)

修复驱动电机转子位置传感器的信号线线束,故障被排除。

本故障是由于行驶电机转子位置传感器 1 的信号线(蓝白色)与发动机舱内的支撑物接触,在加速行驶过程中反复刮碰,造成对地短路,所以故障灯报警,继而汽车无法起动。

3. 功率和电子模块故障

一辆奥迪 A6L 混动车,组合仪表显示"电动驱动,系统故障,安全停止汽车",并且变速器故障警告灯报警,汽车无法行驶。

试车确认故障,该故障再现。等待 10min,汽车恢复正常,警告灯熄灭,可以正常行驶。

连接专用诊断仪检测,在诊断地址"51"内存储了以下故障信息:

P060600—控制单元损坏,被动/偶发。

P0E3300—DC/DC 变换器电压传感器 1 对地短路,被动/偶发。

引导性故障查询测试计划提示:功率和电子模块(JX1)故障。

更换功率和电子模块(JX1)(图 5-22),经过试车,确认故障已经排除。

图 5-22 奥迪功率和电子模块(JX1)的外形

七、怎样排查东风御风电动汽车的绝缘报警故障?

以东风御风纯电动轻型客车为例。

1. 绝缘报警的基本原理

该车型高电压回路的构成如图 5-23 所示,按照部件的安装位置分为汽车前舱部分和汽车后部两大部分。前舱有电机系统、配电箱、充电系统及附件;在汽车后部,有电

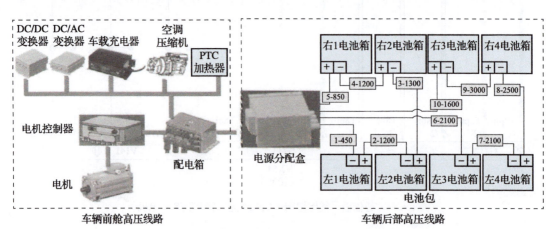

图 5-23 东风御风纯电动轻型客车高电压回路构成示意图

源分配盒和 8 个电池箱（即电池组），处于汽车的底部。该车电池模块采用外部并串联的接线方式，考虑到线路简化及成本控制，只在总正和总负回路上各设置了控制继电器，没有设置维修开关。

这款纯电动客车的绝缘电阻最低报警值设定为 500 kΩ，由电池管理系统（BMS）承担检测任务，当检测到的绝缘电阻值低于 500kΩ 时，BMS 将对应的故障码上报给上位机，由组合仪表显示故障码和点亮警告灯。一旦组合仪表显示了故障码或点亮警告灯，表示汽车出现了绝缘故障，必须马上进行检修，以免发生人身伤害事故。

2. 绝缘报警故障初步检查

1）如果组合仪表能正常显示，并能反映是否有故障，说明 BMS 的绝缘监测系统工作正常。

2）如果组合仪表显示绝缘无连接，也有对应的故障码，应该检查低压控制线路是否连接正常。如果低压电缆端插接器的端子松脱或扭曲，有可能导致连接失效。

3）排除低压连接线路问题后，再检查 CAN 总线的通信状况，测量终端电阻的阻值（正常是 60Ω），如果测量值为 40Ω，说明信号被削弱，导致 CAN 通信不正常。

4）如果组合仪表明确显示绝缘有故障，说明绝缘电阻过低。绝缘故障通常发生在高压回路。

3. 绝缘报警故障排查步骤

1）选择合适的举升机或地沟，以便在汽车底部进行检修。

2）在车底找到电源分配盒，拔掉电源分配盒，连接配电箱的高压电缆插接器，这样高电压回路在此处被分隔成前部和后部两个部分。

3）打开电源分配盒的盒盖，用绝缘电阻表分别测量各电池箱的正极、负极对车体的绝缘电阻，称为绝缘值 a；再用绝缘电阻表测量被拆下的、连接配电箱的高压电缆上的正、负极分别对车体的绝缘电阻，称为绝缘值 b。

4）如果绝缘值 a 低于报警电阻阈值，而绝缘值 b 正常，说明绝缘故障发生在后部的电池箱端，反之故障发生在前部的配电箱端。如果绝缘值 a 和 b 均过低，说明前部和后部都存在绝缘故障。

5）如果绝缘故障发生在后部的动力电池箱端，可以拔掉电池组的所有进线，即电池组进入电源分配盒的正负极线，此时电源分配盒是孤立的，没有连接。再测量电源分配盒母线对车体的绝缘电阻，如果电阻过低，说明电源分配盒有故障。

6）依次测量其他电池箱的正极、负极对车体的绝缘电阻，如果过低，说明对应的电池箱有绝缘问题，需要查找电池本身的原因。

7）如果绝缘故障发生在前部的高压配电箱端，可以依次拔掉配电箱的高压负载接线，包括驱动电机、DC/DC 变换器、空调压缩机、PTC 加热器、电动水泵、充电器等的连线，再测量配电箱内的总正、总负端对车体的绝缘电阻。如果拔掉上述某个负载接线后，绝缘电阻正常了，说明该负载存在绝缘故障。

八、如何判断北汽电动汽车的高压系统是否漏电？

对于北汽电动汽车，如果连接故障诊断仪读到以下故障码，说明其高压系统可能存在漏电故障。① P100001，内部母线电压过高；② U210001，两路直流高压检测偏差过大；③ U210002，输出高压过高；④ U210003，高压输出电流过大；⑤ U210004，高压输出短路；⑥ U210101，交流输入电压过高。

北汽电动汽车高压系统的关联电器如图 5-24 所示。

检查和诊断该车高压系统漏电的步骤如下。

1. 检查接线盒正极的高压电缆

1）使起动开关的电源模式处于 OFF 状态。

2）拆卸维修开关。

3）断开直流母线（动力电池侧）线束插接器 EP41（图 5-25）。

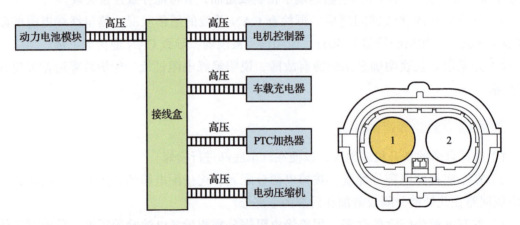

图 5-24　北汽电动汽车高压系统的关联电器框图　　图 5-25　线束插接器 EP41

4）用绝缘电阻表测量 EP41 的 1 号端子与车身接地之间的电阻，标准电阻 ≥ 20MΩ。

5）如果测量值不符合标准，请执行第 2 步；如果测量值符合标准，请转至第 3 步。

2. 检查电机控制器、车载充电器、PTC 加热器、电动压缩机、充电接口正极的对地电阻

1）使起动开关的电源模式处于 OFF 状态。

2）拆卸维修开关。

3）按照上面的方法，用绝缘电阻表依次测量电机控制器、车载充电器、PTC 加热器、电动压缩机、充电接口正极与车身接地之间的电阻，标准电阻 ≥ 20MΩ。

注意：测试时应当断开其他电器的高压插接器。

4）如果测量值不符合标准，请修理或更换相应的故障部件；如果测量值符合标准，请执行下一步。

3. 检查接线盒负极的高压电缆

1）使起动开关的电源模式处于 OFF 状态。

2）拆卸维修开关。

3）断开直流母线（动力电池侧）线束插接器 EP41。

4）用绝缘电阻表测量 EP41 的 2 号端子与车身接地之间的电阻，标准电阻 ≥ 20MΩ。

5）如果测量值符合标准，请转至第 5 步；如果测量值不符合标准，请执行第 4 步。

4. 检查电机控制器、车载充电器、PTC 加热器、电动压缩机、充电接口负极的对地电阻

1）使起动开关的电源模式处于 OFF 状态。

2）拆卸维修开关。

3）按照上述方法，用绝缘电阻表依次测量电机控制器、车载充电器、PTC 加热器、电动压缩机、充电接口负极与车身接地之间的电阻，标准电阻 ≥ 20MΩ。

注意：测试时应当断开其他电器的高压插接器。

4）如果测量值不符合标准，请修理或更换故障部件；如果测量值符合标准，请执行下一步。

5. 检查动力电池正极的高压电缆

1）使起动开关的电源模式处于 OFF 状态。

2）拆卸维修开关。

3）断开直流母线（接线盒侧）线束插接器 EP42（图 5-26）。

4）用绝缘电阻表测量 EP42 的 2 号端子与车身接地之间的电阻，标准电阻 ≥ 20MΩ。

5）如果测量值不符合标准，请执行下一步。

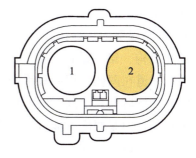

图 5-26　连接接线盒端的线束插接器 EP42

6. 检查动力电池负极的高压电缆

1）使起动开关的电源模式处于 OFF 状态。

2）拆卸维修开关。

3）断开直流母线（接线盒侧）线束插接器 EP42。

4）用绝缘电阻表测量 EP42 的 1 号端子与车身接地之间的绝缘电阻，标准电阻 ≥ 20MΩ。

5）如果测量值不符合标准，请修理或更换动力电池负极的高压电缆；如果测量值符合标准，需要更换动力电池。

九、怎样测量电动汽车高压部件的绝缘电阻？

使用绝缘电阻表测量高压部件的绝缘电阻，目前有两种绝缘电阻表可供选择。一种是

传统的手摇式绝缘电阻表,即依靠手摇发电机产生1 000V的电压,来检测电路的绝缘情况。另一种是数字式绝缘电阻表,它利用电感储能变换原理产生最高1 000V的电压。数字式绝缘电阻表能将9V直流电池的电压转换成250V、500V或者1 000V直流电压,能直接显示绝缘电阻值,使用起来既方便又直观。建议使用数字式绝缘电阻表的500V电压档检测电动汽车高压部件的绝缘性能。

下面以采用FLUKE1587C型绝缘电阻表(图5-27)为例,说明检测北汽EV200电动汽车高压部件绝缘性能的方法。

图5-27 FLUKE1587C型绝缘电阻表

1)在汽车顶上放置警示牌,确认驻车制动器处于拉紧状态,点火开关处于"OFF"位。

2)使用专用工具拆卸蓄电池的负极线。拆卸后,用绝缘胶带缠绕负极电缆接头及负极桩,避免两者相互接触。

3)拆卸动力电池的高压维修开关。拆卸后要封住接口,以免杂物进入。拆下的维修开关要妥善保管。

4)举升汽车,并做到"锁、稳、平"。所谓"锁"是指汽车升到高位后,要锁好保险装置;"稳"是指汽车在上升、下降过程中必须平稳;"平"是指使汽车保持水平,如果倾斜会导致车辆重心偏离,在检测过程中容易发生滑移、倾覆事故。

5)按照规范的步骤拆卸各高压部件电缆的插接器。该车高电压系统的插接器一般有三道锁止机构,第一道在下部,是个拨片,将其拨出,听到"咔"的一声表示解锁成功。第二道、三道在两侧,用一只手的手指按住两边的锁扣,另一只手的大拇指和食指按住下方的锁扣,然后两只手同时向外用力拔。在向外拔出时,用力方向要垂直于结合面,可以轻微地摇动,但是幅度不能过大。在安装时,首先让后两道保险锁锁到位,听到"咔"的响声后,最后按压拨片。如果拨片不能按到位,说明前两道保险锁没有锁到位,应当重新操作。

6)先使用放电器对正极、负极端子进行放电(若无放电器,需静置10min以上),再使用绝缘电阻表测量各高压部件及电缆的绝缘电阻。现行绝缘电阻检验标准见表5-1。

表5-1 电动汽车高压部件绝缘电阻检验标准

测量对象	标准参数
动力电池端正极、负极输出端子	>500MΩ
动力电池电缆端正极、负极输出端子	>500MΩ
车载充电器正极、负极	>20MΩ
电动空调压缩机正极、负极	>20MΩ
PTC正极、负极	>500MΩ
电机控制器正极、负极	>20MΩ

7）检测时仪器的连接方法。

① 检测动力电池电缆端正极、负极的绝缘性。黑表笔接触车身，红表笔逐个测量动力电池输出插座的正极、负极（图5-28）。

② 检测车载充电器正极、负极的绝缘性。黑表笔接触车身，红表笔分别测量高压接线盒（11芯）插头的E（正）端、F（负）端（图5-29）。

图5-28　动力电池电缆端正极、负极　　　　图5-29　高压接线盒的11芯插头

③ 检测DC/DC变换器正极、负极的绝缘性。黑表笔接触车身，红表笔分别测量高压接线盒插头的A（正）端、G（负）端。

④ 检测空调电动压缩机正极、负极的绝缘性。黑表笔接触车身，红表笔分别测量高压接线盒插头的C（正）端、H（负）端。

⑤ 检测PTC正极、负极的绝缘性。黑表笔接触车身，红表笔分别测量高压接线盒插头的B端（正）、D端（A组负极）、J端（B组负极）。

⑥ 检测电机控制器正极、负极的绝缘性。黑表笔接触车身，红表笔逐个测量电机控制器电缆插头的B端（正）、A端（负）（图5-30）。

图5-30　电机控制器电缆插头的端子

十、排查比亚迪"秦"高压系统漏电有什么技巧？

根据维修比亚迪"秦"的经验，该车的2#、4#、6#、8#电池模组、橙色电缆、漏电传感器以及连接线束比较容易发生漏电故障。为此需要根据动力电池的结构原理（图5-31），对照整车电路图，采取"隔离法"进行检修，先排除漏电传感器线路异常的可能，再确认是ON电时报漏电故障，还是上OK电时报漏电故障。

1. ON电时报漏电故障

可以初步判断为动力电池漏电。具体哪个电池模组漏电，需要根据以下流程排查。建议多几次上ON电，确认是否每次都在ON电时报漏电故障。

1）将电源开关置于OFF档，拔掉8#电池模组接触器的插接器（图5-32），再上ON电，然后连接诊断仪读取系统的故障信息。

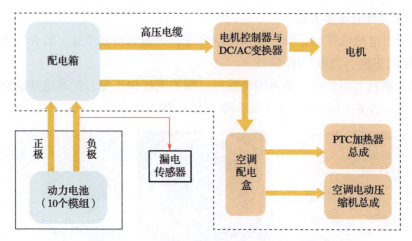

图 5-31 比亚迪"秦"高电压系统控制原理图

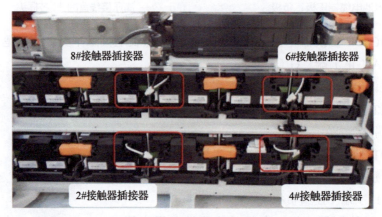

图 5-32 比亚迪"秦"部分电池模组接触器插接器的位置

如果不漏电了，说明 8#、9#、10# 电池模组漏电（根据经验，8# 电池模组故障率较高）；如果仍然漏电，可以排除 8#、9#、10# 电池模组故障，需要检查 1#~7# 电池模组。

2）将电源开关置于 OFF 档，拔掉 6# 电池模组接触器的插接器，再上 ON 电，然后连接诊断仪读取系统的故障信息。

如果不漏电了，说明 6#、7# 电池模组漏电（根据经验，6# 电池模组故障率较高）；如果仍然漏电，则排除 6#、7# 电池模组故障，需要检查 1#~5# 电池模组。

3）将电源开关置于 OFF 档，拔掉 4# 电池模组接触器的插接器，再上 ON 电，然后连接诊断仪读取系统的故障信息。

如果不漏电了，说明 4#、5# 电池模组漏电（根据经验，4# 电池模组故障率较高）；如果仍然漏电，则排除 4#、5# 电池模组故障，需要检查 1#~3# 电池模组。

4）将电源开关置于 OFF 档，拔掉 2# 电池模组接触器的插接器，再上 ON 电，然后连接诊断仪读取系统的故障信息。

如果不漏电了，说明 2#、3# 电池模组漏电（根据经验，2# 电池模组故障率较高）；如果仍然漏电，则排除 2#、3# 电池模组故障，判定 1# 电池模组漏电。

2. 上 OK 电时报漏电故障

可以初步判断为动力电池以外的高压模块漏电。具体哪个高压模块漏电，需要执行以下流程检查：

1）将电源开关置于 OFF 档，先断开维修开关，再断开空调电动压缩机高压电缆的插头，然后装回维修开关，上 OK 电，并连接诊断仪读取系统的故障信息。如果不漏电了，说明空调电动压缩机漏电；如果仍然漏电，说明空调电动压缩机正常，继续排查其他高压模块。

2）将电源开关置于 OFF 档，先断开维修开关，再断开 PTC 高压电缆的插头，然后装回维修开关，上 OK 电，并连接诊断仪读取系统的故障信息。如果不漏电了，说明 PTC 漏电；如果仍然漏电，说明 PTC 正常，继续查找其他高压模块。

3）将电源开关置于 OFF 档，先断开维修开关，再断开空调配电盒输入端的高压电缆插头（图 5-33），装回维修开关，上 OK 电，然后连接诊断仪读取系统的故障信息。如果不漏电了，说明空调配电盒及电缆漏电；如果仍然漏电，说明空调配电盒及电缆正常。

按照以上方法，继续依次断开剩余的高压模块，逐个判断哪个模块漏电，或者哪条高压电缆漏电，直到找到故障点为止。

图 5-33 空调配电盒及高压电缆

3. 排查漏电故障注意事项

1）判定某个高压模块或高压电缆漏电后，建议将它们的插头插回去，检验故障是否重现，以避免误判。

2）每次断开带高压互锁的高压部件时，需要先短接高压模块端的互锁开关，然后上 OK 电，再判断漏电情况。

3）该车型电池模组的互换规律是：1#、3#、5# 可以互换，2#、4# 可以互换，6#、8# 可以互换，7#、9# 可以互换。

4）检修高压系统漏电故障时，必须采取触电保护措施。

十一、奔驰 S400 混合动力汽车不能起动如何检修？

一辆奔驰 S400 混合动力汽车，搭载 272.974 型发动机，722.950 型变速器，行驶里程约 8.8 万 km。客户报修发动机无法起动。

接车后，多次尝试起动发动机，都没有反应。连接专用设备 STAR-DAS 进行故障诊断，获得以下信息：

1）发动机电子设备（ME）控制单元（N3/10）存储了两个故障码："U011000，与电动机 A 控制单元的通信存在功能故障,当前";"U011081,与电动机 A 控制单元的通信存在功能故障,接收到错误的数据,当前"。

2) SG-EM 功率电子控制单元(N129/1)存储了故障码"P0A1E00,功率电子装置控制单元部件存在故障,当前"。

3) SG-DDW 的 DC/DC 变换器控制单元(N83/1)存储了两个故障码:"P0A0E00,高压车载电网的联锁回路存在偶发性功能故障,已存储";"U010000,与发动机电子设备(ME)控制单元的通信存在故障,当前"。

4) SG-BMS 蓄电池管理系统控制单元(N82/2)存储了故障码"U011000,与电动机 A 控制单元的通信存在功能故障,当前"。

综合分析以上信息,故障原因有以下几方面:相关线路故障;功率电子控制单元故障;电池管理系统控制单元失常;发动机电子设备控制单元故障;混合动力控制器局域网失常。

对各控制单元的供电熔丝、搭铁点以及高低 CAN 线的电压进行测量,未发现异常;测量混合动力 CAN 电位分配器(X30/44)插接器(位于前部带熔丝和继电器 SAM 模块 N10/1 之后)端子 1 与端子 2 之间的电阻,为 59.5Ω,正常(标准值 55~65Ω)。

故障诊断仪引导提示检测控制单元的电阻,对照图 5-34 所示的电路图,测量 N83/1 的电阻,为 48.5kΩ;N82/2 的电阻为 49 kΩ;N3/10 的电阻为 51kΩ。空调电动压缩机(A9/5)的电阻、N129/1 的电阻也正常。

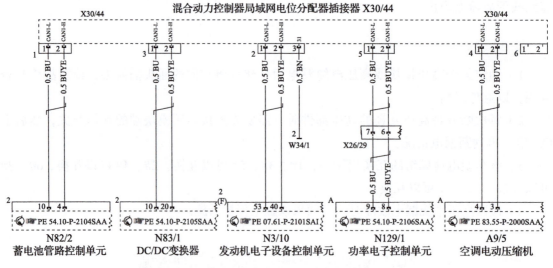

图 5-34 电位分配器插接器 X30/44 与控制单元的电路

考虑到 CAN 通信故障与无法起动具有关联性,于是对故障码 P0A0E00 进行引导检测,读到 N83/1 中高压车载电网的电压为 9.2V,因此怀疑蓄电池或蓄电池的连接有问题。

断开动力电池模块 A100 上的导线插接器观察,未发现异常,重新插回后试车,故障依旧。

接着对故障码 P0A1E00 进行引导检测,检查 N129/1(图 5-35)的软件版本,为

12.04.00，无须升级。用故障诊断仪检测 N129/1 记录的"总电容量的初始值"，为 1 037μF，正常；评估 N129/1 中记录的"总电容量的平均值"为 0μF，但正常值是 800μF。

更换 N129/1，然后进行在线编程。编程完成后重新读取 N83/1 高压车载电网的电压，为 122V（正常值为 48~150V），说明高压车载电网的电压恢复正常。重新读取故障码，所有控制单元内没有故障码存储。

再尝试起动发动机，还是不能起动，但是发现仪表显示的起动前高压电电量为 57%，按下起动按键后电量迅速下降至 0。怀疑动力电池的电量不足，于是外接充电器充电 20 min，可是故障现象仍然存在。

试着用扭力扳手转动曲轴，发现无论是顺时针还是逆时针方向都转不动，说明发动机内部存在运动干涉。于是解体发动机进行检查，发现起动发电机的磁铁绝缘块脱落（图 5-36），将线圈卡死，使转子无法转动。由于发动机的起动阻力过大，快速耗尽动力电池的电量，从而导致发动机无法起动。

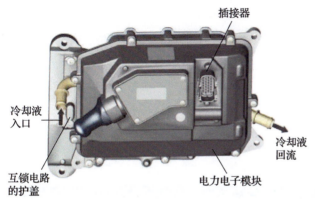

图 5-35 功率电子控制单元（N129/1）

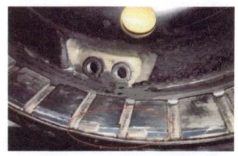

图 5-36 磁铁绝缘块脱落

更换起动发电机和功率电子控制单元（N129/1），然后在线编程，对高压车载电网进行初始化，最后试车，发动机顺利起动，故障彻底排除。

十二、雷克萨斯混合动力汽车无法起动怎样检修？

一辆雷克萨斯 ES300h 混合动力汽车，搭载 2AR-FXE 型发动机，该车因无法起动而进厂维修。

维修人员首先对故障进行确认，接通电源开关，仪表显示"检查混合动力系统"。踩下制动踏板并按下起动开关，没有任何反应，READY 灯不亮，说明故障确实存在。

使用故障诊断仪进入混合动力系统，读到 3 个故障码："P0A0D，高电压系统联锁电路高""P3107，与空气气囊控制模块失去通信""U0110，与驱动电机控制模块 A 失去通信"，而且这 3 个故障码都无法清除。

查看故障码 P0A0D 的停帧数据，其 Detail Code（详细代码）2 显示为 350，说明该故障码是第 2 个出现（图 5-37）；查看故障码 P3107 的停帧数据，其 Detail Code 4 为 214，说明该故障码是第 4 个出现；查看故障码 U0110 的停帧数据，其 Detail Code 3 为 657，说明该故障码是第 3 个出现。

于是先检查故障码 P0A0D-350。继续查看其停帧数据，发现 +B 电压为 11.8V 左右，说明系统没有处于起动状态；SMRP 等 3 个继电器都处于 OFF 状态，说明它们没有正常工作；电池 SOC after IG-ON 的状态为 59.5%，说明动力电池的电量处于正常水平；Inter Lock Switch（互锁开关状态）为 ON（图 5-38），不正常。

*N/A=Not Available

Parameter	-3	-2	-1	0	1	Unit
Temp of Batt TB1	N/A	N/A	N/A	25.0	27.1	C
Temp of Batt TB2	N/A	N/A	N/A	25.0	27.2	C
Temp of Batt TB3	N/A	N/A	N/A	25.0	27.1	C
Battery Block Vol -V01	N/A	N/A	N/A	15.99	15.21	V
Battery Block Vol -V02	N/A	N/A	N/A	15.99	15.26	V
Battery Block Vol -V03	N/A	N/A	N/A	15.99	15.28	V
Battery Block Vol -V04	N/A	N/A	N/A	15.99	15.28	V
Battery Block Vol -V05	N/A	N/A	N/A	15.99	15.21	V
Battery Block Vol -V06	N/A	N/A	N/A	15.99	15.26	V
Battery Block Vol -V07	N/A	N/A	N/A	15.99	15.26	V
Battery Block Vol -V08	N/A	N/A	N/A	15.99	15.30	V
Battery Block Vol -V09	N/A	N/A	N/A	15.99	15.23	V
Battery Block Vol -V10	N/A	N/A	N/A	15.99	15.23	V
Battery Block Vol -V11	N/A	N/A	N/A	15.99	15.26	V
Battery Block Vol -V12	N/A	N/A	N/A	15.99	15.30	V
Battery Block Vol -V13	N/A	N/A	N/A	15.99	15.23	V
Battery Block Vol -V14	N/A	N/A	N/A	15.99	15.23	V
Battery Block Vol -V15	N/A	N/A	N/A	15.99	15.26	V
Battery Block Vol -V16	N/A	N/A	N/A	15.99	15.30	V
Battery Block Vol -V17	N/A	N/A	N/A	15.99	15.21	V
Sports Mode	N/A	N/A	N/A	OFF	OFF	
Pattern Switch (PWR/M)	N/A	N/A	N/A	OFF	OFF	
Detail Code 1	N/A	N/A	N/A	0	0	
Detail Code 2	N/A	N/A	N/A	350	0	
Detail Code 3	N/A	N/A	N/A	0	0	
Detail Code 4	N/A	N/A	N/A	0	0	
Detail Code 5	N/A	N/A	N/A	0	0	

图 5-37　故障码 P0A0D 的停帧数据 1

*N/A=Not Available

Parameter	-3	-2	-1	0	1	Unit
Engine Revolution	N/A	N/A	N/A	0	0	rpm
Vehicle Spd	N/A	N/A	N/A	0	0	km/h
Engine Run Time	N/A	N/A	N/A	0	0	s
+B	N/A	N/A	N/A	11.79	11.83	V
Power Resource VB	N/A	N/A	N/A	0.0	259.0	V
Power Resource IB	N/A	N/A	N/A	0.00	0.00	A
Master Cylinder Ctrl Trq	N/A	N/A	N/A	0.0	0.0	Nm
VL-Voltage before Boosting	N/A	N/A	N/A	0	0	V
VH-Voltage after Boosting	N/A	N/A	N/A	0	0	V
Shift Sensor Shift Pos	N/A	N/A	N/A	P	P	
SOC after IG-ON	N/A	N/A	N/A	59.5	59.5	%
Stop Light Switch	N/A	N/A	N/A	ON	ON	
Inter Lock Switch	N/A	N/A	N/A	ON	ON	
SMRP Status	N/A	N/A	N/A	OFF	OFF	
SMRB Status	N/A	N/A	N/A	OFF	OFF	
SMRG Status	N/A	N/A	N/A	OFF	OFF	

图 5-38　故障码 P0A0D 的停帧数据 2

为了保证在维修过程中高压电不至于漏电伤人，该车配备了多个互锁开关，安装位置如图 5-39 所示。动力管理控制单元检测到任何一个互锁开关启用时，将切断系统主接触器，禁止高电压系统运行。

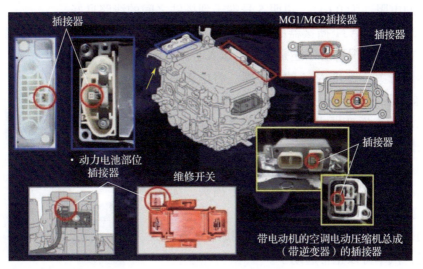

图 5-39 互锁开关的安装位置

当电源模式切换至 IG 时，动力管理控制单元（A31）检测 ILK 端子的电压，依据其属于高电位还是低电位来识别互锁开关的状态（图 5-40）。上面的数据流显示该车互锁开关的状态为 ON，说明 ILK 端子呈现高电位，而正常情况下应该处于低电位。

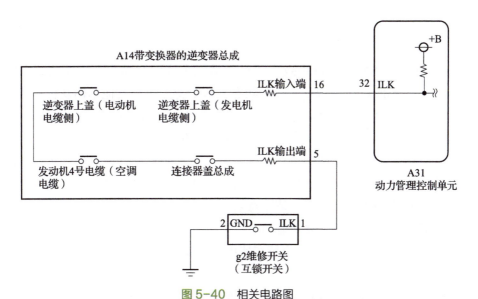

图 5-40 相关电路图

鉴于该车在之前的维修中拆装了带变换器的逆变器总成，于是检查逆变器内部的互锁开关，并无松动等异常现象。再检查维修开关（即维修塞），它安装到位，无异常。

接下来测量线路，拆下维修开关，将电源模式切换至 IG 状态，断开逆变器总成

（A14）的插接器，测量其 16 号端子的电压为 12V，说明从动力管理控制单元插接器的 32 号端子到 A14 插接器的 16 号端子之间的线路正常。测量 16 号端子与 5 号端子之间的电阻为 5.1Ω，正常，说明逆变器内的互锁开关是良好的。装回维修开关，测量 A14 的 5 号端子与搭铁间的电阻，为 0.6Ω，说明 5 号端子到搭铁之间的线路良好。

重新整理思路，A31 插接器的 32 号端子一直呈现高电位，说明从 ILK 端子到搭铁间的线路中存在断路情况，所以还是要从电压入手检查。

断开维修开关，连接 A14 的插接器，将电源模式切换至 IG 状态，测量 A14 插头 5 号端子的电压为 0V，异常。刚才已经检查逆变器内的互锁开关是良好的，那么问题只能是插头的端子虚接。

再仔细检查，发现 A14 的插接器异常，将其拔下来，果然看到一个损坏的插头碎片挡住了插头，无法完全插入，导致电路接触不良（图 5-41）。

清理损坏的逆变器插头碎片，将插接器重新插入，删除故障码，汽车可以正常起动了。

本故障的形成机理是：由于逆变器的插接器失常，导致互锁系统启动，动力管理控制单元检测到这一情况后，断开主接触器，使高压电无法进入驱动电机，最终造成电动汽车无法起动。

图 5-41 逆变器 A14 的插接器异常

十三、如何检测吉利 EV500 的低速预警系统？

由于电动汽车具备特有的静声效果，纯电动汽车或混合动力汽车在怠速和低速工况时，很难从声音上判断汽车是否处于运转状态。这个特点也给其他车辆及行人造成一定的困扰，在某种程度上会带来安全隐患。为此，从 2018 年 1 月 1 日起实施的国标 GB7258—2017《机动车运行安全技术条件》专门增加了相关的解决方案。

根据 GB7258—2017《机动车运行安全技术条件》的要求，纯电动汽车、插电式混合动力汽车在起步且车速低于 20km/h 时，应能给车外人员发出适当的提示性声响，提醒其他车辆及行人：该车处于运行状态，请注意避让。

电动汽车低速预警系统的主要功能如下：

1）当车辆静止时，无提示声；当行车速度 < 20km/h 时，汽车发出的提示声随着车速的增加而增大。

2）当车速 > 20km/h 且 < 30km/h 时，汽车提示声随车速的增加而降低。

3）当车速 > 30km/h 时，提示声自动停止。

4）当汽车倒档行驶时，发出持续均匀的警告声。对于混合动力车型，无论汽车在 D 位还是 R 位行驶，当发动机起动时，低速预警系统的提示声自动停止。

低速预警系统主要由低速预警控制器、低速预警扬声器及相关线束组成。吉利 EV500

的低速预警扬声器安装位置如图 5-42 所示。

图 5-42 吉利 EV500 低速预警扬声器安装位置

吉利 EV500 车型的低速预警系统具备电压检测功能，可以对系统的过电压、欠电压状态发出报警。当电压高于 16V 时，系统发出过电压报警；当电压回落至 15V 时，过电压报警取消；当电压低于 10V 时，系统发出欠电压报警，当电压回升至 11V 时欠电压报警取消。低速预警系统的控制电路如图 5-43 所示。

吉利 EV500 车型的低速预警控制器内部主要由电源模块、功放模块、语音模块、MCU 模块、CAN 通信模块组成，如图 5-44 所示。

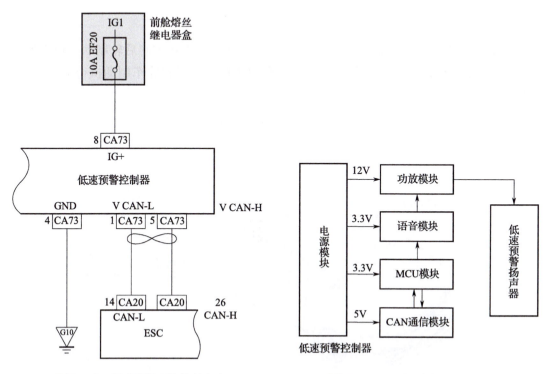

图 5-43 低速预警系统控制电路　　图 5-44 低速预警控制器内部结构

低速预警系统还具备短路检测功能，系统可对扬声器进行短路检测。当检测到扬声器短路时，会拉低功放芯片使能，使功放模块进入休眠状态，停止输出，直至短路故障被排除，该功能可以防止扬声器因短路而自燃。

低速预警控制器线束插头排列如图5-45所示。当低速预警系统出现故障后，可以根据控制电路原理并结合低速预警控制器端子定义进行检测。

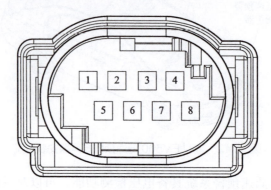

图5-45 低速预警控制器线束插头排列
1—CAN-L 通信接口　2、3、6、7—空脚　4—GND 音频输出扬声器 −
5—CAN-H 通信接口　8—IG 音频输出扬声器 +

十四、怎样标定吉利 EV500 电子驻车制动系统初始力？

1. 电子驻车制动系统 EPB 的基本结构

吉利 EV500 电子驻车制动系统 EPB 由驻车制动电机直接控制后轮制动卡钳来实现驻车功能，其主要部件包括驻车制动开关、驻车制动控制单元和驻车制动执行电机三部分，如图5-46所示。

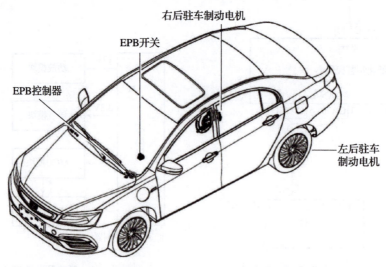

图5-46 吉利 EV500 电子驻车系统 EPB 结构

驻车制动开关位于变速杆左侧的控制面板上，向上拉动驻车制动开关时驻车制动锁止，向下按压驻车制动开关时驻车制动释放。

EPB 设置了独立的控制单元，该控制单元安装在副仪表板内侧，变速杆安装支架内的车身底板上面。该控制单元的功能是接收 EPB 开关的信息和 CAN 数据总线上的信息，经处理和分析后，对驻车制动电机进行控制。

两个驻车制动执行电机分别安装于左右后轮的制动卡钳上，该制动电机包括直流电动机和齿轮箱两部分，并且与后轮制动卡钳集成到一起。如果某部件损坏，需要更换带电机的制动卡钳总成，不能单独更换执行电机。在制动电机工作期间，电机内部没有相应的传感器检测制动片的夹紧力，而是由 EPB 控制单元控制直流电机来了解制动片的夹紧力，然后由 EPB 控制单元控制执行电机的工作状况。

2. EPB 的主要优点

1）在汽车的驱动电机关闭后，自动施加驻车制动。

2）不同驾驶人的臂力大小有差异，传统驻车制动力存在差异，而 EPB 制动力稳定，不会因人而异。电子驻车制动可以通过简单的开关操作来实现，大大提升了整车的舒适性与安全性。

3）增加了辅助起步等自动功能，占用空间较小，使汽车内部设计更加方便。

3. EPB 的工作过程

（1）静态驻车及解除　汽车在停止时，拉起 EPB 开关（无论起动开关是 ON 还是 OFF 位置，以及行车制动状态），EPB 开始工作，制动锁止车辆。释放驻车制动时，如果汽车的起动开关处于 ON 位置（驱动电机工作或不工作均可），踩下行车制动踏板，按下 EPB 开关，EPB 停止制动锁止。如果汽车的前发动机舱盖、行李舱盖以及 4 个车门都处于 OFF 状态，变速杆从 P 位移到 D 位或 R 位时，EPB 会自动释放。

（2）动态应急制动　在汽车行驶过程中，驾驶人拉起 EPB 开关，EPB 控制单元接收到该开关信号后，通过数据总线要求 ESC（电子稳定控制系统）控制行车制动，如果行车制动或 ESC 有故障，则由 EPB 控制单元直接控制驻车制动系统工作（仅限于后轮），以应对紧急情况。EPB 的动态制动控制是持续进行的，直到松开 EPB 开关为止。在动态制动工作期间，驻车制动警告灯会一直闪烁。

（3）坡道驻车及辅助　当汽车在坡道驻车时，EPB 根据集成在液压电子控制模块中的纵向加速度传感器测算坡度，从而计算出汽车在斜坡上的下滑力（因重力而产生的分力），EPB 就会对后轮施加制动力平衡下滑，实现坡道驻车。

当汽车在坡道起步时，EPB 坡道辅助功能会根据坡道角度、驱动电机转矩、加速踏板位置、档位等信息来计算释放时机，当汽车的牵引力大于下滑力的时候，自动释放驻车制动，辅助汽车在坡道上顺利起步。

吉利 EV500 电子驻车制动系统 EPB 控制原理如图 5-47 所示。

对于装配了 EPB 的汽车，如果出现驻车制动不能释放的故障，需要将驻车制动电机的后盖板打开，然后使用一种专用的扳手旋转该电机内的推杆，使制动卡钳释放。完成这项操作后，需要使用专用诊断仪对 EPB 制动卡钳执行复位程序。

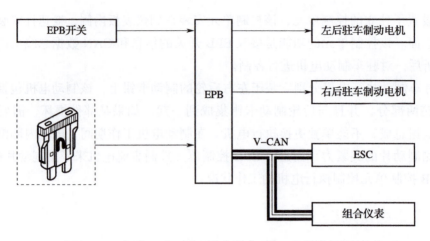

图 5-47 吉利 EV500 电子驻车制动系统 EPB 控制原理图

4. EPB 初始力的标定

当 EPB 出现故障后,可以通过汽车的 DTC 诊断接口读取故障码,利用 EPB 控制模块的数据表,通过读取故障诊断仪上显示的数据,在不拆卸任何零件的情况下,执行读取开关状态和传感器值的功能。读取故障信息是故障排除的第一步,也是减少诊断时间的方法之一。

要实现 EPB 的基本功能,需要利用诊断仪进行调试、匹配、标定,例如进行 EPB 的初始力标定。在标定前,应当将汽车停放平稳,并保持静止状态,具体标定流程如下:

1)将诊断仪连接至汽车的 OBD 诊断接口。
2)按下汽车的起动开关,使电源模式处于 ON 档。
3)打开诊断仪的电源开关,进入 EPB 系统。
4)进入特殊功能。
5)进行 EPB 配置。A—指令执行动作;B—配置完成后退出。
6)纵向加速度传感器标定。A—汽车静止;B—汽车保持在水平状态;C—指令执行动作;D—标定完成后退出。
7)EPB 初始力标定。A—指令执行动作;B—标定完成后退出。
8)EPB 标定完成。整个初始力标定过程耗时 30s 左右。

十五、如何更换吉利 EV500 的电动水泵?

1. 工作原理

新能源汽车整车热管理系统可分为动力电池系统热管理、空调系统热管理和驱动电机及其控制系统热管理三部分。动力电池系统热管理和空调系统热管理有制冷和制热两大功能,驱动电机及电控系统热管理主要是冷却功能。

新能源汽车动力电池活性受温度影响明显,温度过高容易引发过热起火,温度过低则活性下降，放电能力急剧衰减。常用的电池冷却方式有风冷、液冷和冷媒直冷，加热方式有 PTC 加热和阻抗自加热。

新能源汽车的驱动电机及电控系统等功率元件工作时会产生很多热量，因此对散热需求较高，通常需要主动冷却才能保证车辆处于安全工作的温度范围。驱动电机及电控系统冷却方式与传统的燃油汽车冷却系统比较类似，主要组件包括电动水泵、散热器、冷却风扇、膨胀罐和管路等。

新能源汽车冷却系统的结构如图 5-48 所示。

驱动电机转子高速旋转会产生高温，热量通过机体传递，如果不加以降温，驱动电机无法正常工作，所以驱动电机内设置有冷却液管道，通过冷却液的循环与外界进行热交换。这样能将驱动电机的工作温度保持在一定范围内，防止驱动电机过热。车载充电器在工作时将 220V 的交流电转化成高压直流电，其转化过程会产生大量的热量，因此车载充电器内部也有冷却液管道，通过冷却液的循环降低车载充电器的工作温度。电机控制器不但控制驱动电机的高压三相供电，还要将车辆的制动动能回收转化成相应的高压直流电为动

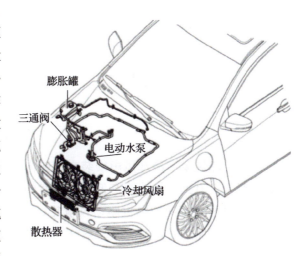

图 5-48　新能源汽车冷却系统结构

力电池充电。在此过程中会产生很多的热量，需要通过冷却液循环散热。动力电池工作时的电流大、产热量多，同时动力电池还处于一个相对封闭的环境，也会导致动力电池的温度上升，通过冷却液的循环降低动力电池的工作温度。新能源汽车冷却系统的作用就是通过冷却液循环散热为驱动电机、车载充电器、电机控制器以及动力电池等部件进行散热。

2. 系统组成

（1）电动水泵　吉利 EV500 车型有电机系统和电池系统两个电动水泵。电动水泵由低压电路驱动，为冷却液的循环提供压力。在电动水泵的驱动下，冷却液在管道中的流动方向如图 5-49 所示。

（2）膨胀罐　膨胀罐是一个透明塑料罐，类似于前风窗玻璃洗涤液罐。膨胀罐通过水管与散热器连接，随着冷却液的温度升高并逐渐膨胀，部分冷却液因体积膨胀而从车载充电器中流入膨胀罐，散热器和冷却液管道中滞留的空气也被排入膨胀罐。汽车停止运转后，冷却液自动冷却并收缩，先前排出的冷却液被吸回散热器，从而使散热器内的冷却液一直保持在合适的液面，并提高冷却效率。当冷却系统处于冷却状态时，冷却液面应保持在膨胀罐上的最低标记 L 和最高标记 F 之间。

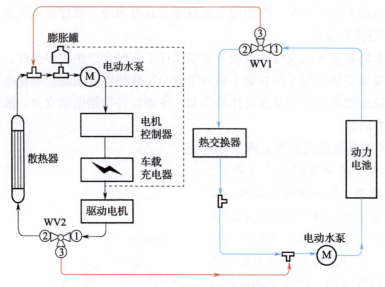

图 5-49 冷却液流向示意图

（3）冷却风扇　冷却风扇安装在机舱内、散热器的后部，它能增加散热器和空调冷凝器的通风量，有助于加快汽车低速行驶时的冷却速度。冷却风扇采用双风扇、高低速控制模式，通过两个不同的电机驱动风扇叶。由整车控制器 VCU 利用低速串联调速电阻的方式来改变冷却风扇的转速。冷却系统的控制原理如图 5-50 所示。

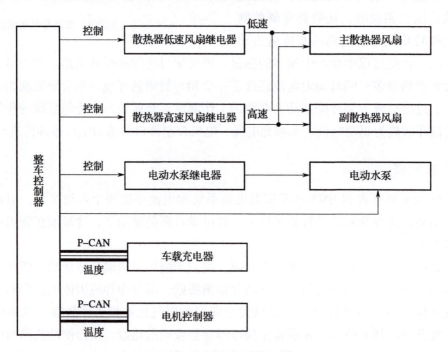

图 5-50 冷却系统的控制原理图

注意：即使在汽车停止运行时，机舱内的冷却风扇也可能起动而伤人，因此人手、衣服和工具等需要远离冷却风扇。如果风扇叶片有任何程度的弯曲或损坏，风扇叶片将不能保证平衡运转，在连续使用中可能飞脱，这种情况非常危险。不要修理或重复使用损坏的部件，必须更换弯曲或损坏的风扇叶片。

（4）冷却液　吉利EV500车型采用符合SH0521要求的电机用乙二醇型冷却液，不同类型的冷却液不能混用。冷却液加注量为7L，动力系统使用的冷却液与空调系统使用的暖风冷却液材质相同。

3. 电动水泵更换方法

1）让汽车停放平稳，关闭点火开关，打开前机舱盖。
2）断开低压蓄电池负极电缆，然后断开电动水泵的电缆插接器。
3）松开电动水泵管路上的环箍，如图5-51所示，拆卸冷却液管道水管。

注意：在冷却水管脱开前，请在汽车底部放置容器，接住全部冷却液，以免污染地面。

4）拆卸电动水泵的固定螺栓，然后取下电动水泵。
5）安装电动水泵。
① 安装电动水泵的固定螺栓，如图5-52所示。拧紧螺栓的力矩为9N·m。
② 安装电动水泵电缆插接器，插接时应做到"一插、二响、三确认"。
③ 安装冷却液的管道，并固定好环箍，环箍的装配位置应该与管道标示线对齐。
④ 加注冷却液，至规定的液面高度。
⑤ 连接蓄电池负极电缆，关闭前发动机舱盖。

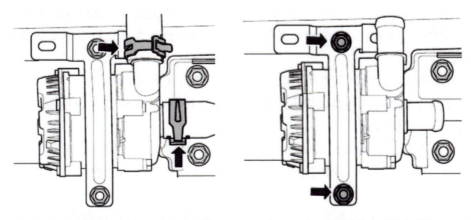

图5-51　拆卸冷却水泵管路上的环箍　　图5-52　安装电动水泵固定螺栓

十六、比亚迪"唐"从EV模式自行切换到HEV模式怎样检修？

（1）案例1　一辆比亚迪"唐"，在满电状态下用EV模式行驶几分钟后，突然自动切换到HEV模式，人工操作无法回到EV模式，组合仪表没有故障提示。

连接检测设备ED400试车，发现汽车在切换到HEV模式的瞬间，电机控制器中的IGBT温度达到100℃。

在电机控制器总成内，有3组单元在工作时会产生热量——IPM（电机控制器智能功率模块）、IGBT（电机驱动模块）以及电感器，但是有相应的水道对这3个部件进行冷却。

导致IGBT温度高的原因如下：①电机系统内的冷却液不足，或者有空气；②电动水泵不运转；③散热器堵塞；④电机控制器总成本身失常。

连接设备ED400，读取驱动电机系统的数据流，发现电动水泵工作不正常。检查冷却风扇，运转正常。在检查过程中还发现，电动水泵在OK档下不运转。

经过仔细检查，发现电动水泵电机的搭铁处出现断路现象。重新处理并装配好该搭铁点，然后试车，故障被排除。

该车型的冷却风扇运转以及发出温度报警的控制逻辑如下。

1）驱动电机：水温47~64℃时，低速请求；水温 > 64℃时，高速请求。

2）IPM：水温53~64℃时，低速请求；水温 > 64℃时，高速请求；水温 > 85℃时，报警。

3）IGBT：水温55~75℃时，低速请求；水温 > 75℃时，高速请求；水温 > 90℃时，限制功率输出；水温 > 100℃时，报警。

4）电动水泵电机：水温90~110℃时，低速请求；水温 > 110℃时，高速请求。

当满足3个低速请求时，冷却风扇低速转动；满足1个高速请求时，冷却风扇高速转动。

（2）案例2 一辆比亚迪"唐"，上OK档电，警告灯点亮，SOC为83%，汽车用EV模式行驶中自动切换到HEV模式（发动机起动），组合仪表提示"请检查动力系统"。

首先连接专用诊断仪，读取整车各模块的软件和硬件版本号，以及整车故障码，并且加以记录。

清除故障码，然后对汽车重新上电。试车，故障再次出现。

读取数据流，电机控制器报以下故障码：P1B1100，旋变故障，信号丢失；P1B130，旋变故障，信号幅值减弱。

断开电机控制器电缆端的62端子插接器，检查电缆端子、旋转变压器小线端子，正常。分别测量电机旋转变压器的电阻值，结果正常。标准值：正弦（16±4）Ω、余弦（16±4）Ω、励磁（8.3±2）Ω。

据此判断前驱动电机控制器和DC总成损坏，需要更换。更换步骤如下：

1）清除旧控制器ECM的密码（图5-53）。

2）安装新的控制器，并且对ECM编程（图5-54）。

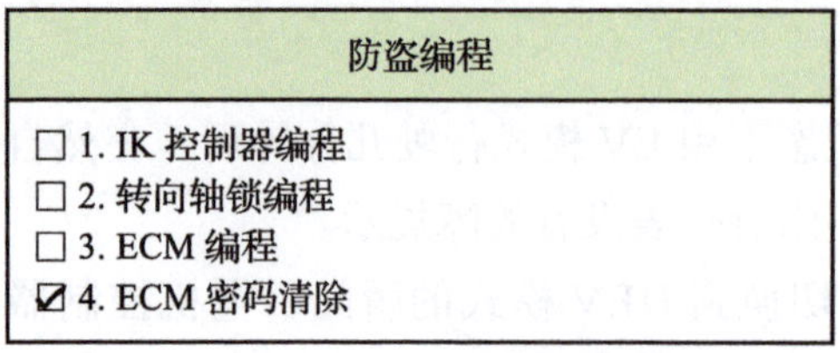

防盗编程
□ 1. IK 控制器编程
□ 2. 转向轴锁编程
□ 3. ECM 编程
☑ 4. ECM 密码清除

防盗编程
□ 1. IK 控制器编程
□ 2. 转向轴锁编程
☑ 3. ECM 编程
□ 4. ECM 密码清除

图 5-53 清除 ECM 密码

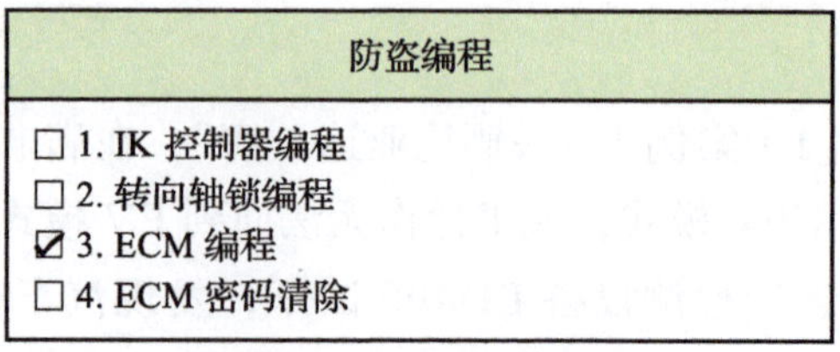

图 5-54 ECM 编程

3）完成 ECM 编程后，退电 5s，重新上电，再对驱动电机系统的配置进行设置（图 5-55 和图 5-56）。

驱动电机控制器
□ 1. 读取控制器版本 □ 2. 读取系统故障 □ 3. 清除 □ 4. 读取数据流 □ 5. 倾角传感器标定 □ 6. 倾角信息 ☑ 7. 电机系统配置设置

图 5-55　对驱动电机系统的配置进行设置

前驱动电机控制器
→四驱 两驱 清除配置

图 5-56　选择四驱配置

4）读取倾角信息并标定（图 5-57 和图 5-58）。

倾角信息
倾角传感器是否校准：未校准 倾角传感器信息状态：保留 坡道

图 5-57　读取倾角信息

驱动电机控制器
□ 1. 读取控制器版本 □ 2. 读取系统故障 □ 3. 清除 □ 4. 读取数据流 ☑ 5. 倾角传感器标定 □ 6. 倾角信息 □ 7. 电机系统配置设置

图 5-58　倾角传感器标定

说明：应当在汽车处于水平状态下读取倾角数值，检查是否正常（水平时坡度值为 0°）。如果有偏差，则进行倾角传感器标定。

5）标定完毕，对汽车退电，5s 后重新上电。再读取数据流，检查制动信号是否正常，不制动时的信号为"0"。

如果制动数据异常，需要进行制动起点标定，其方法如下：

1）整车上 ON 档电。注意：不要上 OK 档电，否则在进行下一步操作时汽车有向前冲的危险；不要踩制动踏板，若出现制动信号将无法标定。

2）深踩加速踏板（50%~100%），维持 5s 以上，电控单元会自动标定。

3）正常退电一次，延后 5s 再上电。

再次试车，汽车不再自动切换到 HEV 模式，故障彻底排除。

十七、比亚迪"元"电动汽车不能直流快充如何检修？

一辆比亚迪"元"EV 纯电动汽车，行驶里程约 1 000km。该车交流充电正常，但是不能直流充电。这辆车搭载三元锂动力电池，装配"3 合 1"驱动电机系统。

分析故障产生的原因：①直流充电桩故障；②直流充电接口故障；③系统软件版本过旧；④CAN 通信故障。

检修步骤如下：

1）为了验证故障，对汽车进行交流充电，正常。在国家电网直流充电桩上进行充电，仪表显示正在连接，断开，之后又连接，重复3个循环后停止充电。

2）连接诊断设备 VDS2000 扫描汽车各系统，没有读到故障码。读取数据流也未发现异常。

3）调换到其他直流充电桩上充电，也是如此，据此排除直流充电桩方面的问题。

4）检查电池管理系统（BMS），其程序为最新版本，可以排除电池管理系统程序方面的问题。

5）查看充电柜，显示故障码为"10"，其含义是 BMS 通信异常（表 5-2）。

表 5-2　国家电网充电桩故障码的含义

故障码	故障内容	报错原因
0、15、26	（预留）	
1	TCU 与充电控制器通信故障	TCU 连续 3s 未收到充电控制器发送的心跳报文
2	读卡器通信故障	TCU 连续 3s 发送报文后未收到读卡器的回复报文
3	电表通信故障	发生 5 次电表询问超时（3s 接收超时）
4	ESAM 故障	初始化 ESAM 不成功
5	交易记录已满	充电桩存储的交易记录已达到上限
6	交易记录存储失败	交易记录存储失败 1 次
7	平台注册校验不成功	与平台注册校验时，平台下发校验不成功数据
8	程序文件校验失败	APP 中 TCU 程序的校验码与配置文件不符，或者库文件版本不对
9	充电中车辆控制导引报警（TCU 判断的）	充电中 TCU 收到车辆导引断开的数据
10	BMS 通信异常	充电控制器上传的故障
11	直流母线输出过电压报警	
12	直流母线输出欠电压报警	
13	蓄电池充电过电流报警	
14	蓄电池模块采样点过热报警	
16	急停按键动作故障	
17	绝缘监测故障	
18	电池反接故障	
19	避雷器故障	
20	充电枪未归位	
21	充电桩过温故障	
22	烟雾报警	
23	输入电压过高	

（续）

故障码	故障内容	报错原因
24	输入电压过低	充电控制器上传的故障
25	充电模块故障	
27	充电模块风扇故障	
28	充电模块过热报警	
29	充电模块交流输入报警	
30	充电模块输出短路故障	
31	充电模块输出过电流报警	
32	充电模块输出过电压报警	

6）测量直流充电接口的端子 S+ 和 S-，电压为 2.5V 左右，阻值为 124Ω，正常。充电接口外观也无异常，初步排除充电接口问题。

7）查阅维修资料，该车直流充电的控制逻辑如下：检测充电连接确认信号 CC1 → 充电桩输出低压电 → BMS 被唤醒 → 检测 CC2 信号 → CAN 通信，指令 BCM 吸合 IG3 继电器 → BMS 发送吸合正、负接触器指令 → BMS 发送充电需求 → 充电桩输出直流电。

8）检查 BMS 的插接器，未发现异常。

9）试着替换 BMS，然后试车验证，直流充电正常了。再安装原车的 BMS 试验，充电也正常。

10）上述检测说明，是 BMS 的插接器接触不良导致与直流充电桩的 CAN 通信异常（图 5-59）。

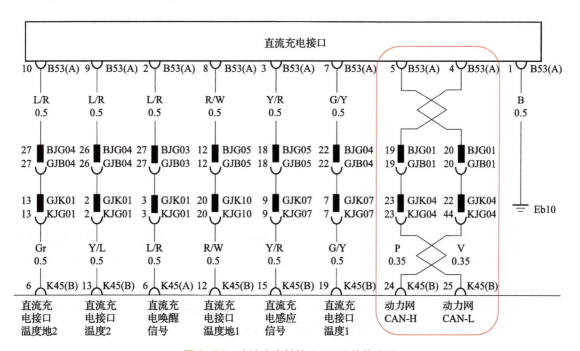

图 5-59　直流充电桩的 CAN 通信线路图

对 BMS 的插接器进行处理，该车的直流充电正常了。跟踪 7 天，充电均正常，证实故障被排除。

因此，当遇到无法直流充电的故障时，建议先观察充电桩上显示的故障码，或者换一个充电桩试试，看是否还显示同样的故障信息，这样有利于缩小排查范围。

十八、如何检修吉利帝豪 EV300 无法交流慢充的故障？

一辆 2017 款吉利帝豪 EV300 电动汽车，搭载 95kW 永磁同步电机，41kW·h 液冷三元锂动力电池，续驶里程约为 2 万 km。客户反映使用便携式充电盒无法进行交流慢充电。

该车配备了直流快充充电接口和 220V 交流慢充充电接口，以及便携式充电盒。维修人员试验发现，该车连接交流充电枪后，充电插座上的红色充电故障警告灯常亮，说明该车确实存在充电故障。

与此同时，组合仪表上的充电连接指示灯点亮（图 5-60），但充电指示灯并未点亮，这说明充电枪已经连接好了，但是系统并没有充电。

既然充电插座上的红色充电故障警告灯常亮，说明充电系统自检没有通过，在这种情况下，自诊断系统会记录相关的故障码。于是维修人员使

图 5-60　组合仪表的充电连接指示灯点亮

用专用诊断仪读取故障码，在未连接充电枪时，故障码为"P10031B，OBC（车载充电器）充电过程中充电枪插座温度过高，当前的"；在连接充电枪后，除故障码 P10031B 外还新增了故障码"P10031E，充电枪插座温度无效，当前的"（图 5-61）。

帝豪 > > 帝豪 EV300 > > 车载充电器（OBC）> > 读故障码		
故障码	描述	状态
P10031B	OBC 充电过程中充电枪插座温度过高	当前的
P10031E	充电枪插座温度无效	当前的

图 5-61　诊断仪读取的故障码

查阅该车型的维修资料得知，车载充电器（OBC）负责将交流充电桩或者便携式充电盒输入的交流电转换为直流电对动力电池充电，同时对充电插座的温度进行监测，避免因温度过高而引起充电插座烧坏。

由于故障信息指向了充电插座的温度，于是再查阅电路图（图 5-62）。从电路图中可以看出，车载充电器 EP66 插接器的 11 号端子和 12 号端子与交流充电插座相连，它就是充电插座温度传感器的信号线。

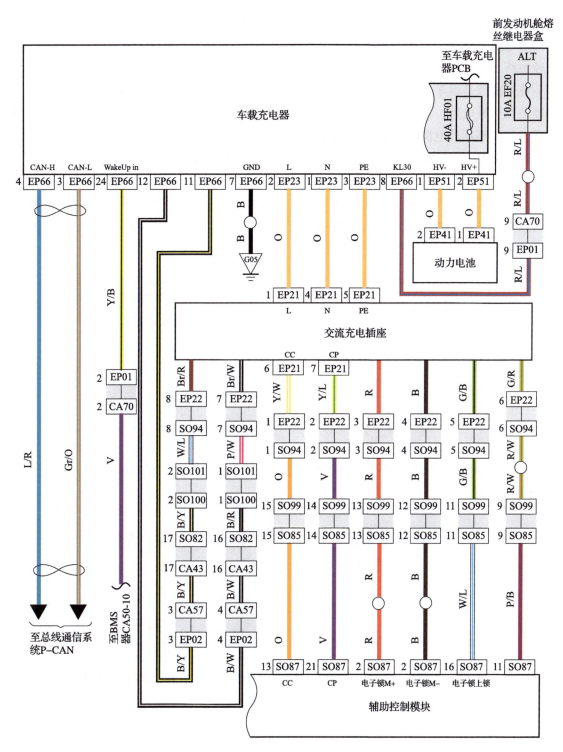

图 5-62 交流充电系统电路图

于是维修人员断开车载充电器的 EP66 插接器，测量 11 号端子、12 号端子之间的电阻值，结果显示为 0.5Ω，根据经验，这只是 2 根导线的内阻（图 5-63）。

于是拆卸左后车轮罩，断开交流充电插座的 EP22 插接器，测量 7 号端子、8 号端子之间的电阻，这是温度传感器自身的电阻值，测量结果显示为 0Ω，说明温度传感器内部已经短路。

看来这就是该车发生无法交流充电故障的原因。因为温度传感器的核心元件是一个负温度系数热敏电阻，其电阻值随着温度的上升而降低。当车载充电器（OBC）检测到充电插座温度传感器的电阻为 0Ω 时，认为插座的温度过高，出于热保护的目的而禁止通过交流充电插座充电，同时记录相应的故障码，并且点亮红色的充电故障警告灯。

更换交流充电插座（图 5-64），清除故障码，然后重新用便携式充电盒为汽车充电。连接充电枪后，充电插座上的绿色充电指示灯闪烁（图 5-65），说明系统正在充电，同时组合仪表上的充电连接指示灯和充电指示灯均点亮（图 5-66），说明交流充电过程正常，故障被排除。

图 5-63　测量 EP66 插接器两个端子间的电阻

图 5-64　交流充电插座

图 5-65　绿色充电指示灯闪烁，说明充电正常

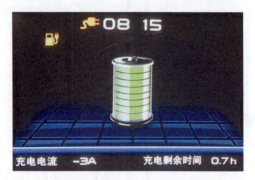

图 5-66　充电连接指示灯和充电指示灯均点亮

十九、怎样检修长安 EM80 不能充电的故障？

一辆 2019 款长安 EM80 电动汽车，车型代码 SC5033XXY，搭载 TZ210XSD42 型驱动电机，续驶里程 4 100km，出现无法充电和不能起动行驶的现象。

与车主沟通后得知，汽车在行驶过程中，组合仪表的低速故障指示灯点亮，于是把汽车开到充电站，但是充不了电，马上联系当地的服务站，服务站无法排除故障，只好找汽车厂家的技术部。厂家技术人员来到现场检查，发现电机旋转变压器插头进水，但是吹干插头并进行相关处理后，该车还是不能起动。

将汽车拖到维修站，使用诊断仪读到两个故障码：P1B4B，主正继电器故障；P1B05，电池包欠电压 三级（图 5-67）。使用诊断仪，欲清除故障码，但是上述两个故障码无法清除，说明不属于偶发性故障。

KT710 长安欧尚专用诊断系统	
长安轻型车（V2.1）> 电动车型 > 睿行 M80EV3 > 整车控制器 VCU > 诊断数据版本 > 读取故障码	
P1B4B 主正继电器故障	冻结帧
P1B05 电池包欠电压 三级	冻结帧

图 5-67　检测到的故障信息

鉴于电机旋转变压器插头进水，怀疑是旋转变压器故障或者绝缘不良。查找电路图，测量旋转变压器 SIN 信号地端子 A 与旋转变压器 SIN 信号 B 之间的电阻，为 48Ω；测量旋转变压器 COL 信号地端子 C 与旋转变压器 SIN 信号端子 D 之间的电阻，为 51.9Ω；测量旋转变压器激励信号地端子 E 与旋转变压器激励信号端子 F 之间的电阻，为 20.6Ω（图 5-68），这些数据说明旋转变压器系统正常。

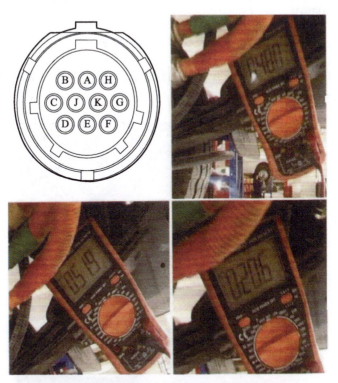

图 5-68　旋转变压器插头各端子及相关电阻测量值

测量驱动电机三相线的绝缘性能，W 相的电阻为 3.7MΩ，V 相为 3.5MΩ，U 相为 3.5MΩ，说明驱动电机绝缘正常。

鉴于故障码 P1B48 提示主正接触器故障，根据电机控制器的端子定义图，用万用表的电阻档测量 4 号和 12 号端子的接地电阻为 0.1Ω；用万用表电压档测量 18 号端子接触器的电压为 12.35V；11 号和 19 号端子为常电，实测电压为 12.44V，说明接触器的供电和接地都正常，初步判断故障在主正接触器本身。由于主正接触器安装在电机控制器内部，于是更换电机控制器总成，但是故障没有排除。

接下来对故障码"P1B05"进行分析。连接诊断仪读取数据流（图 5-69），发现最高单体电压为 3.676V，最低单体电压为 3.676V，总电压为 0，说明动力电池的电压差正常，是电池模组的串联电路存在问题。断开总正和总负插头，测量动力电池的电压为 0，说明动力电池没有高电压输出的问题。

名称	结果	单位
动力电池总电压	0	V
动力电池 SOC	44	%
最大单体电压	3.676	V
最小单体电压	3.676	V
最大单体电压对应编号	46	
最小单体电压对应编号	27	

图 5-69　动力电池数据

断开维修开关，准备测量维修开关的通断情况，发现维修开关的连接端子存在严重烧蚀的痕迹（图 5-70）。

图 5-70　烧毁的维修开关

于是通知电池厂家的技术人员到现场，拆开动力电池，发现维修开关的接线柱与电池模组的连接母线的固定螺栓松动，导致接触不良，产生电弧，因温度过高而烧坏维修开关，导致高压电输出中断，因此整车控制器（VCU）判断为主正接触器故障。

更换维修开关，拧紧母线的固定螺栓，装车、上电测试，起动正常，仪表故障指示灯熄灭。连接诊断仪读取数据流，各项数据恢复正常，试验快慢充电也正常，至此该故障被彻底排除。

注意：在检修电动汽车无法充电和起动的故障时，如果诊断仪显示主正接触器的故障信息，应当首先检查维修开关。

二十、如何检修报"检查混合动力系统"的故障？

混合动力汽车的组合仪表经常报"检查混合动力系统"，其指向过于宽泛。从维修实践看，这类故障大多数发生在电驱动系统，请看下面的故障案例。

1. 案例一

一辆丰田凯美瑞混合动力汽车，搭载 4AR-FXE 型发动机和 E-CVT 变速器，续驶里程约 3 万 km。据车主反映，在汽车正常行驶中，发动机故障灯突然点亮，组合仪表显示"检查混合动力系统"。

接车后试车，踩下制动踏板，按下电源开关，汽车进入 READY ON 状态，发现辅助蓄电池充电指示灯点亮，说明此时辅助蓄电池处于不充电状态。

连接故障诊断仪 GTS，在混合动力系统中读到故障码"P0A08-264，DC/DC 变换器状态电路"，该故障码的设置条件及故障部位见表 5-3。

表 5-3 故障码 P0A08-264 的设置条件及故障部位

故障码	设置条件	故障部位
P0A08-264，DC/DC 变换器状态电路	DC/DC 变换器故障，或者汽车进入 READY ON 状态后，辅助蓄电池的电压降至 11V 或更低	① 线束或导线插接器 ② 逆变器冷却系统 ③ 混合动力变速驱动桥总成 ④ 发电机电缆 ⑤ 电动机电缆 ⑥ 带变换器的逆变器总成 ⑦ 熔丝（IGCT-MAIN、DC/DC IGCT、DC/DC-S） ⑧ 熔丝盒总成熔丝（DC/DC） ⑨ 发动机舱 3 号线束 ⑩ 电子控制单元 ECU

检查带变换器的逆变器的冷却系统，冷却液充足，输液软管无扭曲和阻塞，冷却风扇能够正常运转。

测量逆变器总成检查点的端子电压，为 0V，不正常。

查阅电路图（图 5-71），检查发动机舱 2 号继电器盒内熔丝 DC/DC-IGCT 和熔丝 IGCT-MAIN，未见异常；检查熔丝 DC/DC-S，正常。

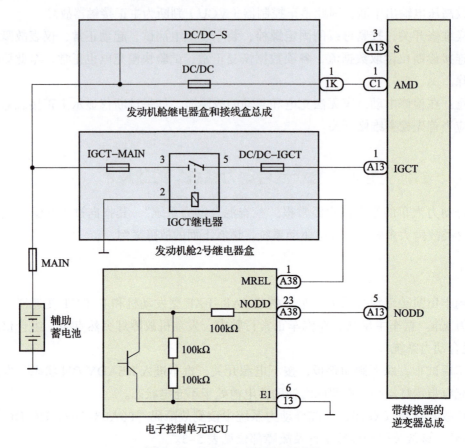

图 5-71 DC/DC 变换器相关电路

分别测量发电机电缆插接器端子 1（端子 W）、端子 2（端子 V）、端子 3（端子 U）与搭铁之间的电阻，以及电动机电缆插接器端子 1（端子 W）、端子 2（端子 V）、端子 3（端子 U）与搭铁之间的电阻，均为 1.2MΩ（标准值为 ≥1MΩ）。

用万用表测量接线盒总成插接器 1K 端子 1 的电压，为 10.58 V，不正常（正常应等同辅助蓄电池电压 12.48 V）。检查插接器 1K，无异常。晃动发动机舱 3 号电缆，发现插接器 1K 上的固定螺母有轻微松动，同时端子 1 的电压在 10.58~12.48V 变化。拆下插接器 1K 上的固定螺母，发现端子 1 表面和固定螺母表面都有电弧烧蚀的痕迹（图 5-72）。至此，确定本故障由插接器 1K 端子 1 接触不良引起。

用砂纸打磨接线盒总成插接器 1K 端子 1 表面和固定螺母的表面，并以标准转矩 8N·m 拧紧，再测量插接器端子 1 的电压，为 12.48V，晃动发动机舱 3 号电缆，该电压保持不变。清除故障码后试车，故障现象消失。

本故障的形成机理是：接线盒总成插接器 1K 的端子 1 松动，导致带变换器的逆变器供电不正常，所以组合仪表显示"检查混合动力系统"。

图 5-72 插接器 1K 的端子 1 和固定螺母被烧蚀

2. 案例二

一辆雷克萨斯 CT200h 混合动力汽车,搭载 5ZR-FXE 发动机和 E-CVT 变速器,续驶里程 131 109km。据驾驶人反映,该车在市区正常行驶时,组合仪表突然提示"检查混合动力系统"(图 5-73),随后发动机熄火,无法正常行驶。

图 5-73 组合仪表提示"检查混合动力系统"

连接故障诊断仪检测,在混合动力系统读到当前故障码"P0A08-264,DC/DC 变换器状态电路"。

检测还发现,在空调系统内存储了故障码"B1476—A/C 变换器负荷系统",它是指空调电动压缩机运转时,A/C 转换器的负载过大或过小。据此推断,故障范围应该是空调电动压缩机总成、散热器、冷却风扇、制冷液剂量、CAN 通信等。

检查高压系统的冷却液量,充足;检查 HV 冷却液的软管,没有扭曲和阻塞。使用故障诊断仪对冷却风扇进行作动试验,冷却风扇能正常运转。从发动机舱接线盒总成内拆下 DC/DC 变换器的熔丝检查,未烧坏。拆下前排乘员侧杂物箱,检查电子控制单元 ECU 的连接情况,导线插接器接触正常。

分析认为,上述 2 个故障码之间具有关联性,即故障原因中都有一项与散热有关。于是查看故障出现时的定格数据,发现发动机冷却液温度为 121℃(图 5-74),说明 HV 冷却系统散热不良。

参数	单位	-3	-2	-1	0	1
发动机冷却液温度	℃	121	121	121	121	121
发动机转速	r/min	1 024	1 056	1 024	1 024	1 024
汽车行驶速度	km/h	0	0	0	0	0
发动机运行时间	s	11 847	11 847	11 848	11 848	11 848
蓄电池电压	V	11.71	11.58	11.48	11.38	11.36
加速踏板位置1	%	16.0	16.0	16.0	16.0	16.0
加速踏板位置2	%	31.7	31.7	31.7	31.7	31.7
环境温度	℃	35	35	35	35	35
室内空气温度	℃	101	101	101	101	101
清除预热	—	255	255	255	255	255
清除运行距离	km	52 085	52 085	52 085	52 085	52 085
故障码清除最小值	min	65 535	65 535	65 535	65 535	65 535
进气歧管压力	kPa(abs)	65	65	65	65	65
大气压力	kPa(abs)	99	99	99	99	99
就绪信号	—	ON	ON	ON	ON	ON
电机（MG2）转速	r/min	0	-1	0	—	—

图 5-74　DC/DC 变换器状态电路的定格数据

举升汽车，拆下发动机底盘的护板，用工作灯检查冷却系统，发现散热器的表面布满了毛絮。

拆卸散热器，清除表面的毛絮，然后装复试车，上述故障被排除。

二十一、特斯拉纯电动汽车发生低压断电怎样急救？

对于特斯拉 Model 3 纯电动汽车，如果长时间存放，或者低压蓄电池出现故障，可能丧失 12V 电源。此时驾驶人无法通过遥控钥匙开启车门，无法通过触摸中控屏或手机应用程序打开汽车的前机舱盖，更无法更换低压蓄电池或进行故障检修。在这种情况下，可以采取以下应急措施打开前机舱盖。

1）准备一个外接 12V 电源，例如便携式应急电源或 12V 蓄电池。

2）该车在前保险杠的左侧设置了一个牵引孔盖板，按压盖板的右上边缘，直至其向内转动，然后慢慢朝外拉动升高的部分，就可以打开牵引孔盖板，如图 5-75 所示。

注意：牵引孔盖板与汽车的红色正极接线柱相连。

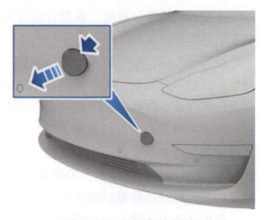

图 5-75　打开牵引孔盖板

3）从牵引孔开口中拉出两根电线，露出两个接线柱，它是前机舱盖锁的应急接线柱，如图 5-76 所示。

4）将外接 12V 电源的正极（红色）连接到前机舱盖锁应急接线柱的红色正极端，将外接 12V 电源的负极（黑色）连接到前机舱盖锁应急接线柱的黑色负极端，如图 5-77 所示。

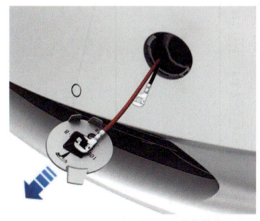

图 5-76　前机舱盖锁的应急接线柱

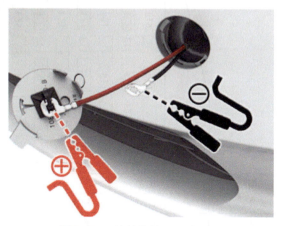

图 5-77　连接外接 12V 电源

5）当外接线路接通后，即可解锁前机舱盖锁。此时就可以打开前机舱盖，进入该区域，再进行低压断电故障检修工作。

6）在打开前机舱盖后，应立即断开外接 12V 电源两端的连线，首先断开黑色负极线，然后盖好牵引孔盖板，使其复位。

需要注意的是，在前机舱盖锁应急接线柱上外接 12V 电源这种操作，只能用于释放前机舱盖锁，不得用于为车载 12V 蓄电池充电。

二十二、特斯拉电动汽车各熔丝保护哪些电器？

以特斯拉 Model S 为例，该电动汽车设置了 3 个熔丝盒，它们位于发动机舱内的维护板下方（图 5-78）。

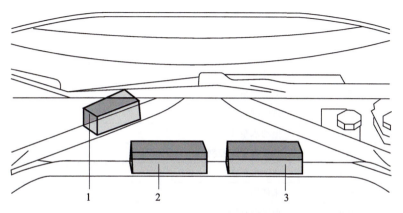

图 5-78　特斯拉 Model S 汽车 3 个熔丝盒的安装位置

1）熔丝盒 1 内的熔丝，如图 5-79 所示。

熔丝	额定电流	保护的电器
F1	5A	辅助传感器，收音机，USB 设备集线器
F2	5A	前照灯调平系统（仅限欧盟和中国采用螺旋弹簧悬架的轿车）
F3	5A	阅读灯，后视镜
F4	30A	后排外侧座椅加热器（寒冷天气选项）
F5	15A	驾驶座椅加热器
F6	20A	基础音频放大器
F7	15A	前排乘客座椅加热器
F8	20A	高级音频放大器
F9	25A	天窗
F10	5A	被动安全辅助系统
F11	5A	转向盘开关
F12	5A	驱动模式传感器及偏航率传感器（车身稳定/牵引力控制系统）
F13	15A	刮水器复位开关
F14	5A	驱动变流器
F15	20 A	电控驻车制动器
F16	5A	停车传感器
F17	20A	电控驻车制动器
F18	—	未使用
F19	5A	车载 HVAC 传感器
F20	5A	驾驶室空气加热器逻辑控制器
F21	15A	电动水泵 1
F22	5A	进气制动器
F23	15A	电动水泵 2
F24	5A	驾驶室温度控制
F25	15A	电动水泵 3
F26	—	未使用
F27	10 A	温度控制器

图 5-79　熔丝盒 1 内熔丝的位置以及保护的电器

2）熔丝盒 2 内的熔丝，如图 5-80 所示。

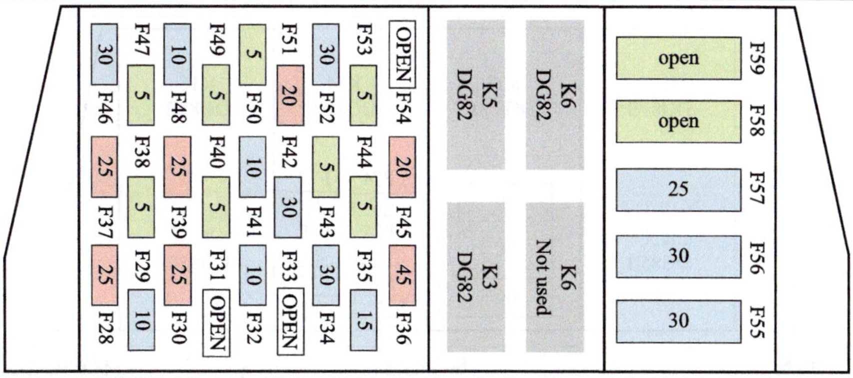

熔丝	额定电流	保护的电器
F28	25A	摇窗机构电动机（右后）
F29	10A	接触器电源
F30	25A	摇窗机构电动机（右前）
F31	—	未使用
F32	10A	车门控制器（右侧）
F33	—	未使用
F34	30A	中后座椅加热器、风窗玻璃清洗器 / 刮水除霜器（寒冷天气选项）
F35	15A	12V 电源插座
F36	25A	空气悬架
F37	25A	摇窗机构电动机（左后）
F38	5A	驾驶座位置记忆模块
F39	25A	摇窗机构电动机（左前）
F40	5A	后车门把手
F41	10A	车门控制器（左侧）
F42	30A	电动行李舱盖
F43	5A	功率传感器，制动开关
F44	5A	充电器（充电接口）
F45	20A	被动门禁系统（喇叭）
F46	30A	车身控制模块（第 2 组）
F47	5A	杂物箱灯
F48	10A	车身控制模块（第 1 组）
F49	5A	仪表板
F50	5A	报警器、侵入 / 倾斜传感器（仅限欧洲）
F51	20A	触摸屏
F52	30A	后窗加热
F53	5A	电池组管理系统
F54	—	未使用
F55	30A	左前电动座椅
F56	30A	右前电动座椅
F57	25A	驾驶室风扇
F58	—	未使用
F59	—	未使用

图 5-80　熔丝盒 2 内熔丝的位置以及保护的电器

3）熔丝盒 3 内的熔丝，如图 5-81 所示。

熔丝	额定电流	保护的电器
F71	40A	冷凝器风扇（左）
F72	40A	冷凝器风扇（右）
F73	40A	真空泵
F74	20A	12V 驱动梁（驾驶室）
F75	5A	动力转向系统
F76	5A	ABS
F77	25A	车身稳定控制系统
F78	20A	前照灯（远光/近光）
F79	30A	车灯（外部/内部）

图 5-81　熔丝盒 3 内熔丝的位置以及保护的电器

4）如果特斯拉电动汽车配备了寒冷天气选项，会有一个附加的熔丝盒 4，它位于驾驶人侧饰板的下方，熔丝的分布如图 5-82 所示。

熔丝	额定电流	保护的电器
F101	15A	左后座椅加热器
F102	15A	右后座椅加热器
F103	15A	中后座椅加热器控制器
F104	15A	中后座椅加热器
F105	15A	刮水除霜器
F106	—	未使用

图 5-82　熔丝盒 4 各熔丝的位置以及保护的电器

二十三、新能源汽车维护保养作业的主要内容是什么?

根据汽车维护技术标准,按照规定的工艺流程、作业范围、作业项目和技术要求所进行的预防性作业称为汽车维护保养,其目的是保持车辆技术状况良好、确保行车安全、充分发挥汽车的使用效能并降低运行消耗。

1. 维护保养安全注意事项

1)注重高电压安全防护。新能源汽车存在高达几百伏的高压电,高压电缆统一标识为橙色,严禁用手直接触摸高电压部件。

2)所有维护人员必须经过专业培训,合格后持证上岗,非专业人员严禁执行任何高电压部件的保养维护工作。

3)工作人员进行维护保养作业时,一定要遵守有关安全操作规程,使用专用的工具和防护设备。

4)时刻谨记系统内部存在高电压,即使系统没有运行,断开维护插接器后,也要用万用表确认高压端没有电压,才能进行下一步操作。

5)在保养维护新能源汽车时,不要佩戴金银首饰和手表等金属物品。

6)清洗汽车时需要避开高电压电器,严禁用水直接冲洗高电压部件。

7)进行高电压部件总成拆装作业时,必须使用绝缘工具、穿戴绝缘手套、绝缘鞋以及护目镜等高压安全防护用品。

8)当需要分解高压部件时,应当与厂家联系,或由专业人员切断高压电源后进行,非资质人员不能打开高电压部件外壳并对内部进行测量等操作。

9)在进行一般维护作业时,应严格防止高压电缆的绝缘层破损漏电,严禁在非特殊情况下破坏或剪断橙色高压供电线。

2. 新能源汽车的保养周期

各新能源汽车厂家都要求定期进行维护保养,通常以汽车的使用日期或者续驶里程为依据,以先到为准,保养细则按照随车保修手册执行。新能源汽车常见的质保期限及质保项目见表5-4。

表5-4 新能源汽车常见质保期限及质保项目

部件名称	质量担保期限	质量担保项目
电动化部件	60个月或100 000km	动力电池总成、驱动电机、驱动控制器(带DC/DC功能)、减速器、高压接线盒及电缆、车载充电器、充电插头及插座、组合仪表、真空储气罐、真空泵控制器、整车控制器、低压配电控制器、变速器总成、一体式压缩机总成、PTC总成、空调控制器、车辆远程监控终端
易损耗部件	3个月或3 000km	空调滤清器、制动摩擦片、轮胎、蓄电池、遥控器电池、熔断器熔丝及普通继电器(不含集成控制单元)、灯泡、刮水器片
整车部件	36个月或60 000km	电动化部件和易损耗部件之外的所有零部件

（1）维护保养等级划分　汽车的维护作业通常分为走合期维护、一级维护、二级维护和重点维护。各级维护的间隔里程和时间见表5-5，以先到者为准。在进行各级别维护作业时注意，高一级别的维护作业内容和技术要求包含低一级别维护的所有内容。

表5-5　汽车维护周期

维护分级	间隔里程	间隔时间
走合期维护	≤2 500km	≤一个月
一级维护	≤5 000km	≤一个半月
二级维护	≤30 000km	≤六个月
重点维护	≤60 000km	≤十二个月

走合期维护是新车出厂后的首次维护，通常称为首保。走合期维护以清洁、检查为主。清洁新能源汽车高压部件的灰尘及杂物，紧固各电器设备的接线螺母和底盘各部件的固定螺栓，检查各液面的高度等。

一级维护和二级维护以清洁、检查、紧固、调整和检测为主。清除新能源汽车高压舱内的灰尘、油污以及杂物，紧固各高压电气设备的接线螺母，检查所有高压插接器的紧固状态，用诊断仪读取故障信息。

重点维护以紧固、调整、检测和更换为主。紧固各高压电气设备的接线螺母，检查所有高压插接器的连接状况，检查插接器内部无异物后，插接器的插合是否已经到位。按技术要求更换达到使用周期的零部件。用诊断仪读取故障信息，并测量整车高压电气设备的绝缘状况。新能源汽车常规维护的作业项目和技术要求见表5-6。

表5-6　新能源汽车常规维护的作业项目和技术要求

序号	作业项目	作业性质	技术要求
1	整车控制器、配电箱、DC/DC	清洁、检查	①各部件安装牢固，插接器接触良好 ②各部件外观完整，表面清洁 ③各部件连接线无松动、无过热、无变色，保护套完整 ④各部件功能正常，仪表显示正常，指示灯无故障报警
2	各类开关及断路器	清洁、检查	①各部件接触良好 ②控制开关动作灵活、开闭正常 ③表面清洁
3	动力电池	清洁、检查	①固定螺栓无松动现象，拧紧转矩符合要求 ②电池箱体外观良好，无破损划痕、无腐蚀等 ③动力电池电缆插接器连接牢固，绝缘良好 ④电量存储正常，充电性能良好
4	动力电缆	清洁、检查	①动力电缆排列整齐，安装牢固，插接器锁止装置正常，与运动部件没有干涉现象 ②动力电缆绝缘良好，无金属裸露、导电环烧蚀等现象
5	驱动电机	清洁、检查	①驱动电机工作正常，无异响 ②线路外观良好，绝缘层无破损，连接牢固 ③进出水管无泄漏，冷却液液位正常，冷却风扇运转正常

（续）

序号	作业项目	作业性质	技术要求
6	制动器	清洁	①制动踏板无卡滞现象 ②制动踏板自由行程正常
7	制动真空泵	清洁、检查	①真空泵安装牢固，插接器接触良好 ②真空管路卡箍牢固，气路密封良好 ③真空泵与真空罐表面清洁，无破损
8	转向器	清洁、检查	①电控助力转向器运转正常，无异响 ②转向电机和传感器插接器接触良好
9	空调电动压缩机、PTC加热器等	清洁、检查	①空调系统运作正常，无异响 ②PTC加热器工作正常 ③鼓风机运转正常，无异响 ④风速、风向调节功能正常
10	路试汽车	检查	①起步、加速、减速等无冲击、抖动现象 ②制动或减速时有明显的能量回收 ③仪表显示信息正常 ④转向、制动性能良好

（2）维护保养项目分类　新能源汽车作为一款机电产品，随着行驶里程的增加，其零部件逐渐发生磨损，技术状况也会不断变差，因此需要在汽车使用过程中严格按照厂家要求进行维护保养。新能源汽车的维护保养分为电动化系统保养和底盘系统保养两部分。

1）电动化系统保养见表5-7。

符号说明：●—检查，必要时调整、清理或更换；▲—更换；T—拧紧至规定转矩（下同）。

表5-7　电动化系统保养内容和周期

保养操作内容	保养周期										
里程（km×1000），以先到为准	3	10	20	30	40	50	60	70	80	90	100
月数，以先到为准	3	6	12	18	24	30	36	42	48	54	60
充电系统	●		●		●		●		●		●
制冷系统	●		●		●		●		●		●
冷却系统	●		●		●		●		●		●
电池系统	●		●		●		●		●		●

2）底盘系统保养见表5-8。

表5-8　底盘系统保养内容和周期

保养操作内容	保养周期										
里程（km×1000）以先到为准	3	10	20	30	40	50	60	70	80	90	100
月数，以先到为准	3	6	12	18	24	30	36	42	48	54	60
电动真空泵、控制器、真空罐	●		●		●		●		●		●
制动盘、摩擦片	●	●	●	●	●	●	●	●	●	●	●

（续）

保养操作内容	保养周期						
制动液	●		▲		▲		
制动管路	●	●	●	●	●	●	●
减速器齿轮油	▲	▲	▲	▲	▲	▲	
驱动轴	●	●	●	●	●	●	
转向器、转向拉杆、悬架零件	●	●	●	●	●	●	
轮胎换位，以km数为准		●	●	●	●	●	●
空调滤清器	●	▲		▲	▲	▲	
底盘与车身紧固件	T	T	T	T	T	T	T

二十四、如何检测电动汽车的"等电位联结"？

高电压系统的等电位联结又称为电位均衡、保护接地。国家标准 GB/T 18384.3—2015 电动汽车安全要求 第3部分将等电位联结定义为：电气设备的外露可导电部分之间电位差最小化。

1. 等电位联结的必要性

在电动汽车的高电压部件上，特意安装了与车身金属件之间的连接线，这就是等电位线（图5-83）。采用等电位联结以后，当高压部件壳体发生漏电时，等电位联结能够使高电压部件相对于车身处在同一电位而不形成电位差，从而防止电源线路中的故障电压产生人身电击伤害，同时可以减少电弧、电火花发生的概率，避免电气火灾。

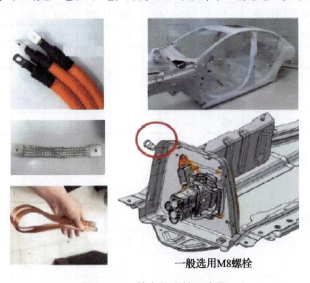

图5-83 等电位联结示意图

以动力电池为例，其最高直流电压为60V，大大超过人体的安全电压范围。在等电位联结的情况下，即使电池组的正极或负极与电池组壳体间的绝缘失效，由于电动汽车上所有的裸露金属部件都实行了等电位联结，并且达到了同一电位，因此人体接触这些金属部件不会有电流通过，不会发生电击事故。

2. 等电位联结的具体要求

1）动力电池的壳体必须与汽车的壳体实行等电位联结。可以采用地线连接的方式，也可以采用粗螺栓连接的方式。每个高电压部件至少有1根等电位线，动力电池通常需要2根。

2）电池壳体上的所有人可能接触的导电金属部件（例如盖板、支架、水冷管等）与汽车壳体之间，也必须实行等电位联结。可以通过焊接、压接、螺栓连接等方式。如果采用压接或螺栓连接，在接触面不能喷漆或做绝缘处理，否则接触阻抗很大。用于等电位联结的螺栓，其类型和拧紧转矩应当符合维修手册的规定。

搭铁点的导电路径是：接地端子→接地螺栓→凸焊螺母→车身钣金（图5-84）。

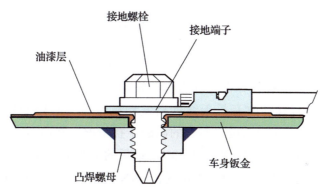

图5-84 搭铁点的导电路径

3）用于等电位联结的导体，要求其外表采用黑色，以便于维修和拆装时辨认。选择地线连接时，地线的护套也应该为黑色。

4）用于等电位联结的导体的截面积和接触面面积，不得小于高压电缆的截面积。如果等电位联结的截面积不够大，当绝缘失效时，高压电流会流经等电位回路，可能因为"过电流"而发热，进而引起火灾。

5）等电位联结点需要做特殊处理，避免不同材料之间的电位差引起腐蚀。所有的接触面应洁净，而且无油脂（图5-85）。

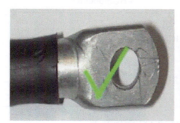 

图5-85 等电位联结点的接触面

3. 等电位联结的检修事项

1）不要将"等电位"与"接地"混淆，两者既有共性，又有区别。

共同点：都要求接触电阻尽量小，使连接的两个导体之间没有电位差，同时对线体的表面颜色有特殊要求，不同区域的导线颜色要求不一样。

不同点：对于接地线，没有严格的载流能力要求，而对等电位联结线有明确的载流要求，即其截面积大于但不低于主功率线束的截面积。

2）有些初期上市的电动公交车的动力电池箱与车身底盘之间采用了绝缘垫，这是有风险的。因为电池管理系统（BMS）绝缘监测子系统的一端连接在高压正极或高压负极上，另一端连接在车身底盘（约 24V）上。BMS 通过采集高压部件正/负极和车身底盘之间的电位差来判断绝缘是否正常。如果电池箱进水，电池箱与高压部件间的绝缘电阻失效，由于电池箱与车身之间存在绝缘垫，电池箱体未与 BMS 连通，所以 BMS 无法检测电池箱体与高压部件间的绝缘状态，只能检测高压部件与车身的绝缘失效。

二十五、怎样应对因电磁干扰引起的故障？

1. 电磁干扰（EMI）故障的几种表现

（1）收音机 AM 频段接收异常　开启汽车收音机的 AM 频段，发现高压"上电"前后的听感差别很大。若移动收音机天线远离发动机舱盖，听感变好。使用频谱仪搜索 500kHz~2MHz 收音机天线输入接口附近的电磁干扰情况，在高压"上电"后，500~700kHz、0.8~1.1MHz、1.15~1.4MHz 以及 1.4MHz 以后的频段都有较明显的干扰。

（2）CAN 网络信号失真　在检测中发现，CAN 网络（图 5-86）波形存在周期性的电压尖峰。图中 K—Line、EVBUS 以及 VBUS 属于电动汽车的 CAN 网络。EVBUS 网络节点上的收发电路容易受 EMI 的影响，造成 EVBUS 信号失真，CAN-H、CAN-L 以及差分信号都出现较大的扰动，而且表现为周期性，导致 CAN 总线上出现大量的错误帧。

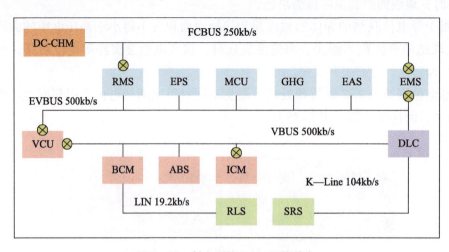

图 5-86　某车型的 CAN 网络节点

（3）单体电池"过电压" 有的电动汽车在急加速或急减速时频繁出现断高压现象。汽车急加速和急减速就是"急速放电"和"急速充电"状态。在此过程中，数据显示动力电池存在单体过电压现象。

（4）行车中"掉高压" "掉高压"的一般原因是：动力电池或电机系统过热、过电流，为了保护汽车及驾乘人员的安全，VCU采取强制措施，断开整车的高压供电。但是读取该车的监控数据，不存在这种情况，此时需要考虑电磁干扰问题。对该车的变速杆连接线束进行近场诊断，发现其电源线、信号线周围有较大的干扰信号（图5-87）。

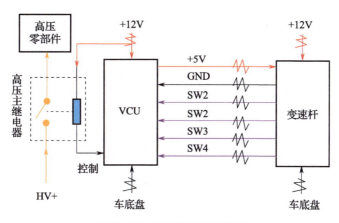

图5-87 变速杆控制电路图

（5）制动助力不足 有的电动汽车踩下制动踏板时，发现真空助力不足，并且伴有电机"堵转"的声音。使用示波器检测真空泵电源线上的电压波形，发现在12V电压上叠加了较多的EMI，导致真空泵电源线上的电压时高时低，使有刷电机产生"堵转"，所以出现制动助力不足的现象。

2. 汽车电磁干扰的主要来源

电动汽车运行时，其电磁环境相当复杂，既有系统之间的电磁干扰，又有系统内部的电磁干扰。系统之间的电磁干扰是指：电器工作时对周围部件的磁场辐射，以及充电时车载充电器（OBC）对与电网相连接的设备的传导发射。

电机控制器（MCU）、DC/DC变换器等部件大多数是电力电子开关元器件，它们具有高频、高速、高敏的特点，在工作时既产生较大的电磁噪声，又容易受外界EMI的影响，加上电路线束分布广泛，电磁耦合路径复杂，因此CAN网络、传感器信号线等敏感装置极易受到干扰，影响电控系统的信号质量。经过测试，电机控制器的DC/DC输出线是一个重要的干扰源。

车载充电器在15~30MHz频段有传导发射超标的可能，主要是OBC工作时其内部的MOSFET开关频率及其谐波导致低频段超标。在高频时，受OBC内部电子器件及连接线寄生参数的影响，以及OBC存在接地和屏蔽问题，所以高频段也可能超标。

另外，仪表控制板上频率为27 MHz的高速时钟信号也是一种干扰源。

3. 应对电磁干扰故障的措施

1）使用频谱分析仪和近场探头查找电磁干扰来源。

2）测量 CAN 的电压。按照技术要求，CAN 总线节点电压的幅值应当符合表 5-9 的规定。

表 5-9　CAN 总线节点电压幅值要求

总线状态	参数	符号	最小值 /V	标称值 /V	最大值 /V
隐性状态	总线电压	V_{CAN-H}	2.0	2.5	3.0
		V_{CAN-L}	2.0	2.5	3.0
	差分电压	V_{diff}	-0.5	0	0.05
显性状态	总线电压	V_{CAN-H}	2.75	3.5	4.5
		V_{CAN-L}	0.5	1.5	2.25
	差分电压	V_{diff}	1.5	2.0	3.0
备注	$V_{diff} = V_{CAN-H} - V_{CAN-L}$				

3）接地是解决电磁兼容问题的简便而且低廉的办法，但是接地方式和接地位置很有讲究，接地点应当远离干扰输出端。当频率比较低时，尽量选择单点接地，两点接地和多点接地容易引起地环路干扰问题，当电器外壳有输出电缆时尤其要注意，防止接地点之间的电位相差过大。

高压电缆的电源线与信号线要尽量隔离或者分开配线，电源线两端考虑采用隔离接地，以免接地回路形成共同阻抗耦合，而将电磁噪声耦合至信号线。输入信号线与输出信号线不要排在一起，也不要安装在同一个插头上，如果无法避免，输入信号线与输出信号线应当错开放置。

二十六、排查电动汽车故障有什么技巧？

1）掌握动力电池故障的征兆。如果电动汽车的续驶里程在短时间内突然下降十几千米，那么电池组中最少有一个电池出现问题，应及时修复或配组。

有的电池组只使用了 1 年就感觉不行了，充满电后的使用时间越来越短，这种现象往往是电池组存在"记忆效应"的缘故。

如果 OK 指示灯熄灭，而且交流电"慢充"及直流电"快充"都无法进行，可以初步判断故障与动力电池的状态有关。

2）从维修实践看，如果电动汽车能够"上电"，说明电控系统基本正常；如果电动汽车能够行驶，说明传动系统正常。

3）电动汽车无法充电，既有外部原因也有内部原因。外部原因是指充电桩功能异常，或者充电电缆存在故障。内部原因是指未满足充电的几个前提条件：①关闭行驶就绪状态；②车速为 0 km/h；③驻车锁止器已挂入；④充电电缆已连接至充电接口；⑤汽车与充电设备之间已建立通信；⑥高电压系统已激活而且无故障。其中任何一个条件没有满足都会引起无法充电。

另外，动力电池充电的温度范围是 -20~55℃，若动力电池的温度低于 -20℃，将无法充电。此时可以采用交流充电的方法使汽车空调系统工作，并对动力电池进行加热，当动力电池的温度升高以后，再切换到正常交流充电模式。

4）了解各车型的结构特点。例如在丰田第四代 HV 动力控制单元 PCU 中，增加了电流传感器的功能，以加速升压转换器的控制。PCU 能够逐个检测升压转换器的输入电流和电动机/发电机逆变器的输出电流。电流传感器和输出端子集成在一起（图 5-88）。

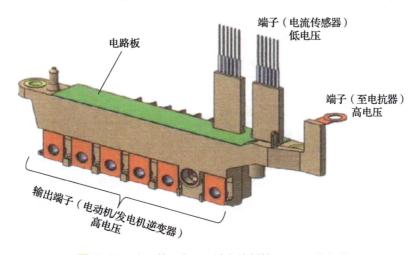

图 5-88　丰田第四代 HV 动力控制单元 PCU 的部件

丰田汽车混合动力系统的故障码（DTC）与发动机系统使用的 5 位数代码有所不同，前者采用 5 位数代码 + INF 代码的形式，目的是更准确地表征故障发生的部位。

有的车型装备了远程控制开关，按下该开关、遥控钥匙转到 OFF 位、驾驶人离开汽车以后，远程控制功能开启，用户通过手机 APP 可以对汽车进行远程操控，包括远程交流充电、远程制冷、远程暖风以及远程除霜等。如果用户想立即充电，应当将远程模式开关复位，转入正常工作模式。

5）纯电动乘用车的典型故障说明见表 5-10。

表 5-10　纯电动乘用车典型故障一览表

故障现象	可能原因	处理方法
动力电池异常断开	绝缘监测电路故障	更换 BMS 主控制盒
	绝缘阻抗过低	检查高压电缆绝缘状况，检查 BMS 主控制盒绝缘状况
	动力电缆母线折断	更换动力电缆
	高压接触器不吸合	更换高压接触器
	熔断器熔断	更换熔断器
	BMS 故障	更换 BMS 主控制盒

（续）

故障现象	可能原因	处理方法
动力电池不能正常断开	高压接触器粘连	更换高压接触器
SOC 过高	SOC 显示异常	更换显示屏或 BMS 主控制盒
	电池充电饱和	让汽车行驶，对电池放电
SOC 过低	SOC 显示异常	更换显示屏或 BMS 主控制盒
	电池充电不足	对动力电池充电
单体电池的电压过高或过低，电压不均衡	单体电池损坏	维修或更换
	单体电池连接条松动	紧固单体电池间的连接条
电池组温度过高	冷却风扇故障	检查或更换动力电池的冷却风扇
	温度传感器故障	更换
电池组温度过低	气温过低	开启电池加热装置
	温度传感器故障	更换
电池组温度不均衡	电池组之间的连接风管松动	紧固连接风管
电流显示异常	电流传感器故障	更换电流传感器
	显示屏故障	更换显示屏
	BMS 发送数据失常	检查并维修 BMS 主控制盒
空调系统功能失常	高压接触器不吸合	同"动力电池异常断开"
暖风不能启用	高压接触器不吸合，造成 DC/DC 变换器不能正常工作	同"动力电池异常断开"
	暖风继电器不吸合	更换暖风继电器
汽车不能起动	高压接触器不吸合，造成 DC/DC 变换器不能正常工作	同"动力电池异常断开"